Küste bei Varberg, 1. Etappe

Küste bei Strömstad, 7. Etappe

Band 228

OutdoorHandbuch

Wolfgang Barelds

Schweden/Norwegen: Nordseeküstenradweg

Schweden/Norwegen:

Dieses OutdoorHandbuch wurde konzipiert und redaktionell erstellt vom:

Conrad Stein Verlag GmbH
Kiefernstr. 6, 59514 Welver
☎ 023 84/96 39 12
info@conrad-stein-verlag.de
www.conrad-stein-verlag.de
www.facebook.com/outdoorverlag
www.instagram.com/outdoorverlag

Klimaneutral
Druckprodukt
ClimatePartner.com/53106-2306-1003

Als Outdoor-Verlag sind uns der Schutz und die Erhaltung der Natur seit jeher ein besonderes Anliegen. Auch in Sachen Klimaschutz haben wir eine Vorreiterrolle inne: Wir sind der einzige Buchverlag in Deutschland, der bereits seit 2008 seine Bücher konsequent klimaneutral in Deutschland produzieren und transportieren lässt. Dabei wird nicht nur klimaneutral, sondern auch nachhaltig, d. h. so umweltschonend wie möglich produziert, z. B. durch die Auswahl von umweltfreundlichen Materialien. Die bei der Produktion der Bücher entstandenen CO_2-Emissionen werden durch die Unterstützung von zertifizierten Klimaschutzprojekten ausgeglichen. Jedes Buch wird daher mit dem Logo „klimaneutral“ und einer Climate-Partner-Zertifikatsnummer versehen. Mithilfe dieser Nummer können Sie unter www.climatepartner.com Informationen zu der eingesparten CO_2-Menge und dem Projekt finden, das mit der Abgabe gefördert wird.

Das Engagement des Conrad Stein Verlags wurde im Rahmen des Projekts „Klimaneutraler Buchverlag“ mit dem Westenergie Klimaschutzpreis 2022 ausgezeichnet.

OutdoorHandbuch Band 228

ISBN 978-3-86686-818-2 3., überarbeitete Auflage 2023

Text und Fotos: Wolfgang Barelds
Karten: Heide Schwinn
Lektorat: Anna-Lena Ebner
Layout: Manuela Dastig und Alexandra Sauerland

Gesamtherstellung: AZ Druck und Datentechnik GmbH, Kempten

Dieses OutdoorHandbuch hat 224 Seiten mit 51 farbigen Abbildungen sowie 26 farbigen Kartenskizzen im Maßstab 1:400.000, 27 farbigen Höhenprofilen, 7 farbigen Stadtplänen und einer farbigen, ausklappbaren Übersichtskarte.

Autor und Verlag freuen sich über Ihr Feedback. Schreiben Sie Ihre Tipps und Verbesserungen an info@conrad-stein-verlag.de oder nutzen Sie unsere Social-Media-Kanäle. Bitte nennen Sie dabei Titel, Auflage und Seitennummer.

Titelfoto: Küste bei Varberg, 1. Etappe

Inhalt

☺ Eine **Übersichtskarte** des Weges, **Autorenprofil** sowie eine Liste aller verwendeten **Symbole** in diesem Buch finden Sie auf den vorderen und hinteren Umschlagseiten bzw. -klappen.

Einleitung

Der im Jahr 2001 offiziell eröffnete Nordseeküstenradweg (NR) führt durch sechs Länder rund um die Nordsee, davon rund 500 km durch Schweden und 1.200 km durch Norwegen. Mit seiner Gesamtlänge von fast 7.000 km gilt der auch „EuroVelo-Route 12“ genannte NR als längster ausgeschilderter Radweg weltweit und als erste europäische Fernradroute.

Der NR führt entlang unterschiedlicher Küstenlandschaften: Der erste Teil nördlich von Halmstad wird von Sandstränden dominiert, während ab Kunsgbacka Schären, also kleine, während der Eiszeit entstandene Felsinseln, die Küste bilden – und zwar bis weit nach Norwegen hinein. Kurz hinter Kristiansand treten dann tiefe Fjorde an die Stelle der Schären, die ebenfalls durch Gletscher in der Eiszeit entstanden sind. Das bedeutet, dass der erste Teil – bis etwa Kristiansand – noch relativ einfach zu radeln ist. Mehrere kleine Anstiege über Moränen sowie evtl. Wind sind hier die einzigen „Schikanen“, während ab Kristiansand die Bergwertung beginnt: Die Anstiege führen bis zu fast 300 Höhenmeter hinauf.

In Schweden wie in Norwegen ist der NR selten mit dem offiziellen Emblem ausgeschildert, sondern vielmehr in die eigenen Fernradwegenetze integriert, in Schweden etwa in dem Kattegatt- und Västkustleden.

In Norwegen folgt der NR der Kystruta als Teilstück der vom Oslofjord zum Nordkap führenden Radroute 1 (Nasjonal Sykkelruter) durch eine abwechslungsreiche Natur mit schönen Hafenstädten.

Das vorliegende Buch unterstützt Radler und Radlerinnen auf dem Nordseeküstenradweg mit zahlreichen Infos zur Route sowie Varianten zu interessanten Städten und Sehenswürdigkeiten entlang der Strecke. Außerdem werden praktische Infos eingestreut, zu Unterkünften, Essen und Trinken, Sehenswürdigkeiten und zahlreichen weiteren nützlichen Tipps.

Die Etappeneinteilung orientiert sich an den zur Verfügung stehenden Übernachtungsgelegenheiten. Innerhalb der Etappen sind weitere Übernachtungsgelegenheiten angegeben, sodass eine individuelle Einteilung möglich ist.

Varianten und Abstecher sind innerhalb der Routenführung farbig hinterlegt.

An dieser Stelle vielen Dank für Anregungen und Korrekturen von zahlreichen Leserinnen und Lesern für diese erheblich aktualisierte 3. Auflage.

Die Routenführung wird kontinuierlich verändert und verbessert; das betrifft v. a. eine geplante neue Routenführung bei den Etappen 4 bis 7 in Schweden entlang des sich 2023 großteils noch in Planung befindlichen Västkustleden. Aktuelle Infos dazu finden Sie bei den genannten Websites und bei den Updates auf der Verlagsseite.

Und nun viel Spaß beim Radeln durch Schweden und Norwegen!

Land und Leute

Holmenkollen-Skisprungschanze in Olso

Geografie

Norwegen

Das Königreich Norwegen bedeckt eine Fläche von 387.000 km² – inklusive 250.000 Seen und Teiche. Ein Drittel der Fläche ist Wald. Nur 3 % sind landwirtschaftlich nutzbar – vor allem am Oslofjord. Das lang gestreckte Norwegen hat eine Nord-Süd-Ausdehnung von etwa 1.750 km – das entspricht der Entfernung von Hamburg nach Sizilien. Die schmalste Stelle Norwegens, bei Narvik, ist nur 6 km breit. Norwegen grenzt im Osten auf einer Länge von 1.619 km an Schweden, während die Grenze zu Finnland nur 716 km und zu Russland 196 km lang sind.

Zum Leidwesen der Radfahrerinnen und Radfahrer ist Norwegen relativ gebirgig. Im Durchschnitt beträgt die Landhöhe 500 m und erreicht mit dem Galdhøppigen (2.469 m) im Jotunheimen-Gebirge seine höchste Erhebung. Heute bedecken 14 Gletscher die höchsten norwegischen Berge. Der größte Gletscher Norwegens und Europas ist mit einer Fläche von 486 km² (so groß wie Berlin) der Jostedalsbre im Jotunheimen-Gebirge.

Die Länge der von Fjorden zerklüfteten Küste entspricht mit mehr als 25.000 km dem halben Umfang der Erdkugel.

Die größten Städte des Landes sind Oslo (700.000 Ew.), gefolgt von Bergen (287.000), Trondheim (210.000), Stavanger (145.000) und Kristiansand (114.000).

Schweden

Schweden ist mit einer Fläche von 449.964 km² etwas größer als Norwegen; davon sind 54 % Wald, 16 % Gebirge und 9 % werden landwirtschaftlich genutzt, vor allem im Süden des Landes. Die 96.000 Seen mit einer Fläche von mindestens 1 ha haben einen Flächenanteil von 9 %. Der häufigste Seename ist Långtjärnen („länglicher kleiner Waldsee“). Die größten Seen sind Vänern, Vättern, Mälaren und Hjälmaren. Auf den Seen und vor der Küste liegen zahlreiche Inseln und Inselchen in Form von Schären – rund 222.000 sollen es sein.

Die Landschaft Schwedens ist vielgestaltig: Skåne ist flach und fruchtbar, Småland von Wald und Bohuslän von Felsen bedeckt. Södermanland und Uppland warten mit einer einzigartigen Schärenlandschaft auf. Vom Siljansee in Dalarna geht es weiter über die sanften Fjälls Jämtlands bis hin zu den hohen Berggipfeln Lapplands. Der höchste Berg Schwedens ist der 2.117 m hohe Kebnekaise.

Die drei größten Städte Schwedens sind Stockholm (980.000 Ew.), Göteborg (588.00) und Malmö (352.000).

Geologie

Vor 400 Mio. Jahren wurde das Kaledonische Gebirge im heutigen Skandinavien (und Großbritannien) durch die Kollision von Skandinavien und Grönland aufgefaltet und danach abgetragen, besonders in den Eiszeiten. Gletscher von bis zu 3,5 km Mächtigkeit bedeckten Skandinavien – das entspricht einem Druck von 2.700 t/m^2.

Diese mächtigen Gletscher schliffen Felsen zu „Rundhöckern", die als Schären an der schwedischen und südnorwegischen Küste aus dem Wasser ragen.

Die durch Gletscher vertieften Täler wurden später vom (ansteigenden) Meerwasser überflutet. So entstanden die teils mehr als 1.000 m tiefen Fjorde an der Westküste Norwegens. Der tiefste Fjord (weltweit!) ist mit 1.300 m Tiefe der 204 km lange Sognefjord nördlich von Bergen.

Seit dem Ende der letzten (Weichsel-)Eiszeit vor rund 12.000 Jahren hebt sich als Ausgleich die skandinavische Landmasse im Osten und bei den Fjorden – vom tonnenschweren Druck der Gletscher befreit. Das Gebiet um Oslo hob sich in dieser Zeit um 220 m (Stavanger dagegen „nur" 25 m). Heute hebt sich das Gebiet um Oslo um etwa 1 bis 2 cm pro Jahr. Als ehemaliger Meeresgrund ist dieser Boden besonders fruchtbar und eignet sich hervorragend für die Landwirtschaft.

Klima und Wetter

Das Klima von Norwegen und Schweden ist für seine geografische Lage ziemlich mild. Es wird vor allem durch die Nähe zum Atlantik mit dem warmen Golfstrom bestimmt.

Norwegen hat im Westen ein maritimes, feuchtes Klima, während im Osten – der Leeseite der Gebirge – das Klima eher kontinental ist, d. h. insgesamt trockener, im Sommer wärmer und im Winter kälter als an der Küste.

An der Westküste ist das Klima für diese nördliche Breite eher mild, weil der Golfstrom relativ warmes Wasser heranträgt. Die Küste bleibt deshalb auch den gesamten Winter über weitgehend eisfrei. Bergen an der Südwestküste zählt mit einem jährlichen Niederschlag von mehr als 2.000 mm (im Vergleich: Hamburg ca. 800 mm) zu den regenreichsten Städten in Europa.

In Schweden ist das Klima etwas kontinentaler als in Norwegen, d. h., im Sommer ist es wärmer, im Winter kälter und generell gibt es weniger Niederschläge als in Norwegen. Die regenreichste Region Schwedens ist Göteborg mit 700 mm jährlichem Niederschlag.

Wichtige Klimadaten:

Stadt	Göteborg		Oslo		Bergen	
Monat	Temp. (°C)	Niederschl. (mm)	Temp. (°C)	Niederschl. (mm)	Temp. (°C)	Niederschl. (mm)
Januar	-0,9	68	-4,3	49	1,5	179
Februar	-0,9	41	-4,0	36	1,3	139
März	2,0	54	-0,2	46	3,1	109
April	6,0	42	4,6	42	5,8	140
Mai	11,6	48	10,8	52	10,2	83
Juni	15,5	59	15,2	65	12,6	126
Juli	16,6	72	16,4	84	15,0	141
August	16,2	74	15,2	90	14,2	167
September	12,8	84	10,8	90	12,0	228
Oktober	9,1	87	6,4	84	8,3	236
November	4,4	87	0,7	75	5,5	207
Dezember	1,0	75	-2,8	56	3,3	203

Flora und Fauna

In den nördlichen Ländern gedeiht eine für diese Klimate typische Vegetation. Im Süden herrschen Wälder vor, die mit zunehmender Fahrt gen Norden immer mehr von Nadelbäumen dominiert werden, wobei an der oberen und nördlichen Baumgrenze knorrige Birken das Bild bestimmen. Vor allem in Schweden überwiegen aus forstwirtschaftlichen Gründen schnell wachsende Nadelbäume (Fichten, Kiefern). Daneben gibt es in Schweden rund 250 Arten wilder Blütenpflanzen. Die Küste nördlich von Göteborg ist für ihre Heidevorkommen bekannt.

Je weiter man nach Norden kommt, desto spärlicher wird die Vegetation, die ganz im Norden hauptsächlich aus widerstandsfähigen Moosen, Flechten und Sträuchern besteht.

Wer gerne Beeren sammelt, kommt in Schweden und Norwegen auf seine Kosten: Am Waldboden gedeihen Heidel- und Preiselbeeren, während weiter nördlich die orange Moltebeere wegen ihres hohen Vitamin-C-Gehaltes geschätzt wird. Die Form erinnert ein wenig an eine Brombeere. Ausländische Touristinnen und Touristen dürfen in Norwegen diese im Handel nicht eben günstige Beere nur zum Sofortverzehr, nicht aber zum Einmachen pflücken.

Säugetiere

Charakteristisch für die nördlichen Länder sind Rentiere, die im Norden in riesigen Herden als Vieh gehalten werden, was dort zu Überweidung und Erosionsschäden führt. Im Süden Norwegens leben relativ wenige wilde Rentiere, etwa in der Hardangervidda oder in Rondane.

Was wäre Skandinavien ohne **Elche**? Diese zu den Hirschen zählenden Tiere durchstreifen die Wälder Schwedens und Norwegens und werden alljährlich in großer Zahl geschossen: In Norwegen wird dann der Bestand von etwa 120.000 Elchen um ein Drittel dezimiert.

Elche werden wegen ihrer Körpermaße (1,8 m hoch, 500 kg schwer) im Autoverkehr gefürchtet. So gibt es an stark befahrenen Straßen Elchzäune sowie „Elchampeln" an Übergängen für Elche.

Einige seltene Großsäuger sind noch vorhanden: In Schweden durchstreifen jeweils rund 1.000 Braunbären und Luchse die Wälder. Moschusochsen wurden in den 40er-Jahren des letzten Jahrhunderts aus Grönland in den norwegischen Dovrefjell-Nationalpark eingeführt und sind von dort aus inzwischen auch nach Schweden eingewandert.

Wölfe kommen in beiden Ländern vor und spalten die öffentliche Meinung (v. a. Personen aus den Bereichen Landwirtschaft und Viehhütung versus Personen aus den Bereichen Naturschutz und Forschung). Beide Länder haben sich auf eine Population von 300 Tieren geeinigt, die zum Überleben als notwendig erachtet wird; allerdings ist der Inzuchtkoeffizient mit 0,23 schon jetzt sehr hoch, sodass die Zahl wohl eher zu niedrig angesetzt ist – auch angesichts der großen Fläche. Oberhalb von 300 Tieren werden in beiden Ländern Wölfe abgeschossen, während sie anderswo in Europa geschützt werden.

Natur- und Umweltschutz

Naturschutz

Schweden zählt zu den europäischen Pionieren in Sachen Nationalparks: 1909 wurde der erste europäische Nationalpark eingerichtet. Der größte der 30 schwedischen Nationalparks liegt in Lappland. Alle rund 20.000 Naturschutzgebiete des Landes entsprechen etwa 15 % der Landesfläche.

♦ Schwedens Nationalparks: www.naturvardsverket.se

Norwegen zählt 47 Nationalparks, davon 40 auf dem Festland (die restlichen 7 auf Spitzbergen). Der größte ist die Hardangervidda mit einer Fläche von 3.400 km² – größer als das Saarland.

Mit dem Artenschutz ist es in Norwegen nicht so weit her, was vor allem beim noch praktizierten Walfang und Wolfsabschuss erkennbar ist. Wölfe werden in

Norwegen wie anderswo wenig von Schäferinnen und Schäfern geliebt. Tatsächlich gehen aber „nur" etwa 800 Schafe jährlich auf ihr Konto, während in Sümpfen/Seen rund 100.000 Schafe jährlich umkommen. Scheinbar ist das immer noch zu viel; eines der wohlhabendsten und dünnst besiedelten Länder weltweit scheint mit einer Wolfspopulation von rund 100 Tieren überfordert: Im Jahr 2022 wurde 60 % der norwegischen Wolfspopulation zum Abschuss freigegeben. Anfang 2023 erklärte das Osloer Amtsgericht die Abschussquote dieser größten (zusammen mit Schweden) geplanten Wolfsjagd der Neuzeit allerdings wegen fehlender „grundlegender Bewertungen" für rechtswidrig.

Auch beim Walfang nimmt sich Norwegen selbstbewusst eine privilegierte Sonderstellung heraus (☞ Routenteil: Sandefjord). Die Zahl der natürlichen Lachse in Flüsse geht rapide zurück, unter anderem durch die Konkurrenz von Zuchtlachsen, von denen rund 1 Mio. pro Jahr entkommen. Die Lachsfarmen mit ihren rund 400 Mio. Tieren und dem Einsatz von Antibiotika werden auch schon mal mit Schweineställen auf See verglichen.

In Norweger sind Angeln und Jagd außerordentlich populär: In Gast- und Privatstuben stößt man auf mehr Elchköpfe als in natura.

Umweltschutz

Norwegen

Norwegen verbrauchen so viel Strom pro Kopf wie kein anderes Land (23.000 kWh im Jahr gegenüber 7.000 in Deutschland), der Hausmüll pro Kopf gehört weltweit zu den Top Ten, der Flächenverbrauch ist enorm, es wird mit Strom geheizt und der Anteil an Biolebensmitteln ist vergleichsweise gering. Problematisch sind außerdem Wirtschaftszweige wie die Erdölförderung mit dem Problem der vielen Bohrinseln als Altlast sowie die Fischzucht mit dem intensiven Einsatz von Antibiotika. Die Küste Norwegens war in den letzten Jahrzehnten wiederholt in den Schlagzeilen, weil die Belastung mit Quecksilber und anderen Schwermetallen dermaßen alarmierende Ausmaße erreichte, dass Fischfang und Muschelzucht verboten werden mussten.

Andererseits richtete Norwegen als erstes europäisches Land ein Umweltministerium ein. Der hohe Lebensstandard führt dazu, dass viele Belastungen dank neuester Technologien so gering wie möglich ausfallen: So wird etwa ein Teil des bei der Förderung von Erdgas und Erdöl austretenden Treibhausgases CO^2 wieder zurück in die unterirdischen Reservoirs gepumpt, um die CO^2-Emissionen so gering wie möglich zu halten. Bei der Stromgewinnung stammen mehr als 98 % umwelt- und klimafreundlich aus Wasserkraft von mehr als 1.000 meist recht kleinen Anlagen sowie zunehmend aus Windkraft; entsprechende Parks passiert der NR mehrmals. Der Strommarkt in Norwegen ist wegen des hohen Wasserkraftanteils schwankend, ergänzt sich aber wegen der Regelbarkeit ideal mit dem

Bergsee auf der 17. Etappe

deutschen: Daher ist der milliardenschwere Bau von Gleichstrom-„Autobahnen" durch die Nordsee geplant, um deutschen Wind- und Solarstrom nach Norwegen zu exportieren und von dort bei Engpässen Wasserkraftstrom zu importieren. Nach langen Trockenperioden fallen die Pegel der Stauseen und dafür steigen die Strompreise, sie bleiben aber immer noch Rahmen: Verbraucherinnen und Verbraucher zahlen für Strom nur etwa halb so viel wie in Deutschland. Dank niedriger Strompreise und starker Förderung ist Norwegen europaweit Spitzenreiter der Elektromobilität: 2022 waren 74 % aller neu zugelassenen Autos elektrisch.

Schweden

Wegen der großen Fläche bei dünner Besiedlung und der nötigen Höhenunterschiede ist Schweden mit einem Anteil regenerativer Energien von 64 % bei der Stromproduktion (v. a. Wasserkraft und Wind) in der EU Spitzenreiter. Wenn man die 31 % Strom aus Kernkraft dazurechnet, sind es 95 % fossilfreier Strom.

Wie in Deutschland hatte sich Schweden ursprünglich für den Ausstieg aus der Atomenergie entschieden. Dieser Ausstieg wurde jedoch 2010 rückgängig gemacht.

Wie seine Mitbewerber arbeitet die traditionell auf eher schwere Autos spezialisierte schwedische Autoindustrie an sparsameren Autos und Alternativen; der schwedische Marktführer Volvo kündigte 2021 für 2030 eine vollständige Umstellung auf E-Autos an.

Geschichte

Vorgeschichtliche Besiedlung und Römerzeit

Skandinavien ist seit dem Ende der letzten Eiszeit (vor rund 12.000 Jahren) besiedelt. Die steinzeitlichen Menschen schlugen sich als Jäger & Sammler durch. Aus der Bronzezeit sind in Schweden bekannte Fels-Ritzungen erhalten geblieben (☞ Routenteil: Tanumshede).

Der Name „Scandinavia" tauchte erstmals um 79 n. Chr. bei dem römischen Schriftsteller Plinius d. Ä. auf.

Wikingerzeit und Christianisierung

Im frühen Mittelalter (9. bis 11. Jh.) machten die Wikinger mit ihren Beutezügen in Europa von sich reden. Eine Ursache ihres Expansionsdranges war Überbevölkerung bzw. das Erbrecht: Nur der älteste Sohn erbte den Hof der Eltern – seine Brüder mussten sich anderweitig durchschlagen und versuchten ihr Glück auf Beutezügen in den charakteristischen Drachenbooten. Die Wikinger des heutigen Schwedens, genannt Waräger, drangen über die Wolga bis weit nach Russland vor, während im Westen die (sozusagen norwegischen) Wikinger unter Erik dem Roten bis nach Grönland segelten und sich dort niederließen. Um weitere Siedlerinnen und Siedler zu locken, bezeichneten sie das auch damals eher weiße Grönland als grünes Gebiet (Grønland). Der Sohn von Erik dem Roten, Leif Eriksson, erreichte sogar – lange vor Columbus – bei Neufundland die nordamerikanische Küste. Aber der Empfang durch die indigene Bevölkerung war alles andere als freundlich und so segelte man wieder zurück nach Grönland. Das Wort „Wikinger" geht übrigens auf das schwedisch Wort vik („Bucht") zurück, womöglich weil die Wikinger während ihrer Raubzüge in Buchten ankerten.

Der erste Kontakt mit dem Christentum entstand durch die Missionstätigkeiten des heiligen Ansgars, des Erzbischofs von Hamburg-Bremen. Er unternahm im 9. Jh. zwei – kurzfristig erfolglose – Missionsreisen nach Schweden.

Um das Jahr 900 gründete König Harald Hårfagre Norwegen. In der Zeit der Christianisierung im 10. bis 13. Jh. wurden in Norwegen die spektakulären hölzernen Stabkirchen gebaut – rund 1.000 in ganz Norwegen, von denen die meisten in den darauffolgenden Jahrhunderten verfielen. Heute stehen in ganz Norwegen weniger als 30 originale Stabkirchen. Die norwegischen Stabkirchen haben ihren Namen von der „Stabbauweise" mit vertikalen Holzplanken und sie gelten als älteste erhaltene Holzbauten in Europa.

Im Jahr 1299 wurde das um 1050 gegründete Oslo zur norwegischen Hauptstadt bestimmt.

Der erste schwedische König war der christliche Olof Skötkonung im 11. Jh. Im Laufe der folgenden Jahrhunderte breitete sich das Königreich nach Osten hin aus; Finnland wurde christianisiert und annektiert. Aber Russland wehrte sich trotz ständiger Angriffe der Schweden. Als Folge innenpolitischer Widerstände von Kirche und Adel ging König Birger 1302 ins dänische Exil. Daraufhin wurde ein Enkel des norwegischen Königs Håkon V. als Kind auf den schwedischen Thron gesetzt, blieb aber selbst kinderlos. Um 1319 wurden die Königreiche von Norwegen und Schweden vereinigt.

Dänische Krone

Nach einer großen Pestepidemie in Norwegen entstand 1387 mit der „Kalmarer Union" ein nordisches Bündnis von Dänemark, Schweden und Norwegen, das der dänischen Königin Margarethe unterstand.

1523 verließ Schweden nach einem Volksaufstand das Bündnis und Gustav I. Wasa wurde zum schwedischen König gewählt. In finanzieller Not schlug sich Schweden im Konfessionsstreit auf die Seite Luthers, da man in der lutherischen Opposition zu Klöstern eine neue Geldquelle erhoffte.

Im 17. Jh. kämpfte Gustav II. Adolf gegen die Dänen und im 30-jährigen Krieg gegen die katholische Gegenreformation. Er eroberte in Europa große zuvor katholische Gebiete, fiel aber 1632 auf dem Schlachtfeld bei Lützen. Zu dieser Zeit erreichte das dänische Königreich unter Christian IV. seine größte Ausdehnung: Viele – strategisch wichtige Orte – wurden neu befestigt, so etwa in Schweden Kristianstad oder in Norwegen Kristiansand und Oslo, das *Kristiania* genannt wurde. Im Süden bildete übrigens Glückstadt an der Elbe die südliche Grenze seines Reiches.

Beim Frieden von Roskilde 1658 fielen der Südteil von Norwegen mit Bohuslän und das zuvor dänische Schonen an Schweden.

1723 wurde Schweden zur konstitutionellen Monarchie mit einem Zweiparteiensystem.

Nach dem Ende der Herrschaft Napoleons fiel Norwegen 1814 im Kieler Frieden an Schweden. Dessen König Karl Johann stand kurz zuvor als Marschall Bernardotte in französischen Diensten, wurde aber als Thronfolger benannt, nachdem Karl XIII. kinderlos verschieden war.

Warum König Karl Johann bekleidet badete

Eine Anekdote erzählt, dass der schwedische König Karl Johann alias Bernardotte aus Frankreich mit seiner ganzen Kleidung zu baden pflegte. Eine Erklärung dafür gab es erst nach seinem Tod: Auf seiner Schulter trug Karl Johann eine Tätowierung: „Tod dem König" – ein „Andenken" aus der Französischen Revolution.

Kurz vor der Übergabe gab sich Norwegen 1814 eine eigene Verfassung, die 112 Delegierte in Eidsvoll in sechs Wochen erarbeiteten und die im Grunde bis heute gültig ist. Im 19. Jh. blühte Norwegen kulturell auf und brachte bedeutende Künstler und Komponisten hervor, z. B. Edvard Grieg, Hendrik Ibsen, Bjørnstjerne Bjørnson, Edvard Munch, Vigeland. In Oslo entstanden bedeutende Bauten wie das Königsschloss oder das Nationaltheater (1899). Auch die Bevölkerungszahl wuchs enorm, sodass etwa 750.000 Norwegerinne und Norweger nach Nordamerika auswanderten. Heute leben dort fast so viele aus Norwegen stämmige Menschen (4,5 Mio.) wie in ihrem Heimatland.

20. Jh.: Weltkriege und Entdeckungen

1905 sprach sich in einer Volksabstimmung eine Mehrheit der Bevölkerung für ein Ende der 91 Jahre währenden Zwangs-Union mit Schweden aus. Als Oberhaupt des neu geschaffenen Königreichs entschieden sich die Norwegerinnen und Norweger in einer weiteren Abstimmung für Prinz Carl von Dänemark aus dem Hause Glücksburg: König Håkon VII.

Zu Beginn des 20. Jh. machten norwegische Entdecker von sich reden: Fridtjof Nansen überquerte mit dem Forschungsschiff „Fram“ als Erster den Nordpol und Roald Amundsen erreichte 1911 knapp vor dem Engländer Sir Scott als Erster den Südpol.

Im Ersten Weltkrieg blieben Norwegen und Schweden neutral. Schweden gelang das auch im Zweiten Weltkrieg. Vor allem wegen der strategischen Lage und einiger Bodenschätze besetzte Hitler 1940 Norwegen. Dort hoffte er auf Bodenschätze wie Aluminium, Eisenerz und Molybdän. In Narvik wollte er England den Zugang zu schwedischem Eisenerz verwehren. Außerdem gab es in Norwegen das sogenannte „schwere“ Wasser – notwendig für den Bau von (geplanten) Atombomben. Aber die Einnahme von Norwegen mit seiner 25.000 km langen Küste erwies sich schwieriger als gedacht: Schon bei der Invasion wurde in dem schmalen Oslofjord bei Drøbak das neue deutsche Schlachtschiff „Blücher“ mit mehr als 1.000 Soldaten an Bord versenkt. Dadurch hatte der norwegische König Håkon noch gerade genug Zeit, seine Flucht aus Oslo nach England vorzubereiten, von wo aus er den heftigen norwegischen Widerstand organisierte. Während der Zeit der Besetzung bildeten die norwegischen Faschistinnen und Faschisten unter dem Hitlertreuen norwegischen „Verräter“ Vidkun Quisling eine Marionettenregierung.

Nach dem Zweiten Weltkrieg zeichneten sich Norwegen und Schweden international durch Friedensbemühungen aus. Norwegen gehörte 1946 zu den Gründungsmitgliedern der Vereinten Nationen. In Oslo wird alljährlich der Friedensnobelpreis verliehen, während die anderen vier Nobelpreise (Medizin, Literatur, Physik, Chemie) in Stockholm verliehen werden.

Die Nobelpreise entstammen einer Initiative (und Stiftung) des Mathematikers Alfred Nobel, der 1866 das Dynamit erfand.

Wirtschaft

Norwegen

Vor allem dank der Ölproduktion (☞ Infokasten unten) boomt die Wirtschaft in Norwegen; die öffentlichen Kassen sind gesund (ohne Auslandsschulden!), das Einkommen und BIP pro Kopf gehören weltweit zur Spitze: etwa € 78.000 pro Ew. (D: € 46.000). Bei einer Arbeitslosenquote von rund 3 % herrscht quasi Vollbeschäftigung.

Der Wohlstand ist in Norwegen relativ gleichmäßig verteilt: 80 % der Bevölkerung wohnt in einem Eigenheim. Dazu kommen über 450.000 Hütten/Häuser auf dem Land – für fast jeden zehnten Menschen in Norwegen eine.

Bekannt ist das hohe Sozial- und Bildungsniveau der nordischen Länder; es gibt freie Gesundheitsfür- und Altersvorsorge sowie Arbeitslosenversicherung für alle.

Traditionelle Wirtschaftszweige sind Landwirtschaft und Fischerei. Landwirtschaft wird nur auf 3 % der Fläche betrieben, v. a. am Oslofjord. Im Norden des Landes dominiert Rentierhaltung. Landwirtschaft wird in Norwegen stark subventioniert: Mehr als zwei Drittel des bäuerlichen Einkommens bestehen aus staatlichen Zuschüssen, dank derer am Ende „nur" 80 % der Nahrungsmittel importiert werden müssen. Die Hochseefischerei ist heute durch Quoten stark eingeschränkt, weil fast alle Gewässer überfischt sind. Mengenmäßig spielt die Fischzucht in den Fjorden eine Rolle: Jährlich werden dort rund 400 Mio. Lachse hochgepäppelt – umgerechnet 80 für jede Norwegerin bzw. jeden Norweger. Norwegen ist Weltmarktführer für Lachse, was wegen der intensiven Haltung aber massive Probleme mit sich bringt (☞ Natur und Umweltschutz); Rückstände von Medikamenten lassen sich in den Fischen selbst nachweisen.

Die Bewohnerinnen und Bewohner der vielen Hafenorte an der norwegischen Südküste lebten früher vor allem vom Handel mit Holz, Heringen und später Walfang und heute vor allem vom Tourismus.

In ganz Norwegen ist der Tourismus ein wichtiger Wirtschaftszweig: Jährlich übernachten rund 6 Mio. ausländische Besucherinnen und Besucher in Norwegen, vor allem aus Deutschland (1,6 Mio.), Schweden (1 Mio.), Dänemark, den Niederlanden (jeweils etwa 0,8 Mio.) sowie Großbritannien (0,6 Mio.).

Die skandinavischen Ölscheichs

Seit den Ölfunden im Jahr 1969 vor der norwegischen Küste boomt die Ölindustrie in der einstigen Seefahrernation Norwegen. In der ganzen Nordsee fördern heute rund 450 Bohrinseln Öl und Gas. Norwegen war 2011 der neuntgrößte Exporteur von Erdöl und – nach Russland und Kanada – der drittgrößte von Erdgas. Beim Erdöl gehen die Fördermengen seit dem Jahr 2004 zurück. Beim Erdgas dagegen wird die Produktion ausgeweitet; seit 2022 ist Norwegen der wichtigste Erdöllieferant Deutschlands.

Die Ölreserven sollen noch etwa 50 Jahre reichen. Für die Zeit danach werden die staatlichen Einnahmen aus dem Erdölgeschäft im sogenannten „Staatlichen Pensionsfonds" zur langfristigen Sicherung des Wohlstandes angelegt und decken derzeit etwa 17 % des jährlichen Staatshaushalts. Dieser hat strenge Auswahlkriterien ethischer Art. So wurden in den letzten Jahren Konzerne wie Boeing oder Wal-Mart aus dem Portfolio verbannt, weil diese sich Rüstungsgeschäfte bzw. Menschenrechtsverletzungen zuschulden kommen ließen. Der Fonds erwirtschaftete seit seiner Gründung eine mittlere jährlichen Rendite von rund 6 % und hat damit schon Nachahmer in der Finanzwelt gefunden, die dessen 9.000 Firmenbeteiligungen mit einem Zertifikat abbilden.

Das Volumen des Fonds lag Mitte 2023 bei rund € 1,3 Bio. Das sind rund € 240.000 pro Ew. (zum Vergleich: die öffentliche Verschuldung Deutschland liegt höher als € 28.000 pro Kopf!). Damit gilt der norwegische Ölfonds nach seinem verwalteten Vermögen als größter Staatsfonds weltweit – noch vor denen aus China, Kuwait und Abu Dhabi, wobei allerdings China über mehrere nennenswerte Staatsfonds verfügt.

www.nbim.no, Website der Norwegischen Staatsbank zum außerordentlich transparenten Staatsfonds

Schweden

Ende des 20. Jh. geriet Schweden – lange Zeit ein sozialdemokratischer Wohlfahrtsstaat mit sehr engmaschigem sozialem Netz – in eine wirtschaftliche Krise. In den 90er-Jahren wurden daraufhin teilweise radikale Wirtschaftsreformen durchgeführt, die das Land wieder in die Erfolgsspur setzten. Und nach wie vor sind Staatsquote und soziale Leistungen auf sehr hohem Niveau.

Mit einem BIP von rund € 52.000 pro Ew. liegt Schweden zwischen Deutschland und Norwegen. In dem ehemaligen Agrarland Schweden erwirtschaftet die Landwirtschaft heute nur noch 1,4 % am BIP – ein Viertel der Einnahmen im Agrarbereich sind Landwirtschaftssubventionen aus Brüssel.

Dominierend ist der Dienstleistungssektor mit einem Anteil von 70 % am BIP, darunter bekannten Firmen wie der Textilkaufhauskette H&M. Viele der folgend genannten großen Industriekonzernen Schwedens sind inzwischen in ausländischer Hand bzw. werden aus dem Ausland gesteuert (in Klammern): Volvo (Zhejiang Geely / China), Saab (bis 2022 Evergrande / China), IKEA (Niederlande), ABB und Tetra Pak (beide Schweiz).

Verfassung und Provinzen

Staatsoberhaupt Norwegens ist König Harald V. Die Macht liegt aber beim Parlament (*Stortinget*) mit seinen 165 Abgeordneten, die alle vier Jahre gewählt werden. Die norwegische Verfassung kennt das Instrument von Volksabstimmungen. Dort werden Fragen von weitreichender Bedeutung dem direkten Willen des Volkes überlassen (bisher sechsmal) – wie Alkohol oder die EU. 1916 sprach sich eine Mehrheit für ein Alkoholverbot aus, aber 1927 wurde dieses sogleich vom Volk wieder einkassiert. Eindeutiger war das Votum über eine mögliche EU-Mitgliedschaft, die 1972 und 1994 per Referendum abgelehnt wurde. Verwaltungsmäßig ist der Zentralstaat Norwegen heute nach mehreren Reformen in 11 *fylker* (= Regierungsbezirke) und 356 Kommunen gegliedert. Die Radtour führt durch fünf *fylker*: Viken, Vestfold og Telemark, Agder, Rogaland und Vestland.

Schweden ist wie Norwegen eine erbliche Monarchie mit einem gesetzgebenden Parlament (*Riksdag*), das alle 4 Jahre gewählt wird. Staatsoberhaupt von Schweden ist schon seit 1973 König Carl XVI. Gustav, der mit der deutschstämmigen Königin Silvia verheiratet ist.

Schweden besteht aus 25 historischen Regionen (*landskap*), ist aber verwaltungsmäßig in 21 Regierungsbezirke aufgeteilt, genannt läns. Der NR führt durch die Regierungsbezirke Halland und Västra Götaland.

Eidsvoll – hier entstand die norwegische Verfassung

Transparenz in Schweden

Seit 1766 ist im schwedischen Grundgesetz das sogenannte Öffentlichkeitsprinzip verankert – weltweit die älteste Verfassungsregelung zur Informationsfreiheit. Danach hat jede Bürgerin und jeder Bürger das Recht, bei Behörden und Ämtern Einsicht in alle Akten und Dokumente zu nehmen – auch solche, die ihn selbst nicht betreffen. Ausgenommen sind Geheimdienstakten und Unterlagen, die der Verteidigung des Landes dienen.

Inzwischen werden mit der Offenheit gute Geschäfte gemacht. Die Homepage www.ratsit.se bietet – gegen Bezahlung – Informationen über Firmen und Privatpersonen, z. B. die Steuererklärung des Nachbarn oder die Kreditwürdigkeit möglicher Kundinnen und Kunden. Schwedische Datenschützerinnen und Datenschützer fordern die Einstellung des Angebots, denn hier stehe das Datenschutzgesetz über dem Öffentlichkeitsprinzip.

Im Jahr 2007 erklärte die schwedische Regierung die Tätigkeit von www.ratsit.se für legal, knüpfte diese aber an die Auflage, künftig die betroffenen Personen bzw. Firmen über die Ermittlungen zu informieren.

Bevölkerung und Sprachen

Norwegens Bevölkerung

Ein Drittel der 5,4 Mio. Ew. lebt im Süden rund um den Oslofjord. Die Bevölkerungsdichte ist mit rund 13 Ew. pro km² die geringste Europas (zum Vergleich Deutschland mit ca. 220!).

Die meisten der 850.000 Einwanderinnen und Einwanderer (15 % der Bevölkerung gegenüber Deutschland mit 13 %) kommen aus Polen, Litauen, Schweden, Syrien, Somalia und Deutschland. Von den rund 60.000 Saminnen und Samen leben heute mehr in Oslo als in der Finnmark.

Schwedens Bevölkerung

Auch in Schweden lebt ein Großteil der 10,5 Mio. Ew. im Süden des Landes. Die Bevölkerungsdichte ist mit 23 Ew. pro km² deutlich höher als in Norwegen. Die meisten der Ausländerinnen und Ausländer (9 % der Gesamtbevölkerung) kommen aus Syrien, Polen, Afghanistan, Finnland und Eritrea.

Religion und Mythologie

Etwa 75 % der norwegischen Bevölkerung gehört zur evangelisch-lutherischen Kirche – bis zu einer Verfassungsänderung im Jahr 2012 die Staatskirche mit dem König als Oberhaupt.

Nur noch knapp die Hälfte (53 %) der schwedischen Bevölkerung gehört der evangelisch-lutherischen Schwedischen Kirche an, die von 1527 bis 1999 Staatskirche war. Auf Platz zwei folgen Musliminnen und Muslime (etwa 500.000) noch vor Katholikinnen und Katholiken (110.000).

Vor der Christianisierung war die wikingische Mythologie verbreitet. Einige Wochentagsbezeichnungen leiten sich von deren Göttern her:

▷ Skandinavisch *onsdag* (Mittwoch, im Englischen „Wednesday") geht auf Gottvater Odin zurück.

▷ Skandinavisch *torsdag* (Donnerstag, im Englischen „Thursday") leitet sich von dessen Sohn Thor ab.

Sprache

Das Norwegische besteht aus zwei Sprachen, die sich wie Dialekte ähneln:

▷ Bokmål, die Buch- bzw. Nationalsprache (85 % der Bevölkerung), die moderne städtische Variante der früheren dänischen Herrschaftssprache, die von ostnorwegischen Mundarten beeinflusst wurde

▷ Nynorsk (auch Landsmål), das sogenannte „Neunorwegisch", das eigentlich das „Altnorwegische" vor der dänischen Herrschaft ist (15 %, v. a. im Südwesten). Erstmals beschrieben und benannt wurde das Nynorsk im 19. Jh. durch Ivar Aasen, der – ähnlich den Gebrüdern Grimm in Deutschland – viele lokale Dialekte sammelte und die Gemeinsamkeiten in einer Grammatik (1848) als neue Sprache zusammenfasste.

Im Alltag werden beide Sprachen nebeneinander verwendet, auch im offiziellen Gebrauch. Das führt dazu, dass etwa in demselben Gebiet die Straßen auf –veien oder -vegen enden können – das erklärt die abweichenden Schreibungen in diesem Buch.

💻 www.dinordbok.no, online-Wörterbuch zwischen Bokmål und Nynorsk

Neben dem Norwegischen sind Samisch in sechs Kommunen und Finnisch in einer Kommune weitere Amtssprachen.

Als Fremdsprachen werden in norwegischen Schulen obligatorisch Englisch sowie wahlweise Deutsch oder Französisch gelehrt.

In Schweden wird neben Samisch im Grenzgebiet zu Finnland noch Finnisch gesprochen.

✋ Beachten Sie im hinteren Teil das kurze Kapitel zur Sprache mit wichtigen (technischen) Wörtern für Radreisende sowie mit Hinweisen zur Schreibung schwedischer und norwegischer Namen in diesem Buch.

Reise-Infos von A bis Z

An der Küste bei Varberg, 1. Etappe

An-/Abreise

Schweden

Per Fähre nach/von Göteborg:

Am einfachsten ist die Anreise per Fähre ab Kiel, auch wenn man dabei den schönen südlichen Teil des NR in Schweden zwischen Halmstad und Göteborg verpasst. Seit 1967 verkehren zwischen Kiel und Göteborg Fähren von Stena Line. Die Fähren starten in Göteborg und Kiel Mo-Fr um 18:45 sowie Sa und So um 17:45 und erreichen ihr Ziel morgens immer um 9:15. In Göteborg sind es vom Kai dann noch 7 angenehme Kilometer, überwiegend auf einem Radweg und entlang der Küste, bis zum Zentrum. Während der Überfahrt kann man sich an Bord entspannen und die dänische Inselwelt an sich vorbeigleiten lassen. Diese Fährverbindung ist von Deutschland aus der einfachste Einstieg zum NR in Schweden.

Die Tarife für die Überfahrt sind flexibel und richten sich nach Saison und Buchungszeitraum (je früher man bucht, desto günstiger). Die Preise beginnen bei etwa € 46 pro Person inkl. Rad, dazu kommen die Kosten für die Kabine (obligatorisch). Die Kabinenpreise beginnen bei € 95 für eine Standard-Doppelkabine. WLAN an Bord ist gratis.

☺ Bei Online-Buchung spart man die Buchungsgebühr in Höhe von € 15, welche auch bei Buchung per Mail oder Telefon anfällt!

- Stena Line, ☏ (in Deutschland) 01 80/60 20 10 0 (20 Cent aus dem deutschen Festnetz), www.stenaline.de

Per Fähre nach Trelleborg und weiter mit dem Rad

Deutlich kürzer – und preiswerter – ist die Fährüberfahrt von verschiedenen deutschen Ostseehäfen nach Trelleborg. Zur Auswahl stehen folgende Fährrouten mit jeweils mehreren Abfahrten täglich:

- TT-Line von Rostock und Travemünde nach Trelleborg, täglich 3 radgeeignete Abfahrten, Fahrzeit etwa 7 Std., ab etwa € 39 zzgl. € 19 für Rad, bei Nachtfahrten zzgl. Kabine, www.ttline.com
- Stena Line von Rostock nach Trelleborg, 3 x täglich, Fahrzeit 6 Std., Überfahrt für Fußgängerinnen und Fußgänger ab € 18 inkl. Rad, www.stenaline.de

Von Trelleborg folgen Sie nach Halmstad dem ausgeschilderten Cykelspåret entlang der Westküste von Schweden (Västkust) durch die Provinzen Schonen und Halland (bis Halmstad ca. 300 km).

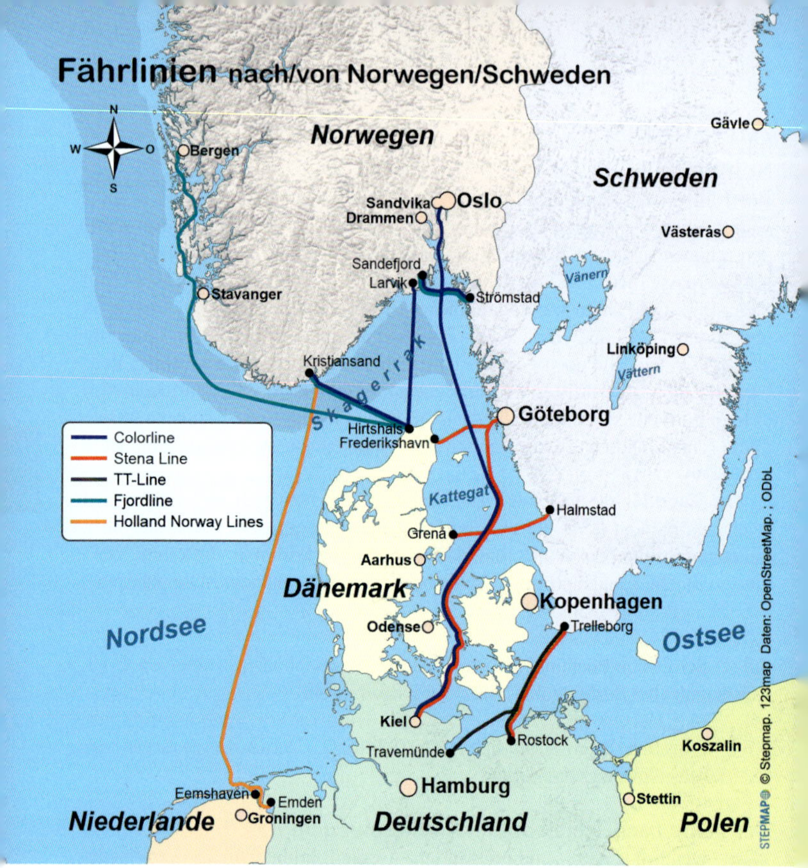

Per Fähre nach/von Halmstad

Eine gute Option zum Erreichen des Startpunkts ist die Fähre vom dänischen Grenå nach Halmstad. Grenå selbst ist gut per Bahn ab Deutschland erreichbar.

Per Bahn von Deutschland nach Grenå in Dänemark: Es gibt wenige (2) günstige Bahnverbindungen mit Radtransport am Tag mit einem dänischen IC ab Hamburg, wo man nur 1 x umsteigen muss; von Aarhus geht es dann weiter mit einer Leichtbahn nach Grenå, wo der Bahnhof 1,3 km vom Hafen entfernt ist. Die Verbindung ab Hamburg um 18:53 Uhr (Ankunft in Grenå 21:00) schließt relativ gut an die Nachtfähre an.

www.dsb.dk (Dänische Bahn) und www.midttrafik.dk (Leichtbahn L1 ab Aarhus)

Für grenzüberschreitende Bahnfahrten kann man bei der DB eine internationale Radfahrkarte für € 10 erwerben (einfache Fahrt). Internationale Radkarten können bei der Bahn leider (noch) nicht online gekauft werden, sondern nur am Schalter oder telefonisch: ☏ 030/29 70. Für die Anschlusskarte in der Leichtbahn löst man die Radkarte am Automaten auf dem Bahnsteig oder vorher in der App von Midttrafikk.

Mit der Fähre Stena Nautica von Grenå in 4,5 bis 5 Std. nach Halmstad, dem Startpunkt des NR in Schweden. Die Stena Nautica ist mit Bar, Selbstbedienungsrestaurant, Kino sowie Geldwechselgelegenheit ausgestattet.

- ▷ Abfahrten von Grenå nach Halmstad: mittags (ca. 14:00) und nachts (ca.1:30), bis Ende März und ab Ende September keine Fahrten am Wochenende
- ▷ Abfahrten von Halmstad nach Grenå: morgens (ca. 8:00) und abends (ca. 19:30), bis Ende März und ab Ende September keine Fahrten am Wochenende
- ▷ pro Person inkl. Rad ab € 24
- ♦ aktuelle Infos, Zeiten und Preise sowie Buchung: www.stenaline.de

Flug nach/von Göteborg

Nicht umweltfreundlich, aber schnell.

Von Deutschland gibt es u. a. direkte Flüge ab Hamburg und München (Lufthansa) sowie Düsseldorf (Eurowings), von Österreich ab Salzburg (Norwegian), außerdem gibt es häufige und günstige Verbindungen ab Amsterdam (KLM). Die Häufigkeit der Verbindungen schwankt genauso wie die Preise, konsultieren Sie dazu am besten ein Portal wie www.flug.de oder direkt die Airlines.

www.lufthansa.de, www.eurowings.de, www.klm.de

Radmitnahme im Flugzeug

Beim Fliegen muss das Rad in einer Hülle/einem Karton verpackt sein und als gebührenpflichtiges Sondergepäck aufgegeben werden (mit Voranmeldung). Die im Folgenden beispielhaft genannten Preise für die Radmitnahme beziehen sich auf Räder mit bis zu 23 kg. Bei einigen Gesellschaften (z. B. SAS) sind diese Tarife gestaffelt: Je später man das Radgepäck anmeldet, desto teurer wird es. Die Mitnahme von schwererem Sondergepäck (bis zu 32 kg) ist deutlich teurer. Genaue Infos zu den Maßen und Bestimmungen bei Sportgepäck bieten die Websites der einzelnen Airlines.

E-Bikes dürfen nur in sehr seltenen Fällen mitgenommen werden (KLM)!

- ▷ Bei KLM werden Räder wie ein normales zweites Gepäckstück berechnet, solange sie nicht mehr als 23 kg wiegen, das sind in der Regel mind. € 70. Am Flughafen Amsterdam-Schiphol können Bike-Boxen für € 20 gekauft werden. Ein E-Bike darf mit, wenn der Akku abnehmbar ist und eine Kapazität von weniger als 160 Wh hat. 💻 www.klm.de
- ▷ Bei Eurowings sind für das Rad mindestens € 50 fällig, keine E-Bikes, 💻 www.eurowings.de.
- ▷ Bei Lufthansa innerhalb Europas zahlen Sie für das Rad € 80, keine E-Bikes, 💻 www.lufthansa.de.
- ▷ Bei SAS wird das Rad wie ein normales zweites Gepäckstück berechnet, das sind etwa ab € 40, keine E-Bikes, 💻 www.flysas.com/de.
- ▷ Bei Norwegian kostet das Rad online € 35, am Flughafen € 60, keine E-Bikes, 💻 www.norwegian.com/de.

Per Bus nach Schweden

Die wohl kostengünstigste Anreise für Radlerinnen und Radler bietet Flixbus. Wenn man bei der Buchung eine Person und ein Rad angibt, werden automatisch alle Verbindungen mit Radtransport angezeigt, das sind mehrere täglich nach Kopenhagen sowie seltener (1 x täglich) nach Halmstad oder Göteborg. Preisbeispiele ab Hamburg: Kopenhagen ab € 20, Halmstad und Göteborg ab etwa € 35, jeweils zzgl. Rad (€ 9). E-Bikes werden nicht transportiert.

Per Bahn nach Schweden

Bei der Anreise per Bahn ist der Startpunkt Halmstad mit 1 x Umsteigen in Kopenhagen in 8 Stunden ab Hamburg erreichbar (mit Radtransport). Von Hamburg geht es mit dem dänischen IC über Flensburg nach Kopenhagen. Von dort verkehrt der Öresundståg täglich stündlich in 2,5 Stunden nach Halmstad (und weiter nach Göteborg). Die Strecke Hamburg – Kopenhagen muss für das Rad reserviert werden, im Öresundståg ist das nicht nötig.

Die genannte Verbindung ist durchgängig bei 💻 www.bahn.de ab etwa € 50 buchbar. Das internationale Radticket kann leider nicht online gebucht werden, sondern nur am Schalter oder telefonisch: bei der DB unter ☎ 030/29 70 oder bei der dänischen Bahn unter ☎ 45 70 13 14 18; am besten löst man gleich bis Halmstad, denn einzelne Nachbuchungen sind aufwendig: Radkarten innerhalb Dänemarks können am Automaten, Schalter oder über die App der dänischen Bahn (DSB) für DKK 20 gebucht werden (aber nicht über die Website) – mit der Option „baby carriage“. Radtransport in Nahverkehrszügen der schwedischen Bahn war in einigen Provinzen wie Halland 2022 frei, aber für die Strecke Malmö – Kopenhagen musste ein „Öresund cycle ticket“ gelöst werden.

💻 www.bahn.de, www.dsb.dk/en, www.oresundstag.se/en

Norwegen

Nach Norwegen gibt es zahlreiche Verbindungen: direkt ab Deutschland nach Oslo oder via Dänemark nach Bergen, Stavanger, Kristiansand und Larvik.

Per Fähre direkt nach Norwegen

Die wohl bequemste Art der Anreise für Radfahrerinnen und Radfahrer nach Norwegen ist mit den Kreuzfahrtfährschiffen MS Fantasy oder/und MS Color Magic von Kiel nach Oslo. Abfahrt ist täglich jeweils um 14:00, Ankunft am anderen Hafen 10:00. Dazwischen liegen 32 Std. Seefahrt durch die dänische Inselwelt, das Kattegat und den schmalen Oslofjord. Das Schiff ist so groß, dass man das Ambiente einer „echten" Seereise etwas vermisst. Die einfache Fahrt kostet inkl. Kabine für 2 Pers. ab etwa € 300 zzgl. etwa € 35 pro Rad.

- Fähre Kiel – Oslo von Colorline, siehe ☞ Infokasten Oslo, www.colorline.de (auf Deutsch)

Nach Norwegen via Hirtshals (Dänemark)

Per Rad und Bahn nach/von Hirtshals: Von Hirtshals verkehren stündlich (36 nach voll) Züge via Hjørring, Ålborg und Fredericia (dort Umsteigen Richtung Padborg/Flensburg) nach Deutschland.

Es gibt von Deutschland nach Hirtshals bzw. umgekehrt wenige und aufwendige Bahnverbindungen mit Radtransport (mindestens dreimal umsteigen!).

„Super Speed"-Fähren von Colorline nach Kristiansand und Larvik: Die 211 m langen Fähren flitzen in rund 3,5 Stunden mit bis zu 27 Knoten zwischen Dänemark und Norwegen hin und her (1 Pers. inkl. Rad ab etwa € 50).

Die Fahrzeiten von Anfang Juni bis Ende August, in der Nebensaison Abweichungen:

- ab Kristiansand nach Hirtshals: täglich 8:00, 16:30
- ab Hirtshals nach Kristiansand: täglich 12:15, 20:45
- ab Larvik nach Hirtshals: täglich 8:00, 17:30
- ab Hirtshals nach Larvik: täglich 12:45, 22:15

- Colorline, ☏ 05 26/6 20 00 (Norwegen), 04 31/730 01 00 (Deutschland), www.colorline.de (auf Deutsch)

Fähren von Fjordline ab Hirtshals

Die Reederei Fjordline bedient mehrere norwegische Häfen mit dem Katamaran Fjord FSTR sowie mit den Kreuzfahrtfähren MS Bergenfjord und MS Stavangerfjord, die beide ursprünglich mit flüssigem Erdgas fuhren, aber 2023 wegen des hohen Gaspreises auf zusätzlichen Dieselantrieb umgebaut wurden – sozusagen als ökologischer Rückschritt. Die Fahrpreise variieren bei dem Tarifwirrwarr erheblich, positiv ist aber, dass die Tarife für Radfahrinnen und Radfahrer nach Stavanger und Bergen oft um rund € 5 günstiger sind als für Fußgängerinnen und Fußgänger!

▷ nach Kristiansand von April bis Dezember 1 bis 4 x täglich in 2,5 bis 4 Std., ab € 29 zzgl. Rad (etwa € 13)

▷ nach Stavanger täglich 20:00-6:30, zurück 20:00-8:00, ab € 70 zzgl. Kabine (€ 112) oder Ruhesessel (ab € 22)

▷ nach Bergen täglich 20:00-12:30, zurück 13:30-8:00, ab € 90 zzgl. Kabine (ab € 136) oder Ruhesessel (€ 25)

♦ Fjordline, ☏ 81 53 35 00 (Norwegen), 038 21/709 72 10 (Deutschland), 💻 www.fjordline.com/de

Nach Norwegen aus den Niederlanden

Fähre Holland Norway Lines von Eemshaven (bei Ostfriesland) nach Kristiansand. Von Juni 2023 bis voraussichtlich Januar 2024 wird die Fähre von Emden nach Kristiansand fahren, anschließend wieder ab Eemshaven. Abfahrten im 2-Tages-Rhythmus jeweils um 15:30 (ab Emden 17:00), Ankunft etwa um 10:00. Die einfache Fahrt kostet ab € 85 zzgl. (obligatorischer) Kabine (€ 95) und Rad (€ 20).

♦ Holland Norway Lines, Borkumkade 7, NL 9979 XX Eemshaven, ☏ +31 85/40 15 25 2, ✉ info.nl@hollandnorwaylines.com, 💻 www.hollandnorwaylines.de, Mo, Di, Mi, Fr 10:00-16:00, Do und Sa 9:30-12:00

Flüge nach Norwegen

Flüge – nicht umweltfreundlich, aber schnell und bei früher Buchung günstig. Infos zum Radtransport beim Fliegen ☞ Kasten „Radmitnahme im Flugzeug"

Billigflieger von Deutschland nach Norwegen:

▷ Die norwegische Billigfluglinie **Norwegian** bietet Direktflüge von Berlin nach Bergen und Oslo sowie von Berlin, Hamburg und München nach Oslo-Gardermoen mit Umsteigemöglichkeiten nach Stavanger und Bergen, ab etwa € 50

💻 www.norwegian.com

▷ **Lufthansa** bzw. Codesharing-Partner SAS, die beide zur Star-Alliance gehören. Direktflüge von mehreren deutschen Flughäfen, außerdem Flüge via Kopenhagen, ab etwa € 130

💻 www.lufthansa.com

▷ KLM ab Amsterdam: Recht günstige und häufige Flüge nach Oslo gibt es ab Amsterdam von KLM, ab etwa € 100.

💻 www.klm.com

☺ Beim Flug nach Oslo sollte Oslo-Torp (auch „Sandefjord-Torp" genannt) gegenüber Oslo-Gardermoen bevorzugt werden, denn dieser ehemalige Militärflughafen liegt südlich von Oslo, nur wenige Kilometer vom NR entfernt, während Oslo-Gardermoen nördlich von Oslo und damit noch rund 80 km vom NR entfernt liegt.

Von den Flughäfen zum NR:

▷ Von **Oslo-(Sandefjord-)Torp** radeln Sie südwärts nach Sandefjord (etwa 8 km), wo Sie auf den Nordseeküstenradweg stoßen.

▷ Von **Oslo-Gardermoen** radeln Sie entweder nach Oslo und von dort südwärts weiter zum NR nach Moss oder Horten.

▷ Oder Sie nehmen den 🚆 Regionalzug RE11 Richtung Skien nach Sandefjord (Dauer: 2 Stunden) via Oslo-Zentrum (30 Min.), der täglich stündlich um 13 nach verkehrt und – bei genügend Platz – auch Räder transportiert (ohne Reservierung). Die Fahrt nach Sandefjord kostet minimal NOK 250, das Rad so viel wie der Kindertarif (max. NOK 235); die Radkarte kann im Zug gelöst werden.

♦ aktuelle Bahnzeiten: 💻 www.vy.no

Oslo – Anreise über die norwegische Hauptstadt

Einige der beschriebenen Anreiseoptionen führen über die norwegische Hauptstadt Oslo. Eine ausführliche Beschreibung von Oslo sprengt den Rahmen dieses Buches, zumal Oslo nicht am NR liegt und auch keine empfehlenswerten Radwege vom NR in die norwegische Hauptstadt führen.

ℹ Oslo Visitor Centre in der Østbanehalle am Bahnhof, 🚪 täglich 9:00-17:00, im Winterhalbjahr bis 16:00; Callcenter: ☎ 23 10 62 00, 🚪 Mo-Fr 9:00-16:00, 💻 www.visitoslo.com

⛺ Topcamp Bogstad, Ankerveien 117, ☎ 22 51 08 00, 💻 www.bogstadcamping.no, Zelt NOK 350, größerer Campingplatz, 9 km von Zentrum und 5 Min. vom Bogstad-See entfernt

🛏 Hotels gibt es in Oslo in jeder Preisklasse.

Von Oslo gelangen Sie entlang der Kystruta (Nasjonal Sykelruter 1) nach Moss (70 km) oder Horten (130 km).

🚆 von Oslo radfähig per Bahn u. a. nach Bergen, Halden, Sandefjord, Kristiansand, Stavanger, Göteborg, ☞ Reisen innerhalb des Landes

Ausrüstung

Der Erfolg einer Radtour hängt ganz entscheidend von der Ausrüstung ab. Ohne geeignetes Rad und Gepäck wird die Tour eher zur Quälerei als zum Vergnügen. Selbstverständlich sollte ein kompletter Fahrrad-Check vor der Reise stattfinden, und zwar hinsichtlich Funktionalität und Verkehrssicherheit (Gangschaltung, Bremsen, Lichter, Klingel).

Was sich unterwegs nie verhindern lässt: Sie haben ein wichtiges Teil der Ausrüstung vergessen, verloren oder beschädigt. Radläden für Reparaturen und Ersatzteile gibt es in den größeren Städten. Standard-Ersatzteile sind außerdem oft auch in größeren Supermärkten und Tankstellen erhältlich.

Um vor Ort schnell Radgeschäfte mit Reparaturservice zu finden, sind bei den Routenbeschreibungen entsprechende Adressen unter den größeren Orten aufgeführt.

Radtyp und Gänge

Schweden und vor allem Norwegen bieten mehrere anspruchsvolle Steigungen; 5 Gänge sollten es mindestens sein. Natürlich erleichtern mehr Gänge das Fahren, weil Sie dann eher „Ihre" Übersetzung finden. Bzgl. der Art der Gangschaltung (Nabe, Kette) sind die Geschmäcker verschieden.

Dass das Rad gut passen sollten, ist selbstverständlich. Vor allem sollten Sie auf die Länge des Fahrrades achten, also den Abstand vom Sattel bis zum Lenker. Wenn dieser zu lang ist, bekommen Sie leicht Rückenschmerzen. Vor allem Menschen mit verhältnismäßig langen Beinen haben oft Schwierigkeiten, einen geeigneten Rahmen zu finden. Sie sind oft auf Maßanfertigung angewiesen.

Nach folgender Faustregel lässt sich die Rahmengröße ermitteln, also der Abstand zwischen Sattelrohr und der Achse der Pedalen:

Rahmenhöhe = eigene Beinlänge x 0,68
oder
Rahmenhöhe = Schrittlänge - 25 cm

Räder und Zubehör

Da die Räder das ganze Gewicht tragen sollen, ist robustes Material wichtig. Speichenbrüche sind bei längeren Radtouren mit viel Gepäck leider keine Seltenheit. Daher sollte nicht am falschen Fleck, nämlich den Speichen, gespart werden. Die sogenannten „butted"-Speichen sind wegen ihres dickeren Kopfes besonders belastungsfähig.

Optimal ist ein Tourenrad mit kräftigen und nicht allzu schmalen Reifen, die das Radeln auf Schotterwegen erleichtern. Die Mäntel sollten nicht zu alt sein, da bei längeren Touren mit Gepäck die Abnutzung erheblich ist. Entsprechend wichtig ist die Mitnahme eines Ersatzschlauchs. Ersatzschlauch und -mantel sind umso sinnvoll, da in Norwegen und Schweden nicht immer die gewohnten Marken und Maße erhältlich sind.

Im Handel sind diverse Mittel erhältlich, dank derer ein Platten zur Vergangenheit gehören soll (laut Eigenwerbung): etwa plattensichere Mäntel oder ein Gel, das man im Falle eines Plattens in den Schlauch pumpt. Erhältlich sind diese in Radläden. Allerdings halten die Mittel nicht immer, was sie versprechen!

Tourenausrüstung/Gepäck

Wenn Sie mit dem Zelt unterwegs sind und sich selbst versorgen möchten, ist ein Rad mit Vordergepäckträger sinnvoll. So können Sie das Gewicht auf das Hinter- und Vorderrad verteilen, wobei das meiste nach hinten gehört.

Die Gepäcktaschen sollten leicht zu befestigen sein, nicht zu schwer und wenn möglich wasserdicht, denn in Skandinavien ist Regen leider nicht unwahrscheinlich! Ohne (teurere) wasserdichte Taschen geht es auch, nur sollten Sie dann alles in Plastiktüten verpacken. Marktführer bei wasserdichten Radtaschen ist Ortlieb. Gelegentlich sind bei Discountern auch günstigere zu haben, deren Lebensdauer aber kürzer sein kann.

Kleidung

„Es gibt kein schlechtes Wetter, sondern nur falsche Kleidung.“ Nach diesem Motto gehört Regenkleidung immer zur Ausstattung. Es gibt heutzutage gute Regenjacken, in denen Sie wenig schwitzen, weil das Material gut atmet und doch wasserdicht ist (allerdings selten zu 100 %). Allerdings ist die Beschichtung oft gesundheits- und/oder umweltschädlich.

Eine Regenhose brauchen Sie eher selten, es sei denn, das Wetter ist sehr kalt. Ansonsten lässt es sich mit der kurzen Hose auch gut im Regen fahren, zumal Kunststoffradhosen schnell trocknen.

Spezielle Radschuhe sorgen für guten Halt auf den Pedalen. Sie haben steife Sohlen, damit sie die Tretkraft besser auf die Pedale übertragen können.

Ein Helm wird nicht von jedermann als angenehm empfunden, aber er bietet Schutz vor ernsthaften Kopfverletzungen. Unter einem Helm mit unzureichender Belüftung kann es bei hohen Temperaturen sehr heiß werden. Die besseren Helme sind allerdings nicht billig (ab etwa € 50).

🕮 **Radreisen** – Ausrüstung · Planung · Durchführung von Andreas Bugdoll, Conrad Stein Verlag, Basiswissen für draußen, ISBN 978386686-657-7, € 9,90. Hier finden Sie wirklich alles für die Vorbereitung und Durchführung Ihrer Radreise.

Gesundheit

Die UV-Strahlung an der Küste ist nicht zu unterschätzen. Daher an Sonnenschutzcreme denken! Der Schutzfaktor richtet sich nach der Aufenthaltszeit in der Sonne, dem Bewölkungsgrad und natürlich dem Hauttyp, aber Faktor 20 sollte es schon mindestens sein.

Eine gute Sonnenbrille mit ordentlichem UV-Schutz gehört auch zur Ausrüstung, genauso wie ein Mittel (Spray) gegen Mücken (Autan o. Ä.).

Erste Hilfe (Für die Erste-Hilfe-Tasche einige Empfehlungen)

- ☐ Verbandszeug, Pflaster
- ☐ Jod (z. B. Betadine, das sich auch zum Desinfizieren von Wasser eignet: etwa fünf Tropfen auf einen Liter Wasser)
- ☐ Zeckenpinzette/-karte
- ☐ Aspirin- oder Paracetamol-Tabletten
- ☐ Tabletten gegen Durchfall
- ☐ Salbe gegen Insektenbisse (Fenistil o. Ä.)

Checkliste für die Ausrüstung

- ☐ Trekkingrad
- ☐ Vorderradtaschen, Hinterradtaschen, Lenkertasche
- ☐ leichte Kleidung für schönes Wetter (Radhose, T-Shirt)
- ☐ wärmere Kleidung für abends, auch im Sommer (Fleece-Pullover, lange Hose)
- ☐ Regenjacke (am besten atmungsaktiv)
- ☐ Flickzeug: Kleber, Reifenabnehmer, Flicken, Sandpapier
- ☐ Öl für die Kette (silikonhaltig)
- ☐ Luftpumpe
- ☐ Ersatzreifen
- ☐ Ersatzschlauch
- ☐ Multitool
- ☐ Speichenschlüssel/-spanner
- ☐ Kulturtasche
- ☐ Karten, optimalerweise mit wasserfester Folie und Kartenhalter
- ☐ Smartphone; in Skandinavien fast unabdingbar für viele Buchungen und Recherche
- ☐ ggf. Schlafsack (optimalerweise mit Inlett, das auch in Jugendherberge als Bettzeug gebraucht werden kann)
- ☐ weiteres Paar Schuhe/Sandalen
- ☐ für Camper: Zelt, Isomatte, ggf. Kocher, Geschirr und Besteck, faltbarer Wasserkanister

- ☐ Dokumente: Personalausweis oder Pass, ggf. Jugendherbergsausweis
- ☐ Wertsachen: Kredit-/Girokarte, Geld (€ und ggf. Kronen). Ersteres ist deutlich wichtiger, da zunehmend Barzahlungen nicht akzeptiert werden.
- ☐ Erste-Hilfe-Set
- ☐ bei E-Bikes: Ladekabel bzw. -gerät

Einkaufen/Essen & Trinken

Das Banalste zu Beginn: Wasser. Leitungswasser ist in den nordischen Ländern – wie in Deutschland – von guter Qualität und daher trinkbar. Es gelten strengere Richtwerte für Leitungswasser als für abgefülltes Tafelwasser in Flaschen. Leitungswasser unterwegs kann man bei vielen Tankstellen abfüllen sowie bei öffentlichen Einrichtungen wie Bibliotheken. Joghurt sowie Kefir sind in 1-Liter-Packungen erhältlich – wie in Deutschland Milch.

Supermärkte gibt es in den meisten größeren Orten; dominierend sind ICA-Märkte sowie in Schweden Konsum- und in Norwegen Rema-Märkte. Die deutschen Discounter drücken auch in Skandinavien auf das Preislevel: Lidl ist in Schweden gut vertreten. Aus Norwegen hat sich der deutsche Discounter mangels Erfolg zurückgezogen. Ein norwegischer Discounter hat mit Kiwi einen eher neuseeländisch anmutenden Namen. Supermärkte sind im Routenteil durchgehend angegeben, allerdings ohne deren Öffnungszeiten. In der Regel sind Supermärkte in kleineren Orten wie in Deutschland, in größeren Orten sowie an der Küste in der Urlaubszeit täglich durchgehend geöffnet.

Mittags isst man in Schweden *lunch* und in Norwegen *lunsj* – dazu bekommt man in vielen Gaststätten oder Kaufhausrestaurants einfache Gerichte, manchmal mit Getränken und Salat für weniger als SEK 100, zunehmend auch vegetarisch/vegan. *Middag* wird in Schweden warm, aber abends gegessen. Einkehrgelegenheit sind im Routenteil wegen der großen Zahl sowie erheblicher Fluktuation und saisonal schwankenden Öffnungszeiten nur selten namentlich angegeben, dafür mit dem Symbol ✕ bei den Orten.

☺ Tipp für günstiges Essengehen: In den nordischen Ländern bekommt man die günstigsten warmen Mahlzeiten bei Lokalen mit ausländischer Küche, z. B. in Pizzerien oder bei Chinesen. Außerdem bieten viele Restaurants, Kaufhäuser und große Supermärkte günstige Gerichte um die Mittagszeit an.

Die norwegische Küche verwendet viel Fisch. Während *lutefisk* (Stockfisch; Kabeljau) und *torsk* (Dorsch) eher zu besonderen Anlässen verspeist werden, kommen *fiskeboller* (Fischklöße) alltäglich auf den Tisch. Wild wie Ren oder Elch spielt im Landesinneren eine größere Rolle.

In Norwegen werden besonders traditionelle Spezialitäten aus eigener Produktion geschätzt. Für in Norwegen produzierte Lebensmittel gibt es ein Qualitätssiegel in Form eines Hahns, das bestimmte Anforderungen an Zutaten, Herstellungsweise und Geschmack stellt.

Öko-Lebensmittel

Noch strenger sind die Kriterien für Debio-geprüfte ökologische Lebensmittel – zu erkennen an einem Ø. Rund 2.600 Höfe produzieren in Norwegen biologisch-organische Lebensmittel.

💻 www.debio.no (u. a. auf Englisch)

In Schweden sind biologische Lebensmittel an dem Siegel „KRAV" zu erkennen. KRAV ist einer der größten Zertifizierungsverbände für ökologische Erzeugnisse mit rund 7.000 landwirtschaftlichen und Lebensmittel verarbeitenden Betrieben in Schweden.

💻 www.krav.se

Alkohol

Ein besonderes Thema in Norwegen und Schweden ist der Alkohol: Um die Bevölkerung nicht zu „verführen", dürfen in Supermärkten nur schwach alkoholische Getränke verkauft werden, wie z. B. Leichtbier.

Der Verkauf von höherprozentigem Alkohol (Schweden ab 3,5 %, Norwegen ab 4,75 %) ist nur in lizensierten (halb-)staatlichen Läden erlaubt, in Norwegen Vinmonopolet, in Schweden Systembolaget genannt. Deren Preise sind staatlich fixiert und in Norwegen durch hohe Steuern (bis zu 70 %) relativ teuer.

GPS

Wenn Sie ein eigenes Outdoor-GPS-Gerät oder Smartphone mit entsprechender Funktion/App haben, sind GPS-Tracks hilfreich, aber kein „Muss", da der Nordseeküstenradweg überwiegend gut ausgeschildert ist. Sie können die GPS-Daten auf folgenden Webseiten downloaden – als einzelne Dateien für jede Etappe inkl. der Varianten oder zusammengefasst für Schweden und Norwegen.

💻 www.conrad-stein-verlag.de, Homepage des Verlages

♦ www.wibarelds.de, Homepage des Autors mit GPS-Daten, einigen Fahrplänen sowie Updates

📖 **GPS** *Grundlagen · Tourenplanung · Navigation* von Michael Hennemann, Conrad Stein Verlag, Basiswissen für draußen, ISBN 978-3-86686-769-7, € 12,90, Neuauflage 2023

Internet

Das mobile Internet ist in Skandinavien gut ausgebaut und (gratis) WLAN-Netze sind ausgesprochen häufig; von daher gehören Internetcafés der Vergangenheit an. Im Folgenden sind einige nützliche Websites genannt, sofern sie nicht an anderer Stelle im allgemeinen oder Routen-Teil des Buches stehen.

Manche skandinavischen Websites bieten auf dem PC nur eine eingeschränkte Funktionalität an (etwa beim Buchen von Rädern bei der dänischen Bahn, www.dsb.dk), während sie auf dem Smartphone, vor allem in Apps, mehr Optionen bieten.

Hilfereiche Internetadresse zur Planung:

- www.northsea-cycle.com, offizielle Seite des Nordseeradwegs (EuroVelo 12) u. a. mit interaktiver Karte (u. a. auf Deutsch)
- www.cyclosm.org, OSM-Karte mit Radwegen bzw. -streifen an Straßen europaweit (auf Englisch)
- www.cycletourer.co.uk/maps/tunnelmaplrge.shtml, Übersicht (Karte) über für mit dem Rad mögliche und gesperrte Tunnel in Norwegen (auf Englisch)
- www.ruter.no, Infos zum Reisen in Norwegen (auf Norwegisch)
- www.wetteronline.de, nicht nur Wettervorhersage, sondern auch Wassertemperatur, Klimadaten, Webcam
- www.yr.no, eine der genauesten Wettervorhersagen überhaupt, vom norwegischen meteorologischen Institut (ohne Werbung!)
- www.kattegattleden.se/de, offizielle Website zum Kattegattleden – beim NR-Abschnitt Halmstad – Göteborg (auf Deutsch)
- www.vegvesen.no/trafikkinformasjon/reiseinformasjon/sykkelruter, offizielle Site zu norwegischen Fernradwegen mit GPS-Daten (auf Norwegisch)

Googles Probleme mit dem Norwegischen

In Zeiten zunehmender künstlicher Intelligenz und Übersetzungsmodus von Google verzichten viele Websites auf die früher üblichen eigenen Übersetzungen in das Englische oder Deutsche und vertrauen Google. Dessen Übersetzungen sind zwar erstaunlich gut, aber oft nicht gut genug. Manchmal übersetzen sie zu viel und gehen doppelten Bedeutungen auf den Leim oder unterstellen Fehlschreibungen, wie das Beispiel einer Google-Übersetzung von Bahnhöfen bzw. Ortsnamen zwischen Stavanger und Oslo zeigt – mit folgenden Google-Übersetzungen: „hellwach" für Jåttåvågen, „hallo" für Moi, „schnelle Demo" für Snartemo, „Knotenland" für Nodeland, „Freundschaft" für Vennesla, „Grüße zum Straßenjahr" für Vegårshei oder „Beleuchtungsgegenstände" für Lysaker.

Karten

Stadtpläne sind in Schweden und Norwegen in der Regel gratis bei den Touristinformationen erhältlich, manchmal sogar mit eingezeichneten Radwegen.

Alle folgend genannten Karten sind unterwegs schwer erhältlich, daher ist hier jeweils eine Bezugsadresse (Homepage) angegeben, wo die Karte vor der Reise erworben werden kann.

Schweden

Zu Schweden gibt es eine große Auswahl an Karten, in Deutschland erhältlich bei 💻 www.geobuchhandlung.de oder 💻 www.mapfox.de.

📖 Karten der Reihe „Cykelkartan" von Norstedts im Maßstab 1:90.000 zum Preis von jeweils € 19,90. Man benötigt die Blätter: 06 Halland, 12 Västergötland/Göteborg, 17 Södra Bohuslän und 20 Dalsland/Norra Bohuslän.

♦ Karten zur Übersicht im Maßstab 1:250.000: S von Freytag & Berndt: Schweden Blatt 1: Süd (Etappen 1-3), ISBN 9783707903188, Schweden Blatt 2: Südwest (Etappen 3-7), ISBN 9783707919929; jeweils € 12,90

Norwegen

Reine Radkarten gibt es für Norwegen nicht und für detailliertere Karten sind die Entfernungen zu groß. Zur Übersicht decken folgende Straßenkarten den Verlauf des NR in Norwegen gut ab. Beide reichen auch noch weit bis nach Schweden hinein (fast bis Göteborg); die erstgenannte von Freytag & Berndt ist wegen des genaueren Maßstabs eher zu empfehlen:

📖 Freytag & Berndt: Norwegen Süd; Oslo – Bergen – Stavanger, Maßstab 1:250.000, ISBN 9783707903164, € 12,90

♦ Kümmerly+Frey / Cappelens Kart: Süd-Norwegen; Oslo – Stavanger – Bergen, Maßstab 1:335.000, ISBN 9783259010310, € 12,95

☺ Die Kartenempfehlungen wurden von der Geobuchhandlung Kiel überprüft.

Konsularische Vertretungen

Botschaften deutschsprachiger Länder

Botschaft in Schweden (Stockholm)

(D) Deutsche Botschaft, Skarpögatan 9, 115 27 Stockholm, ☎ 08/670 15 00, 💻 www.stockholm.diplo.de, 🚪 Konsularabteilung Mo-Fr 9:00-12:00, telefonische Erreichbarkeit Mo-Do 8:00-16:00, Fr 8:00-14:30

(CH) Schweizer Botschaft, Valhallavägen 64, 10041 Stockholm, ☏ 08/676 79 00, 💻 www.eda.admin.ch/stockholm, 🚪 Konsularabteilung Mo-Fr 9:00-12:00, telefonische Erreichbarkeit Mo-Do 8:30-12:00 und 13:30-16:30, Fr 8:30-13:30

(A) Österreichische Botschaft, Kommendörsgatan 35/V, 11458 Stockholm, ☏ 08/665 17 70, 💻 www.aussenministerium.at/stockholm, 🚪 telefonische Anfragen Mo-Fr 9:00-15:00

Honorarkonsulat in Göteborg

(D) Deutsches Honorarkonsulat, Jan Sinclair, Geijersgatan 1 B, 1. Stock, 41134 Göteborg, ☏ 031/721 55 58 45, ✉ goeteborg@hk-diplo.de, 🚪 Mo-Mi 10:00-12:00

(A) Österreichisches Honorarkonsulat, Lars-Olof Christer Magnusson, Geijersgatan 1 B, 1. Stock, 41134 Göteborg, ☏ 031/16 10 78, ✉ info@oesterrikes-generalkonsulat.se, 🚪 Mi 10:00-13:00

Botschaft in Norwegen (Oslo)

(D) Deutsche Botschaft, Oscars gate 45, 0258 Oslo, ☏ 23 27 54 00, 💻 www.oslo.diplo.de, 🚪 Telefonzeiten Mo-Do 8:30-12:00 und 13:00-15:30 sowie Fr 8:30-12:00

(CH) Schweizer Botschaft, Oscars gate 29, 0352 Oslo, ☏ 22 54 23 90, 💻 www.eda.admin.ch/oslo, 🚪 keine Öffnungszeiten, da für konsularische Dienstleistungen die Botschaft in Schweden zuständig ist

(A) Österreichische Botschaft, Thomas Heftyes Gate 19-21, 0264 Oslo, ☏ 22 54 02 00, www.aussenministerium.at/oslo, 🚪 telefonische Erreichbarkeit Mo-Fr 9:00-15:00, Parteienverkehr Mo- Fr 10:00-12:00

Honorarkonsulat in Kristiansand

(D) Deutsches Honorarkonsulat, Lars Christian Jacobsen, Rasmussengruppen AS, Kirkegaten 1, 4610 Kristiansand S, 📱 91 84 43 68, ✉ kristiansand@hk-diplo.de, 🚪 nach Absprache per Mail

(A) Österreichisches Honorarkonsulat, Dr. med. Erik Hodne, Svanedamsveien 56, N-4621 Kristiansand, ☏ 38 00 05 55, ✉ erikhodne@hotmail.como, 🚪 Mo-Fr 8:00-15:30

Honorarkonsulat in Bergen

(D) Deutschland: Nils B. Rokne, EDGE Norway AS, Solheimsgaten 7 E, 5058 Bergen, ☏ 48 38 97 55, ✉ bergen@hk-diplo.de, 🚪 nach Absprache

(A) Österreich: Gerhard Runshaug, Edvard Griegsvei 3B, 5059 Bergen, ☏ 55 33 61 41, ✉ gerhard@dnah.no, 🚪 Mo-Fr 9:00-15:00

Leihrad

In größeren Orten gibt es Fahrradverleihe (☞ Orte). Die Radmiete beträgt in Schweden ab SEK 100 und Norwegen ab NOK 200 sowie für ein E-Bike ab etwa 300 Kronen pro Tag – mit Aufpreis an touristischen Orten und in der Hauptsaison.

Medizinische Versorgung

Zwischen Norwegen/Schweden und Deutschland besteht ein Sozialversicherungsabkommen, das (krankenversicherten) Ausländern die kostenfreie Behandlung im Notfall ermöglicht. Die Versicherungen rechnen dann später untereinander ab.

Oft muss eine Behandlung erst selbst bezahlt werden; die Krankenkasse erstattet dann die Kosten in Höhe einer vergleichbaren Behandlung in Deutschland. Daher auf jeden Fall eine spezifizierte Rechnung erbitten. Außerdem empfiehlt sich eine Auslandsreisekrankenversicherung, die ab etwa € 10 von zahlreichen Versicherungsgesellschaften angeboten wird und für Aufenthalte bis zu 6 Wochen im Ausland gültig ist.

Das Niveau der ärztlichen Versorgung ist mit dem in Deutschland vergleichbar, wobei die ärztlichen Behandlungen (für privat Versicherte) günstiger sind.

Öffnungszeiten und nationale Feiertage

- ▷ Läden: Mo-Fr 9:00-18:00, Sa 9:00-14:00
- ▷ Supermärkte: Mo-Sa 8:00-20:00, in größeren Städten und in den Urlaubsmonaten oft täglich und bis spät abends geöffnet
- ▷ Apotheken: Mo-Fr 9:00-17:30 sowie Bereitschaftsdienste nachts und sonntags
- ▷ Banken: Mo-Fr 9:00-15:00, Do bis 17:00
- ▷ Post: Mo-Fr 9:00-18:00, Sa 9:00-13:00
- ▷ Sehenswürdigkeiten (Museen etc.): Di-So 10:00-17:00 (Richtwert)
- ▷ Touristeninformation: Mo-Fr 9:00-17:00, Sa 10:00-12:00, im Sommer teilweise auch länger und So

An manchen Badeorten entlang der Küste sind Touristinformationen, Museen und Läden nur in der Sommersaison geöffnet (Juni bis September mit Kernzeit Juli und August).

Nationale Feiertage sind in Norwegen der 17. Mai und in Schweden der 6. Juni.

Am Samstag nach der Sonnenwende (21.6.) wird in Schweden und Norwegen die Mittsommernacht gefeiert – mit viel Alkohol und geschlossenen Geschäften. Der Feiertag ist eine uralte Tradition und wurzelt in den vorgeschichtlichen Sommersonnenwendfeiern.

Die kirchlichen Feiertage entsprechen in Norwegen und Schweden weitgehend den evangelischen in Deutschland. Ausnahme ist der erste Pfingstmontag, dafür gilt im protestantischen Schweden der 6. Januar wie im katholischen Deutschland als Feiertag.

Post

Postämter gibt es in allen größeren Städten. Die wichtigsten Postdienstleistungen werden auf dem Land in Postagenturen angeboten, die oft in Supermärkten, Tankstellen und Schreibwarenläden zu finden sind.

Radinfrastruktur: Radwege, Beschilderung, Radverkehr, Radfernwege

Der NR verläuft in Schweden und Norwegen überwiegend auf Nebenstraßen, in Norwegen oft auch auf Hauptstraßen. Reine Radwege sind in beiden Ländern ein eher seltenes, aber dank Routenausbau zunehmendes Vergnügen.

In Norwegen gibt es einige Passagen auf geschotterten Radwegen, wo breite Reifen von Vorteil sind. Der NR verläuft in größeren Städten nach Möglichkeit auf Straßen mit Radwegen an der Seite.

Beschilderung & Wegbeschaffenheit

In Schweden und Norwegen ist der NR auf verschiedenen Teilstücken unterschiedlich beschildert. Schilder mit dem Logo des NR sind eher die Ausnahme, stattdessen findet man Schilder anderer Fernradwege. Der NR verläuft nämlich in Schweden wie in Norwegen meist auf anderen Fernradwegen.

Schweden

- ▷ Kattegattleden: von Halmstad nach Göteborg (kommt von Helsingborg)
- ▷ Cykelspåret (Bohuslän): alte Markierung und Route des NR von Göteborg nach Norwegen; wird künftig durch unten stehende Route ersetzt
- ▷ Västkustleden: Dieser Fernradweg von Göteborg nach Svinesund war 2023 in Planung, aber noch nicht ausgewiesen und wird daher in diesem Buch als Variante beschrieben. Langfristig wird der NR über dessen Strecke von Göteborg zur norwegischen Grenze verlaufen und soll ab 2024 schrittweise beschildert werden.

In Schweden verläuft der NR meistens auf Nebenstraßen sowie teilweise auf Schotterwegen und alten Bahntrassen. Leider sind küstennahe Nebenstraßen im Sommer oft stark befahren.

In Schweden wurden auf reinen Radwegen wie etwa im Süden von Göteborg sehr viele Metalltore bei querenden Straßen aufgestellt, um die Radfahrerinnen und Radfahrer zum Bremsen zu zwingen. Leichte Freizeitradlerinnen und Freizeitradler kommen dort locker hindurch, aber mit einem schwer bepackten Tourenrad kann das Passieren dieser teilweise gehäuft auftretenden Hindernisse schwierig und lästig sein, für Radlerinnen und Radler mit Tandem oder Anhänger ist es unmöglich, die dann auf Straßen ausweichen müssen.

Norwegen

Wie alle Radrouten in Norwegen ist der NR dort mit einem kleinen roten Schild gekennzeichnet, und zwar als Kystruta, markiert mit einer „1". Anders als der NR umrundet die Kystruta auch den Oslofjord und führt über Bergen nordwärts weiter entlang der Küste zum Nordkap.

Die Beschilderung ist unterschiedlich, stellenweise verbesserungsbedürftig, etwa in größeren Städten.

Die Steigungen nehmen in Norwegen genauso zu wie leider auch der Autoverkehr, vor allem in der sommerlichen Urlaubssaison. Relativ flache Stücke erwarten Sie bis Larvik sowie bei Egersund, wo Sie auf einer alten Bahntrasse radeln.

Ansonsten geht es dank der letzten Eiszeiten rauf und runter über Moränen und Fjorde. Die größten Steigungen – bis zu 275 m – sind zwischen der Lista-Halbinsel und Egersund zu bewältigen.

Im Bereich großer Steigungen konzentrieren sich die Wege häufig auf wenige Täler, weshalb Sie gerade dort oft auf größeren Straßen radeln müssen, die leider nur selten über einen Radweg verfügen. Wenn es über Schotterpisten geht, sind diese meistens deutlich abenteuerlicher als die nicht asphaltierten Strecken in Schweden, d. h., der Schotterbelag ist gröber und die Wegqualität schlechter.

Fernradwege in Schweden (Auswahl)

Eine gute Übersicht über die mehr als 35 Fernradwege in Schweden bietet die ansonsten etwas hausbackene Website des schwedischen Radfahrerverbands SCS (auf Schwedisch mit einigen englischen Zusammenfassungen):

♦ Schwedischer Radfahrerverband: Svenska Cykelsällskapet (SCS), Box 6006, 16406 Kista, ☎ 08/751 62 04, 💻 www.svenska-cykelsallskapet.se

Eine Auswahl beliebter Fernradwege in Schweden:

▷ Kattegattleden (von Trelleborg nach Göteborg: 390 km), 💻 www.kattegattleden.se/de

Radweg Kattegattleden vor Varberg, 1. Etappe

- ▷ Dalslandleden (Rundroute westlich des Vänern: 358 km)
- ▷ Siljansleden (Rundroute um die Seen Siljan und Orsa: 320 km)
- ▷ Astrid Lindgren-Leden (von Jönköping nach Västervik: 216 km)

Beliebte Fernradwege in Norwegen (Auswahl):

Durch Norwegen zieht sich ein Netz von Fernradwegen (Nasjonale Sykkelruter). Zuständig für diese Fernradrouten ist die staatliche Verkehrs(infrastruktur)behörde, die auf ihrer Website zu den Radrouten informiert:

www.vegvesen.no/trafikkinformasjon/reiseinformasjon/sykkelruter

- ▷ 1: Kystruta (von Svinesund bis Kirkenes: 4.500 km)
- ▷ 2: Kanalruta og Telemark (von Porsgrunn bis Stavanger: 446 km)
- ▷ 3: Fjord og Fjell (von Kristiansand über Sognefjord bis Kristiansund: 1.000 km)
- ▷ 4: Hallingdal og Rallarvegen (von Bergen nach Finse auf altem Bahnarbeiterweg: 614 km)
- ▷ 5: Middelalderdalen og Mjølkevegen (von Larvik durch das Numedal nach Geilo: 950 km)
- ▷ 6: Sognefjellsveien (von Røros zur Region Hardangerfjord: 294 km)

▷ 7: Pilgrimsruta (von Halden über Oslo nach Trondheim: 600 km)
▷ 8: Finnmarksruta (von Alta nach Kirkenes: 643 km)
▷ 9: Vilmarksruta (von Halden über Trysil und Røros nach Trondheim: 825 km)

Wichtige Verkehrsregeln für Radfahrerinnen und Radfahrer

Im Großen und Ganzen entsprechen die Radverkehrsregeln denen in Deutschland. Im Gegensatz zu Deutschland aber haben in Norwegen von einem rechten Radweg kommende Radlerinnen und Radler KEINE Vorfahrt gegenüber von links kommenden Autos.

Radfahrerinnen und Radfahrer werden also hier als Verkehrsteilnehmende zweiter Klasse gegenüber Autos behandelt, die bei Kreuzungen also immer Vorfahrt vor Rädern haben, wenn jene von Radwegen kommen.

Reisen innerhalb des Landes: Bahn, Bus, Fähren

Bahn und Bus

In **Schweden** ist die Radmitnahme in Zügen für Tourenradlerinnen und Tourenradler fast unmöglich nach den Bestimmungen der schwedischen Staatsbahn SJ: Ein Rad darf nur mitgenommen werden, wenn es weniger als 25 kg wiegt, auseinandergenommen und in einer Radtasche mit folgenden maximalen Maßen transportiert wird: 140 x 85 x 30 cm.

♦ Schwedische Bahn: 💻 www.sj.se (auf Schwedisch und teilweise Englisch)

☺ Zum Glück transportieren lokale und regionale Züge der Provinzen sowie private Betreiber und die norwegische Bahn Räder bis nach Göteborg. Eine gute Übersicht mit Links bietet ein englischsprachiger Abschnitt der Website des schwedischen Fahrradverbandes:

💻 www.cykelframjandet.se/information-in-english/bikes-on-swedish-trains

Die schwedischen Etappen des NR decken folgende zwei Nahverkehrslinien, die Räder transportieren (zuletzt sogar gratis), in voller Länge ab:

♦ Öresundståg: Kopenhagen – Halmstad – Varberg – Göteborg,
💻 www.oresundstag.se

♦ Västtåg: Göteborg – Stenungsund – Uddevalla – Tanum – Strömstad,
💻 vasttrafik.se

Hauptbetreiber der Bahnen in **Norwegen** ist der Staatskonzern Vy, der sich 2019 von seinem früheren Namen NSB verabschiedet hat: Vy heißt so viel wie „Ausblick, Fernsicht, Aussicht“, womit laut Wikipedia eine Vision für die Zukunft beschrieben werden soll. In norwegischen Zügen ist die Radmitnahme unkomplizierter und in den meisten Zügen möglich, teilweise mit Reservierung: Die Radmitnahme in norwegischen Zügen kostet die Hälfte des regulären Fahrpreises mit einem Maximum von NOK 235. Auf der Strecke Bergen – Oslo kostet der Radtransport im Sommer immer NOK 235. Das Radticket kann mit obligatorischer Reservierung bei der Buchung im Internet (oder am Schalter) gekauft werden. E-Bikes dürfen mit, aber die Akkus müssen abmontiert und dürfen unterwegs im Zug nicht aufgeladen werden.

Ein Beispiel für die Tarife der Norwegischen Bahn: Eine reguläre Bahnfahrkarte Oslo – Bergen kostet etwa NOK 1.100, es gibt aber deutlich günstigere (nur bedingt stornierbare) Tickets online ab rund NOK 300.

Die wichtigsten Bahnverbindungen zum NR in Norwegen sowie Richtung Schweden (mit Radtransport):

▷ Oslo – Bergen: täglich 4 bis 5 Verbindungen in beide Richtungen, eine davon nachts (7 Stunden Fahrzeit), Radbuchung online möglich
▷ Oslo (Bahnhof und Flughafen) – Tønsberg – Torp/Sandefjord – Skien: täglich stündlich in beide Richtungen (2-2,5 Stunden Fahrzeit), Radkarte im Zug
▷ Oslo – Moss – Fredrikstad – Halden – Göteborg: täglich 3 bis 4 Verbindungen in beide Richtungen (3,5 Stunden Fahrzeit), Radbuchung online
▷ Oslo – Kristiansand – Egersund – Stavanger: täglich 6 Verbindungen in beide Richtungen, eine davon nachts (8 Stunden Fahrzeit), Radbuchung online möglich. Diese Strecke wird nicht von der Norwegischen Bahn betrieben, sondern der britischen Firma Go Ahead (💻 www.go-ahead-nordic.no). Die Radbedingungen sind dieselben wie bei Vy und Tickets sind bei beiden Unternehmen buchbar.

♦ Norwegische Bahn: 💻 www.vy.no (auf Norwegisch und teilweise Englisch)

Im Routenteil sind in der Regel alle Bahnhöfe angegeben, die Verbindungen mit rädertransportierenden Zügen haben, plus Informationen, in welche Richtung/wann diese Züge fahren.

🚌 Eine günstige Alternative zur Bahn sind Fernbusse, die auch öfter Räder transportieren.

In Norwegen unterhält Nor-Way Bussekspress ein flächendeckendes Busnetz mit häufigen Verbindungen. Bei Voranmeldung ist die Mitnahme eines Rades bei vielen Routen möglich und wird in der Regel mit dem Tarif für Kinder berechnet.

💻 www.nor-way.no

Zwischen Oslo und Schweden sowie in Schweden bietet sich Flixbus mit mehreren günstigen Verbindungen an, darunter auch einigen wenigen mit Radtransport, etwa auf der Strecke Oslo – Göteborg – Halmstad die Nachtfahrten. Im Online-Buchungsformular kann das Rad gleich mit angegeben werden, dann erhält man die radfähigen Verbindungen.

www.flixbus.de

Fähren

Einige Gewässer müssen mithilfe von (kleinen) Fähren gequert werden. Das Vergnügen erwartet Sie 3 x in Schweden und 5 x in Norwegen bzw. durch Alternativen etwas mehr oder weniger. Abfahrtszeiten bzw. -häufigkeiten, Fahrtdauer und Tarif sind im Routenteil angegeben. Die Abfahrtszeiten können – je nach Saison – abweichen. Aus diesem Grund ist bei den Fähren in der Regel eine Internetadresse angegeben, wo Sie den aktuellen Fahrplan (rutetider) einsehen können.

In Schweden verkehren kleine Fähren teilweise als „Brückenersatz". Weil sie damit zur staatlichen Infrastruktur gehören, ist die Überfahrt mit diesen (an der gelben Farbe erkennbaren) Fähren kostenlos.

Für die Weiterreise nach Dänemark – wo der Nordseeradweg auch entlangführt – gibt es von mehreren norwegischen und schwedischen Häfen gute Fährverbindungen: Halmstad, Göteborg, Larvik, Kristiansand, und Bergen (Infos ☞ Anreise).

Auf Fähren können Fahrräder problemlos mitgeführt werden, bei (Taxi-)Booten ist es mitunter etwas schwierig, aber möglich.

Eine Zusammenstellung der Internetadressen aller genannten Fährlinien ist am Ende dieses Buches unter ☞ Internetadressen angegeben.

Reisezeit

Vom Wetter her ist der Zeitraum Mai bis September für eine Radtour zu empfehlen, allerdings kann es im Mai und September auch recht kühl sein.

Die Hauptsaison von Mitte Juni bis Mitte August hat aus Radlersicht sowohl Vor- als auch Nachteile.

Nachteile: viel Betrieb auf Straßen, Stränden, Campingplätzen und höhere Preise auf Campingplätzen, in Urlaubshotels und auf Fähren

Vorteile: Es sind alle Campingplätze und Jugendherbergen geöffnet. Viele Stadthotels bieten im Sommer oft günstige Preise, Wasser und Luft haben die angenehmste Temperatur.

Telefon

☏ Vorwahl von Deutschland nach Norwegen: 0047 und dann die 8-stellige norwegische Nummer, Handynummern beginnen meistens mit 9 und 4
- ♦ Vorwahl von Deutschland nach Schweden: 0046 und dann die Ortsvorwahl ohne „0", Handynummern beginnen meistens mit (0)7
- ♦ Vorwahl von Norwegen/Schweden nach Deutschland: 0049 und weiter mit der Ortsvorwahl ohne „0"
- ♦ Notfallnummern: Schweden 112, norwegische Ambulanz 113, norwegische Polizei 112

Die EU-weite Deckelung der Roaminggebühren gilt in der Regel auch für Norwegen. Allerdings sollten Sie beim mobilen Surfen beachten, dass die Abos für Datendienste im Ausland nur eingeschränkt gelten. Selbst wenn Sie einen Vertrag für ein höheres (oder uneingeschränktes) Datenpaket haben, ist beim Surfen im EU-Ausland (und Norwegen) ein Roamingaufschlag in Höhe der EU-weiten Obergrenze für Vorleistungsentgelte möglich, die ab 2022 auf € 2 und ab 2027 auf € 1 festgelegt wurde.

Touristinformation

Die nordischen Länder haben ein dichtes Netz von Touristbüros, die in den jeweiligen Orten im Routenteil angegeben sind. In den Badeorten entlang der Küste sind einige Touristbüros allerdings nur in der Sommersaison geöffnet (Juni bis September mit Kernzeit Juli und August), dann allerdings oft auch täglich. In größeren Städten sind die Touristbüros in der Regel Mo-Fr zu üblichen Bürozeiten geöffnet, im Sommer auch täglich und bis abends.

Sie erhalten dort meistens Gratis-Infos zur Region und einen Stadtplan.

ℹ Schwedisches Fremdenverkehrsamt in Deutschland: **VisitSweden**, Große Bäckerstraße 10, 20095 Hamburg, ☏ 040/32 55 13 10, 💻 www.visitsweden.de
- ♦ Norwegisches Fremdenverkehrsamt in Deutschland: **Innovation Norway**, Caffamacherreihe 5, 20355 Hamburg, ☏ 040/229 41 50, 💻 www.visitnorway.de

Übernachtung

Die nordischen Länder sind vor allem auf Camping, Hotels, Hütten und Herbergen spezialisiert.

Angegeben sind im Routenteil die Mindestübernachtungspreise für ein DZ für 2 Personen (nach oben hin ist die Skala meistens offen ...) – sofern nichts anderes dabeisteht. Bei Hotels ist meistens das Frühstück inbegriffen. Wichtige Begriffe für die Übernachtung: Einzelzimmer (EZ) heißt im Schwedischen *enkelrum* und im Norwegischen *enkeltrom*, Doppelzimmer (DZ) im Schwedischen *dubbelrum* und im Norwegischen *dubbeltrom*.

Die Übernachtungspreise schwanken je nach Jahreszeit. In Urlaubsorten – vor allem an der Küste – ist in den Sommerferien, also den Monaten Juli und August, mit einem Aufschlag zu rechnen. Dagegen sind Hotels in größeren Städten (v. a. Tagungshotels), die sonst vor allem Geschäftsreisende zu ihrem Kundenkreis zählen, in den Sommerferien preiswerter als sonst. Das führt zu der paradoxen Situation, dass in Skandinavien in den Sommermonaten mondäne Hotels in Städten oft günstiger sind als vergleichsweise einfache (Massen-)Herbergen in Urlaubsregionen.

Angesichts der stark wachsenden Touristenzahlen und der damit einhergehenden Kosten für die Infrastruktur plant Norwegen die Einführung einer Touristensteuer, voraussichtlich ab 2024.

Das Angebot an Übernachtungsmöglichkeiten ist sehr unterschiedlich: Von Halmstad bis nördlich von Göteborg hat man eine große Auswahl, während im nördlichen Teil von Schweden große Lücken bestehen. In Norwegen gibt es im Süden – von der schwedischen Grenze bis Kristiansand – zahlreiche Orte mit Campingplätzen, Hotels und Herbergen. Schwieriger wird die Lage zwischen Stavanger und Bergen, wo nur noch sporadisch Ortschaften am Wegesrand liegen.

Hotels

Hotels entsprechen im Standard den deutschen – genauso wie die Klassifizierung mit Sternen. In den Urlaubsorten ist im Sommer mit einem Aufschlag, in größeren Städten dagegen mit einem teilweise erheblichen Sommerrabatt zu rechnen. Das Preisniveau der Hotels beginnt für ein DZ bei SEK/NOK 800 und für ein EZ bei SEK/NOK 600.

☞ Für die Hotels werden in diesem Buch bevorzugt deren eigene Schreibweise verwendet, wodurch es in Norwegen mal Hotel (international) oder Hotell (norwegisch) heißt.

@ In Hotels und anderen Urlaubsanlagen ist WLAN so weit verbreitet (meistens kostenlos), dass es in diesem Buch nicht bei jedem Hotel einzeln angegeben ist.

Eine relativ günstige Hoteloption sind Motels sowie in Norwegen das Gjestehus. De Historiske Hotels ist ein Zusammenschluss von rund 60 traditionellen norwegischen Hotels, 💻 www.dehistoriske.com (u. a. auf Deutsch).

Hotel Tylösand, 1. Etappe

Bed & Breakfast (B&B)/Privatunterkünfte

Bed & Breakfast (B&B) und Privatunterkünfte haben im Gegensatz zu Jugend-/Familienherbergen nicht so eine Tradition wie in Deutschland. Oft vermieten Privatvermieterinnen und -vermieter auch kleine Wohnungen (Apartments). Dort wird man als Radwanderin oder Radwanderer in der Nebensaison auch nur für eine Nacht aufgenommen, manchmal aber nur kurzfristig. Reservierungen für Privatunterkünfte sind direkt bei den im Buch genannten Adressen möglich oder über die Touristinformationen – oft gegen Provision.

Der Preis für Privatübernachtungen liegt zwischen Jugend-/Familienherbergen und Hotelzimmern, ein DZ gibt es ab etwa SEK/NOK 600, im unteren Preisbereich dann allerdings mit Gemeinschaftsbad auf dem Flur.

Unterwegs weisen einige Schilder auf Privatunterkünfte (*rum*) hin. Einige bieten keine Bettwäsche an, dann muss der eigene Schlafsack ausgepackt werden. WLAN bieten mittlerweile auch die meisten Privatunterkünfte.

♦ Norwegen: Bed & Breakfast Norway hat eine gute Internet-Präsenz: Bed & Breakfast Norway, Østbyfaret 9D, 0690 Oslo, 📱 99 23 77 99, 💻 www.bbnorway.com

☺ Lohnend ist auch ein Blick in die allgemeinen internationalen Portale für Privatübernachtungen, vor allem 💻 www.airbnb.com, aber auch 💻 www.bedandbreakfast.eu.

Zimmer auf dem Bauernhof/ ländliche Privatunterkünfte

Die Unterkunft auf Bauernhöfen ist in Norwegen und Schweden eher eine Seltenheit; zwar gibt es mehrere Hundert Höfe, die Übernachtungen anbieten, davon aber nur wenige entlang des NR. Noch weniger vermieten Zimmer nur für eine Nacht. In Schweden gibt es eine Dachorganisation mit professioneller Website:

- **Schweden**: Bo på Lantgård, Laxne Vretstugans Gård 1, 647 92 Mariefred, ☏ 0 72/504 03 06 (🚪 Mo-Fr 15:00-17:00), ✉ info@bopalantgard.se, 💻 www.bauernhofurlaub-schweden.de (auf Deutsch)

Jugend-/Familienherberge (JH)

Schweden und Norwegen sind bekannt für ihre Jugend- bzw. Familienherbergen (*Vandrarhem/Vandrerhjem*), die nicht nur von Jugendlichen besucht werden, sondern sich generell als günstige Alternative zu Hotels einer breiten Beliebtheit erfreuen und daher auch eher als „Wandererheim" bekannt sind. Die Herbergen sind in der Regel von ordentlichem Standard (2-Sterne-Hotels entsprechend), sauber und steril eingerichtet. Man übernachtet in 2- bis 6-Bett-Zimmern.

In allen Herbergen sollte man sich vorher anmelden, da man in der Nebensaison sonst vor verschlossener Tür steht oder in der Hauptsaison kein Bett mehr frei ist. Man kann unter bestimmten Bedingungen kostenlos stornieren; genauere Hinweise entnehmen Sie den Informationen bei der (Online-)Buchung.

Die Rezeption der Häuser ist meistens nur zu bestimmten Zeiten besetzt, mit folgenden Kernzeiten: 🚪 8:00-10:00, 17:00-19:00.

Schweden

Richtpreise für eine Übernachtung sind: im Mehrbettzimmer p. P. ab etwa SEK 300, für ein DZ SEK ab etwa 700, für Frühstück und Bettwäsche (Leihgebühr) etwa jeweils SEK 80.

Dachverband der schwedischen Herbergen ist der Svenska Turistföreningen (STF). Dieser „schwedische Tourismusverband" gehört mit einem Netz von beinahe 250 schwedischen Herbergen seit Ende 2022 nicht mehr dem internationalen Jugendherbergsverband an, man erhält also keinen Preisnachlass mit dem DJH-Ausweis.

- Svenska Turistföreningen, Box 17251, 104 62 Stockholm, ☏ 08/463 21 00, ✉ info@stfturist.se, 💻 www.stfturist.se

Norwegen

In Norwegen kostet die Übernachtung in einer Herberge ab etwa NOK 350 pro Bett und ab NOK 1.000 für ein DZ, immer inkl. F. Mitglieder eines Jugendherbergsverbandes (z. B. DJH) erhalten 10 % Ermäßigung.

Meistens ist das Frühstück in den Übernachtungspreisen enthalten, ansonsten werden für das Frühstück rund NOK 100 berechnet. Abendessen wird manchmal angeboten und kostet dann mindestens NOK 150. Bettwäsche gibt es für etwa NOK 70. Die Dachorganisation HI Norway ist mit einem Netz von 22 Jugendherbergen in Norwegen dem internationalen Jugendherbergsverband angeschlossen.

♦ HI Norway, Haraldsheimveien 4, 0587 Oslo, ✉ info@hihostels.no, 💻 www.hihostels.no (auf Englisch)

Camping

Campingplätze gibt es in Norwegen und Schweden viele, allerdings sind viele nur in den Sommerferien (Juni bis August) geöffnet bzw. ganzjährig nur für Dauercamperinnen und Dauercamper. Daher sind im Routenteil die Öffnungszeiten der Campingplätze angegeben. Viele Zeltplätze liegen an der Küste und haben einen hohen Standard, meistens 3 bis 4 Sterne. Die Ausstattung der Campingplätze ist unterschiedlich (☞ Klassifizierung mit Sternen), aber sanitäre Einrichtungen mit warmem Wasser sind immer dabei (wobei für das Duschen oft extra bezahlt werden muss), eine Küche und Waschgelegenheiten häufig.

Oft können auch Ferienhäuser/-hütten gemietet werden, manchmal aber nur für mehrere Tage, außerdem kommen dort oft noch weitere obligatorische Kosten hinzu, etwa für Endreinigung (rund 200 Kronen) oder das Ausleihen von Bettwäsche (ca. 20 Kronen).

Das Preisniveau für eine Übernachtung für Radfahrerinnen und Radfahrer im einfachen Zelt liegt bei etwa SEK/NOK 150 bis 400 pro Übernachtung für zwei Personen. Hütten sind ab etwa SEK/NOK 400 pro Nacht zu mieten.

Duschen kostet oft extra (SEK/NOK 3 bis 10); manchmal muss man vorher Duschmünzen bei der Rezeption erwerben, mal eine Chipkarte, mal funktioniert es per Münzeinwurf. Eine Ladung Wäsche kostet etwa SEK/NOK 20 bis 50.

Paradox: Die gut ausgestatteten Plätze sind für Radlerinnen und Radler manchmal günstiger als einfache kleine Plätze, weil die großen Plätze gestaffelte Tarife haben, bei denen eine Person mit Rad und Zelt deutlich weniger als etwa ein Wohnmobil bezahlt, während kleinere Plätze hier häufig pauschale Tarife haben, die keinen Unterschied zwischen dem kleinen Iglu-Zelt einer Radlerin oder eines Radlers und dem fast sattelschleppergroßen Wohnmobil machen.

Schweden

In Schweden gibt es rund 1.100 Campingplätze, von denen ca. 400 Plätze dem schwedischen Campingverband SCR angeschlossen sind. Bei diesen ist die Camping Card Scandinavia (☞ unten) – zumindest offiziell! – obligatorisch. Der SCR klassifiziert und kontrolliert die Campingplätze.

- ♦ Sveriges Camping- & Stugföretagares Riksorganisation SCR, Mässans gata 10, 41251 Göteborg, adm@scr.se, www.camping.se (u. a. auf Deutsch), detaillierte Onlinesuche von Campingplätzen, Kauf eines Campingpasses

Norwegen

Norwegen zählt mehr als 1.000 Campingplätze, davon mehr als 50 entlang des NR in Norwegen. Dachverband der Campingplätze in Norwegen:

- ♦ NHO Reiseliv Camping, Pb. 5465, Majorstuen, 0305 Oslo, firmapost@nhoreiseliv.no, www.camping.no (u. a. auf Deutsch)

Oft obligatorisch: Camping Key Europe

Für die Übernachtung auf vielen Campingplätzen ist die Karte Camping Key Europe notwendig oder zumindest hilfreich, die gleichzeitig Identitätsnachweis als auch Rabattkarte ist. Ersteres beschleunigt das Ein- und Auschecken erheblich. Diese Karte kann auf dem Campingplatz der ersten Übernachtung für SEK 200 erworben werden (für Einzelreisende oder Familien). Die Camping Key Europe bietet eine Haftpflichtversicherung während des Aufenthaltes auf dem Campingplatz sowie einige Rabatte.

Alternativ gibt es die Karte Camping Key Europe im Internet – gegen eine Gebühr ab € 12 zzgl. möglicher Bearbeitungsgebühren, etwa beim ADAC:

www.adac-shop.de/camping/camping-key-europe

Die Klassifizierung für Campingplätze in Schweden (ohne wohnwagenspezifische Angaben):

1 Stern: tägliche Aufsicht, Waschrinne/Duschen mit Warmwasser, manchmal auch Kochgelegenheit

2 Sterne: zusätzlich ganztägig anwesendes Personal, feste Rezeption/Kiosk, Toiletten mit Wasserspülung, Waschgelegenheiten mit Warmwasser

3 Sterne: zusätzlich Tag und Nacht erreichbares Personal, beheizte Sanitär- und Servicegebäude, Küche, Gemeinschaftsraum mit TV, Einkaufsgelegenheiten in der Nähe

4 Sterne: zusätzlich Duschen mit regelbarem Warmwasser, Küche mit Herd/Backofen/Mikrowelle, Essgelegenheit im Haus, Lebensmittelgeschäft, Restaurant in max. 1 km Entfernung

5 Sterne: zusätzlich beheizter Pool, Restaurant mit Bier-/Weinausschank

In Norwegen gelten im Prinzip die gleichen Kriterien, die in einigen Punkten allerdings etwas abgeschwächt sind.

„Wildes Zelten“ oder Jedermannsrecht

„Wildes Zelten“ ist in Schweden und Norwegen mit Einschränkungen erlaubt. Das Allemansrätt („allgemeines Nutzungsrecht“ bzw. „Jedermannsrecht“) besagt, dass man sich im Prinzip überall zu Fuß oder per Rad bewegen darf, solange man die Natur nicht (zer)stört. Jeder darf sich überall in der Natur aufhalten – mit Einschränkungen auch auf Privatgelände.

Das schließt die Nutzung von natürlichen Ressourcen wie Pilzen und Beeren ebenso ein wie auch wildes Zelten in der Natur für eine Nacht – aber nicht auf landwirtschaftlich genutzten Flächen und nur außerhalb der Sichtweite von Wohnhäusern (mindestens 100 bis 150 m entfernt).

Der Bereich um ein Wohnhaus, die sogenannte Hausfriedenszone, darf nicht durchquert werden. Das schriftlich nur teilweise fixierte Jedermannsrecht, ein Gewohnheitsrecht, setzt den verantwortungsvollen Umgang der Menschen mit der Natur voraus. Das Mitnehmen von Pflanzen, Fällen von Bäumen oder Hinterlassen von Müll ist verboten.

Feuer dürfen nur mit besonderen Auflagen entzündet werden, in Norwegen gilt vom 15. April bis 15. September in der Nähe von Wald ein generelles Feuerverbot.

Updates

Der Conrad Stein Verlag veröffentlicht Updates zu diesem Buch, die direkt von dem Autor oder von Leserinnen und Lesern dieses Buches stammen. Bitte suchen Sie vor Ihrer Abreise auf der Verlagshomepage 💻 www.conrad-stein-verlag.de diesen Titel. Unter dem Punkt „Updates“ finden Sie alle wichtigen Informationen. Der rechts abgebildete QR-Code führt Sie direkt zu der richtigen Seite.

Währung und Preise

Währung

Zahlungsmittel in Norwegen und Schweden sind Kronen, die sich als Faustregel zum Umrechnen in Euro am einfachsten durch 10 teilen lassen. Trotz der wirtschaftlichen Verflechtungen mit den Euro-Ländern schwankten die Umrechnungskurse zuletzt erheblich, zwischen 2012 und 2022 etwa entsprach € 1 zwischen NOK 8 und 12 sowie SEK 8 bis 11. Die aktuellen Kurse gibt es auf zahlreichen Seiten im Internet sowie integriert bei Google.

- ▷ Norwegische Krone (NOK): Derzeit gibt es Münzen zu 1, 5, 10 und 20 Kronen sowie Banknoten zu 50, 100, 200, 500 und 1.000 Kronen.
- ▷ Schwedische Krone (SEK): Die Schwedische Krone ist in Münzen zu 1, 5 und 10 Kronen unterteilt. Banknoten gibt es zu 20, 50, 100, 500 und 1.000 Kronen.

Preise

Die Preise in den nordischen Ländern sind höher als in Deutschland. Das liegt neben der geringeren Bevölkerungsdichte und damit weniger Wettbewerb als in Deutschland an der Mehrwertsteuer, die mit 24 bzw. 25 % deutlich höher ist als in Deutschland (19 %). Dieser Satz gilt auch für Lebensmittel (in Deutschland ermäßigt auf 7 %).

Bezahlen und Geldabheben

Die meisten Geschäfte und Restaurants akzeptieren Kreditkarten wie VISA, Mastercard oder Diners. Viele Kreditinstitute berechnen beim Abheben und Bezahlen einen Zuschlag für Nicht-Euro-Währungen von rund 2 %. Dazu kommt möglicherweise je nach Karte und Bank ein Zuschlag beim Geldabheben. Da in Norwegen und Schweden jedoch fast nur digital (mit Karte oder Smartphone) gezahlt wird, benötigt man kaum Bargeld. Für alle Fälle sollte man aber doch zumindest kleinere Beträge bar mit sich führen, etwa für kleine Fähren in Norwegen.

✋ Vorsicht, Abzocke an Geldautomaten: Manche Geldautomaten fragen beim Abheben, ob man zu einem festen Wechselkurs abheben möchte oder in Landeswährung (was später dann umgerechnet wird). Sie sollten auf jeden Fall immer Letzteres (Landeswährung!) bevorzugen, da die festgelegten Kurse nach Erfahrung des Autors oft bis zu 10 % ungünstiger liegen als die offiziellen.

Karte verloren? Dann sollten Sie Ihr Konto sofort sperren lassen; für solche Verlustmeldungen gibt es in Deutschland eine 24-Stunden-Hotline: ☎ 00 49 116 116.

Und welcher Ort hat wo Geldautomaten? Einfach bei Google Maps „Geldautomat“ oder „ATM“ eingeben.

Der Nordseeküstenradweg

Küste bei Stenungsund, © Idhuna Barelds, 4. Etappe

Übersicht und Entfernungen

Die folgende Übersicht zeigt als Planungshilfe die Etappen, deren Einteilung sich vor allem nach den zur Verfügung stehenden Übernachtungsmöglichkeiten richtet. Die Länge der Etappen schwankt zwischen 40 und 100 km, wobei die Etappen im gebirgigeren Norwegen im Mittel mit 65 km kürzer sind als im flacheren Schweden mit 74 km. „Königsetappe" ist die rund 90 km lange 17. Etappe von Farsund nach Flekkfjord mit ca. 1.200 Hm – hier war eine kürzere Einteilung wegen der wenigen Übernachtungsmöglichkeiten unterwegs ungünstig, ein Gasthof in der Mitte bietet aber die Möglichkeit, die Tour zu splitten.

In der Übersicht stehen neben der Etappenlänge auch das Höhenniveau sowie die zu bewältigenden Höhenmeter, damit Sie grob den Schwierigkeitsgrad der Etappen einschätzen können. Die „Gesamtsteigung" gibt summiert die gesamten Höhenmeter im Lauf einer Etappe an, wobei das in etwa auch den abwärts zu fahrenden Höhenmetern entspricht – wichtig, falls Sie die Tour in entgegengesetzter Richtung radeln. Die „max. Höhe" steht für den höchsten Punkt der jeweiligen Etappen; so können Sie in etwa abschätzen, wie viele bzw. wie lange Anstiege Sie im Laufe einer Etappe erwarten.

Die im Buch beschriebenen Varianten, Abkürzungen und Abstecher sind in der Tabelle kursiv gesetzt und deren Länge (bei Abstechern hin und zurück) steht in der Tabelle in einer eigenen Spalte. In Klammern stehen die Kilometer bis zum jeweiligen Zielort der Etappe bzw. der Zwischenstrecke. Das (⛴) steht für Orte, in denen Sie eine Fähre nehmen müssen.

Folgende Übersicht bietet zur Planungshilfe einen Überblick über alle Etappen mit ihren Längen und Höhenmetern sowie bei Etappen beschriebenen Varianten (ausgenommen kleine Abstecher).

Strecke	**Länge in km**		**Höhenmeter**	
	Etappen	***Varianten***	**Gesamtsteigung**	**max. Höhe**
Schweden				
1. Halmstad – Falkenberg – Varberg	100	-	330	35
2. Varberg – Kungsbacka	72	-	380	50
3. Kungsbacka – Göteborg	63	-	410	55
4. Göteborg – Kungälv – Stenungsund	57	-	240	115
Västküstleden	-	*51*	670	115
5. Stenungsund – Fiskebäckskil / Lysekil (⛴)	70	-	490	55

Strecke	Länge in km		Höhenmeter	
	Etappen	*Varianten*	Gesamt-steigung	max. Höhe
Schweden				
Västküstleden Stenungsund-Fjälbacka	-	*106*	*410*	*95*
6. Lysekil – Fjällbacka	67	-	335	60
7. Fjällbacka – Tanumshede – Svinesund	193	-	410	110
Västküstleden Fjällbacka-Strömstad	-	*56*	*310*	*55*
Abstecher nach Halden	-	*7*	*100*	*58*
Norwegen				
8. Svinesund – Fredrikstad – Moss	94	-	685	95
9. Moss – Tønsberg - Sandefjord – Larvik	81	-	530	52
Fährenvariante Veierland	-	*23*	*235*	*67*
10. Larvik – Langesund	66	-	480	135
11. Langesund – Kragerø (⛴)	49	-	645	110
12. Stabbestad – Øsang/Risør – Arendal	57	-	560	80
Variante auf Landweg nach Risør	-	*25*	*400*	*83*
13. Arendal - Grimstad – Lillesand	42	-	320	66
Vestlandske Hugelvej	-	*15*	*200*	*58*
14. Lillesand – Kristianstad	47	-	350	100
15. Kristiansand – Mandal	61	-	450	110
Bahnvariante Kristiansand	-	*9*	*900*	*140*
16. Mandal – Farsund	64	-	760	210
Alter Postweg	-	*4*	*120*	*85*
Abstecher zum Lindesnes Fyr	-	*12*	*140*	*67*
17. Farsund – Kvinesdal – Flekkefjord	89	-	1.225	240
18. Flekkefjord – Sogndalstrand	39	-	770	272
19. Sogndalstrand – Varhaug	71	-	595	150
20. Varhaug – Stavanger	72	-	365	57
Abstecher nach Byrne	-	*5*	*40*	*35*
21. Stavanger – Jørpeland	58	-	475	175
Sykkelrute 3 ab Oanes	-	*19*	*260*	*100*
Abstecher zum Preikestolen	-	*5*	*325*	*340*

Strecke	Länge in km		Höhenmeter	
	Etappen	*Varianten*	Gesamt-steigung	max. Höhe
22. Jørpeland – Hjelmeland	59	-	670	197
23. Hjelmeland – Haugesund	52	-	545	86
24. Haugesund – Langevåg – Fitjar	94	-	770	75
Abstecher nach Leirvik	-	*5*	*20*	*53*
25. Fitjar – Sandvikvåg – Bergen	49	-	720	231
Summe	**1.696**			
Durchschnitt	**68**			

Schweden

Der schwedische Teil des Nordseeküstenradwegs ist rund 500 km lang und führt durch die Provinzen Halland und Västra Götaland – mit leichten bis mittelschweren Etappen.

Von Halmstad über Göteborg bis nach Kungälv ist die Strecke überwiegend flach, während ab Kungälv einige mittelschwere hügelige Strecken zu bewältigen sind. Vor Strömstad folgt wieder ein leichterer Abschnitt, während das letzte Stück in Schweden – von Strömstad nach Svinesund – wieder mit einigen Höhenzügen aufwartet.

Für den Abschnitt zwischen Göteborg und Strömstad (Etappen 4 bis 7) ist eine neue Routenführung entlang des sich 2023 teilweise noch in Planung befindlichen Västkustleden vorgesehen, die großteils weiter im Landesinneren verläuft. Die neue Routenführung ist hier bereits als Variante beschrieben; der Teil ab Göteborg bis Tanum soll voraussichtlich ab 2024 markiert sein, der Rest später. Entsprechende Rückmeldungen an den Verlag sind erwünscht!

Die Beschilderung in Schweden ist unterschiedlich: Zwischen Halmstad und Göteborg folgen Sie den Schildern des Kattegattleden, ab Göteborg (künftig) dem nationalen Fernradweg Västkustleden (sobald der fertig gestellt ist).

Halland

Die Radtour startet in der schwedischen Provinz Halland entlang der Küste. Die Küstenstädte Hallands waren schon im 19. Jh. beliebte Badeorte.

Halland bietet nicht nur einige der beliebtesten Strände Schwedens, sondern auch rund 120 Naturschutzgebiete. Die Region ist bekannt für seine vielen Ginsterbüsche, daher hatte der Vorläuferradweg des Kattegattleden den Namen Ginstleden („Ginsterweg“).

www.visithalland.com (u. a. auf Englisch)

Per Fähre nach/von Halmstad

Zwischen dem dänischen Teil des Nordseeküstenradwegs (NR) und Schweden bietet sich folgende Fährverbindung an:

Die Stena Nautica verkehrt 2 x täglich in 4,5 bis 5 Std. zwischen Grenå und Halmstad. Infos Anreise

1. Etappe: Halmstad – Varberg

100 km, 330 m, 1-35 m

Vom Fährhafen radeln Sie sich möglichst links haltend durch das Hafengelände. Beim Bahnhof folgen Sie dem Radweg nach links in das Zentrum von Halmstad.

Halmstad 66.000 Ew.,

Halmstad Tourist Center, Fredsgatan 5, 03 51/202 00, www.destinationhalmstad.se, Mo-Fr 10:00-13:00, im Sommerhalbjahr bis 16:00

Hotel Halmstads Gårdshotell, Gamla Tylösandsvägen 102, 07 34/14 15 20, www.halmstadgardshotell.se, DZ ab SEK 1.000, kleines Hotel 2 km vom Meer, ländliche Lage

♦ Hotel Amadeus, Hvitfeldtsgatan 20, 03 51/660 00, www.amadeus.nu, DZ ab SEK 1.200, etwas nördlich des Zentrums westlich des Flusses Nissan

STF Halmstads Hostel Kaptenshamn, Stuvaregatan 8, 03 51/204 00, Buchung über Portale wie www.booking.com, DZ ab SEK 850, Kombination aus Jugendherberge und Hotel, zentral gelegen fast direkt am Fluss Nissan

First Camp Tylösand, Kungsvägen 3, 03 51/253 63, www.firstcamp.se Tylösand, Zelt ab SEK 300, Bungalow (bis 4 Pers.) ab SEK 1.000, Campingplatz April bis Oktober, Bistro täglich, großer Campingplatz, am NR im westlich gelegenen Naherholungsgebiet Tylösand

Stationsgatan 44, Stationsgatan 44, 03 52/80 81 82, www.stationsgatan44matochbar.se, internationale und schwedische Küche am Bahnhof

Hemköp im Zentrum (Brogatan 14-16) und Lidl bei Ortsausfahrt (Torpaledsvägen 4)

Håkanssons Cyklar Eftr, Enslövsvägen 5, www.hakanssonscyklar.n.nu, Mo-Fr 11:00-12:00 und 13:00-18:00, Radladen mit Werkstatt nahe Bahnhof

♦ Sportson Halmstad, Flygaregatan 12, www.sportson.se, Mo-Fr 10:00-18:00, Sa 10:00-14:00, Radladen bei der Ortsausfahrt direkt am NR

Haltestelle des Öresundståg mit täglich stündlichen Verbindungen Richtung Kopenhagen und Göteborg mit Radtransport, ☞ Anreise, www.oresundstag.se/en

Das an der Mündung des Nissan in das Kattegat gelegene Halmstad hat historische Bedeutung für Skandinavien: Im Mittelalter (1062) besiegte der norwegische König mit einer 50 % kleineren Flotte 300 dänische Schiffe in einer der bedeutendsten Schlachten der Wikingerzeit. 1619 trafen sich der dänische und schwedische König in Halmstad – 40 Jahre vor dem Abzug der Dänen aus dem jahrhundertelang dänisch dominierten Südschweden. Halmstad war lange Zeit eine Stadt mit besonders exklusivem Anspruch und ist heute Ausgangstor zu beliebten Badeorten wie Tylösand mit einem der schönsten und längsten (7 km) dünenbegrenzten Sandstrände Schwedens. Zu frei zugänglichen Sehenswürdigkeiten zählen am Marktplatz der Bronzebrunnen mit mythologischem Motiv (Europa und Stier), Picassos Skulptur „Frauenkopf" am Nissan und das Museumsschiff Najaden am Schloss.

Das im 16. Jh. erbaute **Halmstad Slott** ging in die Geschichte ein als Treffpunkt des dänischen Königs Christian IV. mit dem schwedischen Gustav II. Adolf. Das Gebäude kann heute nicht besichtigt werden. Es dient heute als Sitz der Kreisverwaltung; im Schlosshof finden im Sommer Veranstaltungen statt.

Nach einer Schleife durch das Zentrum von Halmstadt mit seinem netten Marktplatz und Brunnen verlässt der NR die Stadt in westliche Richtung auf dem Radweg entlang der N600 Richtung Tylosänd. Die Radroute macht noch vor der Küste eine Südschleife zu dem bekannten Badeort, die sich aber auch mit direkter Fahrt geradeaus meiden ließe (➲ 1 km weniger).

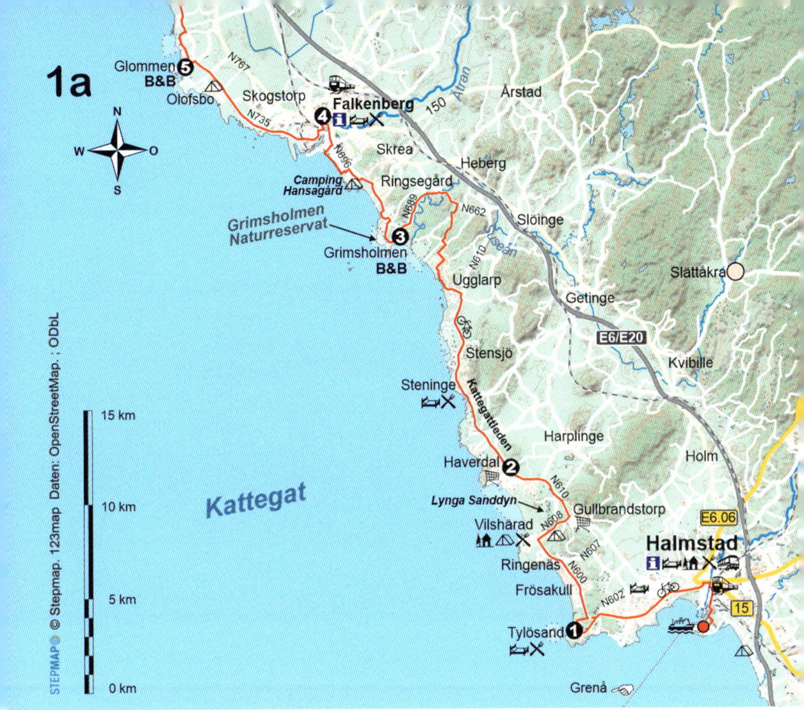

1

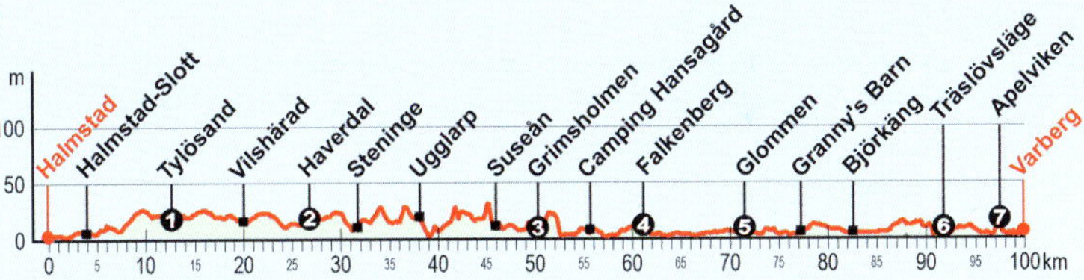

Tylösand ❶ (km 13) ist ein Badeort mit exklusivem Anspruch, sozusagen das Kampen von Halland, wovon eine große Golfanlage zeugt. Küstennah in den Dünen liegt das Hotel Tylösand, bekannt durch seinen (Mit-)Inhaber: den Musiker und Songwriter Per Gessle, bekannt als Gitarrist und Sänger des Duos Roxette in den 1990er-Jahren.

🛏 ✕ Hotel Tylösand, Tylöhusvägen 28, 302 73 Halmstad, ☎ 03 53/05 00, 💻 www.tylosand.se, ✉, DZ ab etwa SEK 1.500, großes und hochpreisiges Spa-Hotel mit 230 Zimmern in toller Lage mit direktem Zugang zum Strand

Strand bei Tylösand

Von Tylösand leitet Sie der NR – identisch mit dem ausgezeichnet markierten Kattegattleden – auf dem Radweg neben der Straße nordwärts, vorbei an einer Übernachtungsgelegenheit:

🛏🏠🍴 Best Western Hotel Tylebäck, Kungsvägen 1, 302 70 Halmstad, ☎ 03 51/918 00, ✉ info@tyleback.comm, 💻 www.tyleback.se, ⛺, DZ im Hotel ab SEK 1.700, im Hostel ab SEK 1.000, Hütte ab SEK 1.700, Hotel in Grünanlage mit benachbartem Hostel und Caravan-Campingplatz (keine Zelte!) nahe der Küste und direkt am NR

Die küstenparallele Straße N600 mündet bei der Feriensiedlung Vilshärad in die N608.

⛺ Bengts Camping, Vilshäradsvägen 1A, 305 65 Gullbrandstorp, 📱 07 09/20 80 47, 💻 www.bengtscamping.se, Stellplatz ab SEK 250 p. P., 🚪 Mai bis September, am NR bei Vilshärad, kleiner Campingplatz

🏠⛺🍴 Strandgården, Skarviksvägen 2, 305 65 Gullbrandstorp, ☎ 03 55/31 80, 💻 www.strandgarden.org. Preise auf Anfrage Vilshärad, 🚪 Campingplatz April bis Oktober, Jugendherberge etwas länger, Jugendherberge mit kleinem Campingplatz direkt an der Küste und am Naturreservat, 500 m vom NR

Der NR zweigt nach rechts ab und führt rechts neben der N608 nach Gullbrandstorp (Supermarkt). Dort zweigen Sie beim Kreisverkehr nach links ab und begleiten den Kustvägen (N610) auf dem rechtsseitigen Radweg. Weiter links liegt im Wald die Lynga Sanddyn – mit 38 m die höchste Sanddüne Schwedens. In **Haverdal** ❷ (km 27) wechselt der NR kurzzeitig auf eine links verlaufende Nebenstraße vorbei an einem Hemköp-Supermarkt.

In **Steninge** gibt es mehrere Einkehr- und eine Übernachtungsgelegenheit:

Steninge kuststation, Steninge Kustväg 30, 305 72 Haverdal, 07 05/66 62 44, www.kuststationen.se, DZ ab SEK 900 p. P., kleines Hotel mit hauptsächlich vegetarischer Küche am NSG Steningekusten, direkt an der Küste, Einzelgäste nur von Mittsommer bis Mitte August.

Durch Stensjö und Ugglarp führt der NR parallel zur Küste entlang der N610 nordwärts und erreicht nach einem Schlenker landeinwärts **Grimsholmen** ❸ (km 50).

B&B Grimsholmen B&B by the Sea, Bobergs kustväg 33, 311 92 Falkenberg, 07 31/56 24 48, www.grimsholmen.com, DZ ab SEK 1.100, März bis Oktober, schön küstennah gelegen und unweit vom Grimsholmen Naturreservat, 400 m vom NR

Von Grimsholmen führt der NR küstennah nach Falkenberg ❹ (km 61).

Falkenberg

24.100 Ew., **B&B**

Falkenbergs Turistinformation, Holgersgatan 7, 03 46/88 61 00, www.falkenberg.se, Mo-Fr 10:00-17:00

Nya Pallas Hotel, Åke Tottsgatan 5, 03 46/107 00, www.pallashotel.com, DZ ab SEK 800, etwas westlich vom Zentrum gelegenes kleines Hotel mit schönem Garten im Wohngebiet

♦ Hotel Hamngatan 27, Hamngatan 27, 03 46/877 67, www.hamngatan27.se, DZ ab SEK 1.200, ruhige Lage direkt am Fluss Ätran

B&B Bland ormbunkar och rosor, Bräckevägen 14, 02 19/32 22, www.blandormbunkarochrosor.se, DZ ab SEK 1.500, in grünem Wohngebiet nordwestlich des Zentrums gelegene renovierte Unterkunft

An der Küste bei Falkenberg, © Idhuna Barelds

Camping Hansagård, Hansagårdsvägen 11, ☎ 03 46/169 44, www.hansagard-camping.se, Standardzeltplatz ab SEK 270, Bungalow (bis 4 Pers.) ab SEK 1.000, Mai bis Mitte September, Essgelegenheiten täglich, großer Familien-Campingplatz 2 km südlich vom Ort an der Küste, direkt am NR

Hamnkrogen, Hamngatan 39, ☎ 03 46/103 03, www.hamnkrogenfalkenberg.se, täglich 11:00-14:00, gute Auswahl, auch vegetarisch, am Ätran-Fluss gelegen

♦ Gustav Bratt, Brogatan 1, ☎ 03 46/103 31, www.gustafbratt.se, saisonale skandinavische Küche, am Ätran-Fluss gelegen

ICA Kvantum, Sandgatan 34, im Zentrum

Haltestelle des Öresundståg mit täglich stündlichen Verbindungen Richtung Kopenhagen und Göteborg mit Radtransport, ☞ Anreise, www.oresundstag.se/en

Das an der Mündung des Ätran in das Kattegat gelegene Falkenberg ist bekannt für seine vielen Funde aus der Wikingerzeit, darunter Silber und Münzen.

Sie verlassen Falkenberg auf der Küstenstraße (N735) und passieren kurz vor Glommen weitere Übernachtungsgelegenheiten:

Camping Olofsbo, Olofsbo 222, 311 91 Falkenberg, 03 46/920 22, www.olofsbocamping.se, Zelt ab SEK 450, Hütte ab SEK 1.350 (in Hauptsaison mind. 3 Nächte), Mai bis Oktober, Pizzeria auf dem Campingplatz täglich, küstennaher Campingplatz mit autofreiem Zeltplatz

B&B Söndre Gårds Haväng, Söndre Gård 108, 311 98 Glommen, 07 02/17 28 23, www.sondregardshavang.com, DZ ab SEK 1.100, kleine Apartments in altem Bauernhof, schöne Lage mit Blick auf Küste und NSG, 1,2 km vom NR

Vor **Glommen ❺** (km 71) verlässt der Radweg kurz die Küstenstraße und verläuft auf kleinen Wegen durch den Urlaubsort, ehe Sie wieder die Küstenstraße erreichen und weitere Übernachtungsgelegenheiten passieren:

B&B Granny's Barn, Lynga 128, 311 98 Glommen, 07 33/91 94 36, www.farmorslada.se, DZ ab SEK 1.150, ca. 400 m landeinwärts, ehemaliger Bauernhof mit Antiquitätenladen und Café, Mikrowelle und Kühlschrank zur Mitnutzung, 400 m vom NR

Björkängs vandrarhem, Ledsgård 4, 432 76 Tvååker, 07 02/99 59 82, www.bjorkangsvandrarhem.se, DZ ab SEK 500, ca. 700 m vom Nordseeküstenradweg entfernt

First Camp Björkäng, Havsbadsvägen, 432 76 Tvååker, 03 40/421 34, www.firstcamp.se/destination/bjorkang-varberg, Zeltplatz ab SEK 400, Hütte ab SEK 800, ganzjährig, Bistro täglich, Campingplatz direkt am Strand von Björkäng, 300 m vom NR

Vor der Einmündung in die N760 zweigt der NR links auf den Kagabäcksvägen ab, quert kurvenreich den Küstenort Träslövsläge ❻ (km 91) und begleitet kurz darauf auf einem Radweg neben einem Campingplatz die N760:

Lajets Camping, Nygård, 432 54 Varberg, 03 40/20 54 80, www.lajetscamping.se, Zelten ab SEK 310, Hütte ab SEK 700, Ende April bis Mitte September, großer 4 Sterne-Campingplatz mit 300 Plätzen

Beim Kreisverkehr geht es wieder links über kleinere Straßen Richtung Küste und nach **Apelviken** ❼ (km 97) auf schönem Radweg direkt am Ufer.

B&B Apelviksgården, Richard Berghs Väg 1, 432 54 Varberg, 03 40/20 36 06, boende@apelviksgarden.se, www.apelviksgarden.se, Preise auf Anfrage, nur in Sommermonaten, Privatunterkunft/Hostel direkt am NR

Apelviken, Sanatorievägen 4, Sanatorievägen 4, 432 53 Varberg, 03 40/64 13 00, www.apelviken.se, 2 Pers. mit Rad und Zelt ab SEK 335, Hütte ab SEK 900 (tageweise nur in Nebensaison), Zimmer im Hotel ab SEK 1.200, Hotel und Hütten ganzjährig, Camping nur im Sommerhalbjahr, großer 4-Sterne-Campingplatz mit 500 Plätzen und Pool, 100 m vom NR

In Varberg führt der Radweg vorbei am Park zu einer Kreuzung vor dem Bahnübergang, wo es links zur Festung und rechts in das Zentrum geht.

Varberg 34.000 Ew.

Varbergs Turistbyrå, Västra Vallgatan 39, 03 40/868 00, tourist@varberg.se, www.visitvarberg.se, in den Sommerferien Mo-Fr 12:00-17:00, Sa 10:00-14:00

Clarion Collection Hotell Fregatten, Hamnplan, 03 40/67 70 00, cc.fregatten@choice.se, www.nordicchoicehotels.se → Hotel Fregatten, DZ ab etwa SEK 1.600, im Stadtzentrum gelegenes Kettenhotel

♦ Hotell Gästis, Borgmästaregatan 1, 03 40/180 50, gastis@hotellgastis.nu, www.hotellgastis.nu, DZ ab SEK 2.100, EZ ab SEK 1.350, zentrales und sehr originelles Hotel in einem Gebäude aus dem 17. Jh. und mit antiquarischem Ambiente, vielen Büchern sowie netter Dachterrasse

B&B Flodhästens Husrum & Frukost, Södergatan 37, www.flodhasten.se, DZ ab SEK 1.200, kleine, originelle private Unterkunft

Fästningens Vandrarhem, Varbergs Fästning, 03 40/868 28, Buchung über Portale wie www.booking.com, DZ ab SEK 1.100, in Nebensaison inkl. Museumseintritt in der Festung, ganzjährig, stilvolle Familienherberge mit 74 Betten in der alten Festung am Meer. Die Einzelzimmer sind ehemalige Gefängniszellen.

♦ Varbergs Vandrarhem, Villagatan 13, 03 40/61 16 40, bokning@varbergsvandrarhem.se, www.varbergsvandrarhem.se, pro Bett ab SEK 500, DZ ab SEK 1.000, ganzjährig, Herberge mit 50 Betten zwischen Festung und Innenstadt

Fästningsterrassen, nettes Café bei der Festung mit Meer- und Hafenblick, www.fastningsterrassen.se

ICA Kvantum, Torggatan 26, großer zentraler Supermarkt in der Fußgängerzone

Cykelverkstaden No 1 i Varberg AB, Snidareg. 6 A, 03 40/143 53, www.cykelverkstaden.se, Mo-Fr 10:00-18:00, Sa 10:00-13:00, Radverleih mit Werkstatt

♦ Erlan Cykel & Sport, Drottninggatan 25, 03 40/144 55, Mo-Fr 10:00-18:00, Sa 10:00-14:00

Göranssons Bok & Papper, Drottningsgatan 21, Bücher und Karten

Haltestelle des Öresundståg mit täglich stündlichen Verbindungen Richtung Kopenhagen und Göteborg mit Radtransport, ☞ Anreise, www.oresundstag.se/en

Varberg ist ein beliebtes Seebad im Südwesten von Schweden, dessen Einwohnerzahl sich im Sommer verdreifacht. Der Felsen der Festung von Varberg wurde schon im 13. Jh. als Beobachtungspunkt geschätzt und bebaut: Aus dem Wort „Ward" (so viel wie „Wache") soll die erste Silbe von „Varberg" entstanden sein.

⌘ **Varbergs Fästning**, die Festung am Hafen von Varberg, geht auf das 13. Jh. zurück, die Festungsmauern wurden im 17. Jh. unter dem dänischen König Christian IV. errichtet. Im Gegensatz zum 19. Jh. – damals ein Gefängnis – kommen heute die Besucherinnen und Besucher freiwillig.

Neben einem Café und einer Familienherberge (☞ s. o.) befindet sich das **kulturhistorische Museum Halland Länsmuseet Varberg** auf der Anlage. Bekannt ist der „Bockstens Mann" – eine mittelalterliche Moorleiche mit vollständig erhaltener Bekleidung.

♦ www.museumhalland.se/varbergs-fastning (u. a. auf Deutsch), normalerweise ganzjährig Di-Fr 12:00-16:00, in den Sommerferien täglich 10:00-17:00, SEK 80, in Hauptsaison SEK 100

2. Etappe: Varberg – Kungsbacka

72 m, 380 m, 1-50 m

Westlich der Bahnlinie geht es nordwärts (Östra Hamnvägen) Richtung Getterön (5 km). Sie folgen dabei dem Radweg neben der N800 mit Schild dem „Kattegattleden" und erreichen nach 2 km den Getterövägen, der links auf die Halbinsel Getterön führt.

Sie aber halten sich rechts und zweigen nach 300 m links ab (Lassavägen). Zur Linken liegt das Naturzentrum Naturum ❶ (km 2).

Halbinsel Getterön

2 km nördlich von Varberg erstreckt sich die Halbinsel Getterön in das Kattegat mit einem Vogelschutzgebiet sowie einigen Unterkunftsmöglichkeiten.

Getterön ist ein bedeutendes Vogelschutzgebiet, in dem 170 Vogelarten nisten und 339 Arten gezählt wurden. Im Frühling und Herbst legen hier viele Vögel auf dem Durchzug eine Rast ein, andere Arten bleiben wegen des milden Klimas auch im Winter. Vom Klärwerk kommendes erwärmtes Wasser fließt durch den Kanal in das Wasserbecken des Reservats und verhindert dort zur Freude der Vögel die Eisbildung.

DHR – Västervag Vandrarhem, Getterövägen 55, 432 93 Varberg, ☏ 03 40/145 80 (telefonische Erreichbarkeit Mo-Sa 9:30-11:30), vastervag@gmail.com, www.vastervag.se, pro Bett ab SEK 400, ganzjährig, kleine Herberge mit 22 Betten an der Spitze der Halbinsel Getterön, 3,2 km vom NR

Getteröns Camping, Hattviksvägen 3, 432 93 Varberg, ☏ 03 40/168 85, www.getteronscamping.se, Zelt mit 2 Pers. ab SEK 400, April bis September, großer 4-Sterne-Platz mit 450 Plätzen auf der Halbinsel Getterön, 2,2 km vom NR

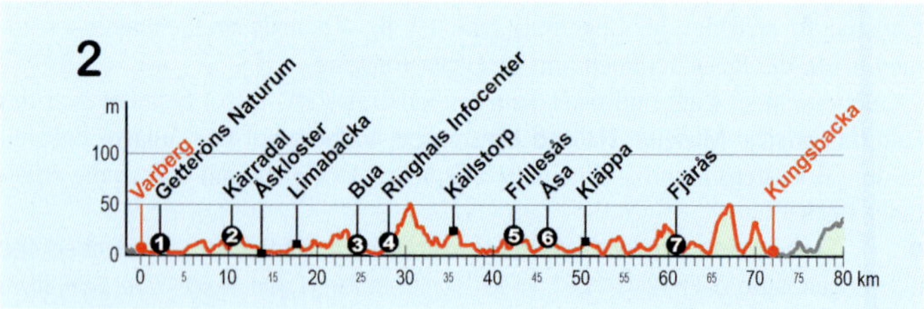

☸ **Getteröns Naturum**, Lassavägen 1, an der Zufahrt zur Halbinsel, zeigt mit einer Ausstellung anschaulich die ökologische Bedeutung des Vogelschutzgebietes. Von der Station lassen sich einige Vogelbeobachtungshütten erreichen und per festem Teleskop ornithologische Beobachtungen machen. ☕ Neben der Ausstellung gibt es ein kleines Café.

♦ 💻 www.getteron.com,
🚪 Di-So 10:00-16:00

Sie folgen dem Radweg rechts an dem Naturum vorbei nordwärts bis kurz vor Kärradal und oft neben der Bahnlinie am Ufer entlang – so macht Radfahren Spaß. Nach 8 km erreichen Sie **Kärradal ❷** (km 10).

⛺ First Camp Kärradal, Nisebäcksvägen 1, 432 95 Varberg, ☎ 03 40/62 23 77, 💻 www.firstcamp.se → Karradal-Varberg, Zeltplatz für 2 Pers. ab SEK 300, 🚪 Ende April bis Anfang September, 4-Sterne-Platz mit 220 Plätzen, 100 m vom NR

Nordwestlich von Kärradal erstreckt sich eine Halbinsel mit der Feriensiedlung **Espevik** und weiteren Unterkunftsmöglichkeiten (westlich vom NR):

B&B Espeviksgården Gästgiveri, Espeviksvägen 20, 432 95 Varberg, ☏ 03 40/62 31 65, 🖳 www.espeviksgarden.se, DZ ab SEK 1.100 inkl. Frühstückskorb, kleines B&B mit 17 Betten, 1,5 km westlich vom NR

Espeviks Camping, Lindåsvägen 38, 432 96 Åskloster, ☏ 03 40/62 20 22, 🖳 www.espevikscamping.se, Stellplatz ab NOK 270, Hütte ab SEK 1.200, Ende April bis Ende September, Platz mit 300 Plätzen, 2,4 km vom NR, dicht an Küste

Kurz nach Kärradal verläuft der NR auf einer Straße, aber bald wieder als Radweg neben der Bahnlinie. In Limabacka geht es links auf die Straße N850, kurz danach abwechselnd über kleine Wege und Straßen der Värö-Halbinsel zum Fischerdorf **Bua ❸** (km 24) und weiter auf die schon sichtbare Silhouette des Kernkraftwerks Ringhals zu.

Sicherheitsrisiko durch Staubsauger

Das Kernkraftwerk Ringhals war bis zur Abschaltung zweier Reaktoren (2019 und 2020) das größte Kraftwerk Schwedens. Die zwei heutigen Reaktoren sollen noch bis voraussichtlich 2040 in Betrieb sein.

Ringhals steht synonym für Pannen: Allein im ersten Halbjahr 2009 wurden 60 Zwischenfälle gemeldet, davon zwei in der höchsten Gefahrenkategorie. 2011 wurden alle 4 Reaktoren stillgelegt, weil Reste von Arbeitsmaterial in Rohrleitungen des Notkühlsystems lagerten. Im selben Jahr kam es durch das Vergessen eines Staubsaugers zu einem Brand. Man ist versucht zu sagen, dass alles sei kein Wunder bei den Besitzverhältnissen des Kraftwerks: 70 % gehören dem schwedischen Staatsunternehmen Vattenfall, das in Deutschland durch Pannenserien in den AKWs Krümmel und Brunsbüttel in den Schlagzeiten stand. Die anderen 30 % gehören übrigens Uniper – und damit seit dessen Verstaatlichung 2022 dem deutschen Staat.

⌘ Das **Ringhals Infocenter ❹** (km 28) neben dem Kraftwerk zeigt die Funktionsweise des Kernkraftwerks und dokumentiert die üblichen Argumente der Atomlobby: Wie Atomstrom das Klima rettet, wie stark sich die Stromkonzerne auf dem Feld der regenerativen Energien engagieren und wie sicher Atomkraft ist.

♦ Mo-Fr 9:00-15:00, Eintritt frei

Beim Infocenter gibt es ein Fahrraddepot mit Werkstatt, wo E-Bikes mit Atomstrom direkt vom Erzeuger aufgeladen werden können!

Vom AKW führt der NR kurvenreich mit mehrmaliger Querung der Küstenbahngleise nordwärts nach Frillesås ❺ (km 42).

Dünen und Strand bei Frillesås

Frillesås 3.000 Ew.,

Pensionat Frillesås, Stationsv. 2, ☏ 03 40/65 09 70, www.frillesberg.se, kleine Pension in schwedischem Holzhausstil mit 20 Betten, DZ ab SEK 1.250

Vallersvik Camping og Vandrarhem, Vallersviksvägen 28, ☏ 03 40/65 30 00, www.vallersvik.com, Hütte ab SEK 800, DZ ab SEK 600, Zelt ab SEK 230, April bis September, Zimmer unterschiedlicher Ausstattung sowie Zeltplatz nahe der Küste, 500 m vom NR

Rågelunds Camping, Bollebygdsvägen 14, 07 02/39 29 55, ragelundscamping@gmail.com, www.ragelundscamping.com, Zeltplatz ab SEK 200, Anfang Mai bis Ende August, Platz mit insgesamt 60 Plätzen zwischen Küste und Küstenstraße bzw. NR

Coop Konsum, Karl Johans väg 10, Supermarkt im Zentrum

Sundstorps Cykel Frillesås, Olivedalsvägen 1, 07 33/97 15 30, janne@sundstorpscykel.se, www.sundstorpscykel.se, Mo 16:00-19:00, Mi 18:00-20:00, Sa 10:00-13:00

Ab Frillesås radeln Sie herrlich auf einem alten Bahndamm direkt am Ufer entlang. 5 km nach Frillesås erreichen Sie **Åsa** ❻ (km 46).

Åsa 3.200 Ew., B&B

B&B Freadals Trädgårdscafé, Näsbergvägen 22, 07 07/15 89 59, www.freadalsgard.se, DZ ab SEK 700 zzgl. F (nur Mai bis September) SEK 125 p. P., Restaurant Mo-Fr 11:00-14:00 sowie Fr 17:00-23:00, Sa 12:00-23:00 und So 12:00-17:00, Restaurant mit 4 Zimmern südlich von Åsa, 200 m vom NR

♦ Åsa Gästis, Åsa stationsväg 24, 07 33/44 24 33, www.asagastis.se, DZ ab SEK 1.000 zzgl. F (nur im Sommer) SEK 125 p. P., kleine Privatunterkunft nördlich vom Zentrum, 200 m vom NR

Åsa Vandrarhem STF, Kuggaviksgården, ☏ 03 40/65 12 85, www.kuggavik.se, DZ ab SEK 700, ganzjährig, 70 Betten in 2- oder 6-Bett-Zimmern im Süden von Åsa, 80 m vom NR

Åsa Camping, Stora Badviksägen 10, ☏ 03 40/21 95 90, www.asacamping.se, Zelt mit 2 Pers. ab SEK 160, einfaches DZ ab SEK 375, Ende April bis Ende August, 4-Sterne-Familien-Campingplatz am südlichen Ortsrand, 80 m vom NR

ICA, Pölagårdsvägen 29, im Zentrum

Haltestelle des Öresundståg 1,5 km nordöstlich vom Ort (am NR); täglich stündliche Verbindungen Richtung Kopenhagen und Göteborg mit Radtransport, ☞ Anreise, www.oresundstag.se/en

Auf der Ölmanäs-Halbinsel westlich von Åsa liegt das **Naturreservat Näsbokroks**. Teilweise mit Heide bewachsene Felsen bieten einen weiten Blick über das Meer. Typisch für dieses Naturreservat sind die breiten Geröllfelder und die sumpfige Landschaft mit einer artenreichen Flora, u. a. Strandnelken und Sonnentau. Die großen Steinhaufen stammen aus der Bronzezeit.

Beim Kreisverkehr am (nördlichen) Ortsende von Åsa folgen Sie dem NR nach rechts auf einem Radweg neben der N912 (Kläppavägen) und halten sich in Kläppa links.

Sie bleiben für 8 km immer rechts von der Bahnlinie – teils mit einigem Abstand – und queren diese erst links bei einer T-Kreuzung mit der N915. Kurz darauf halten Sie sich rechts (N939) und queren auf dem Radweg neben der N939 die Autobahn (E6) kurz vor der Siedlung Fjärås ❼ (km 61).

Abstecher zum Li-Gräberfeld mit Infozentrum und Café (➲ 2 x 2 km)

In Fjärås lohnt sich beim Kreisverkehr ein Abstecher zu bronzezeitlichen Gräbern und Bautasteinen; dazu radeln Sie rechts auf dem Tostaredsvägen über die Bahnlinie und dann die zweite Straße nach links Richtung Li Gravfält. Zurück geht es auf demselben Weg.

Das **Li-Gräberfeld** ist eine Ansammlung von 125 bronzezeitlichen Bautasteinen sowie 4 Grabhügeln, 26 Stein- und 13 Schiffssetzungen aus der Völkerwanderungs- und Wikingerzeit. Mittelpunkt ist der fast 5 m hohe Menhir Frodestenen, der König Frodes zugeschrieben wird. Links öffnet sich ein weiter Blick auf die Küste.

⌘ Kurz nach der Steigung informiert das Infozentrum Naturum über das hiesige Naturschutzgebiet Fjäras Bräcka sowie das Gräberfeld.

♦ 💻 www.naturumfjarasbracka.se, Anfang Juni bis Ende August täglich 12:00-18:00, sonst Wochenende 11:00-16:00

☕ Bio-Café im Infozentrum

Li-Gräberfeld

Der Kattegattleden mit dem NR schlängelt sich mit weiteren Querungen der Autobahn weiter nordwärts und erreicht wenige Kilometer nach Querung der Bahnlinie auf einem Radweg neben der N939 Kungsbacka, wo die Etappe beim Stortorget neben der Kirche endet.

Kungsbacka 24.000 Ew.

Kungsbacka Turistbyrå, Borgmästaregatan 6, ☏ 03 00/83 45 95, tourist@kungsbacka.se, 💻 www.visitkungsbacka.se, Mo-Fr 12:00-17:00, Sa und So 11:00-15:00, in den Sommerferien länger

Hotel Halland, Storgatan 35, ☏ 03 00/775 30, 💻 www.hotel-halland.se, DZ ab SEK 1.400, zentrales Hotel mit 75 Betten, der Best-Western-Kette angeschlossen

Vandrarhemmet Nattmössan, Smörhålev, ☏ 03 00/775 30, 💻 www.nattmossan.se, Herberge aus dem Jahr 1991 mit 19 Zimmern und 53 Betten am Südrand des Ortes, DZ ab SEK 800 ohne F, ist dem Hotel Halland angeschlossen

✕ ☕ Zahlreiche Einkehrgelegenheiten in der Innenstadt, v. a. der Torggatan, Storgatan und Kyrkogatan

Tuvan Ekolivs, Korsgatan 16, Bioladen östlich vom Bahnhof

Hemköp Kungsbacka Torget, Södra Torggatan 16, Supermarkt im Zentrum am Marktplatz

Sundstorps Cykel, Ekstedts väg 4C, ☏ 03 00/269 00, bjorn@sundstorpscykel.se, www.sundstorpscykel.se, auf Anfrage

Haltestelle des Öresundståg mit täglich stündlichen Verbindungen Richtung Kopenhagen und Göteborg mit Radtransport, ☞ Anreise, www.oresundstag.se/en

Kungsbacka ist eine noch recht junge Kleinstadt mit vielen Holzhäusern aus der Zeit um 1900. Im Mittelalter war Kungsbacka ein kleiner, unbedeutender Marktort auf der dänischen Seite der Grenze zu Schweden. Nach dem großen Stadtbrand von 1846 wurde die Stadt in rechtwinkligem Grundriss neu angelegt. Als eines der wenigen Gebäude überstand die röda stugan („Rote Hütte") im Zentrum, die ehemalige Werkstatt des Goldschmiedes, den Brand von 1846. Heute ist Kungsbacka Hauptstadt der gleichnamigen Kommune mit 86.000 Ew. und gilt wegen der Ausbreitung von Göteborg schon fast als dessen Vorort.

3. Etappe: Kungsbacka – Göteborg

➲ 63 km, ↑ 410 m, ⇧ 1-55 m

Nach Kungsbacka macht der NR zunächst eine Südschleife über die Halbinsel Onsala, die sich aber auch abkürzen bzw. meiden lässt.

Abkürzung ohne Halbinsel Onsala (➲ 23 km weniger)

Bei dieser Abkürzung verzichten Sie auf die Südschleife über Onsala und radeln auf direktem Weg westwärts, um bei Hönsaryd westlich der E6 wieder den NR zu erreichen. Kungsbacka verlassen Sie dazu in westliche Richtung auf der Skogsallén, biegen am Ende nach rechts ab und folgen kurz darauf beim Kreisverkehr dem Radweg nach links, links neben der Straße 158. Nach der 158 verläuft die Radroute kurzzeitig links über parallel verlaufende Nebenstraßen, ehe Sie bei Hönsaryd wieder die 158 und kurz darauf den NR erreichen.

Der NR begleitet von Kungsbacka zunächst auf schönem Uferweg die Kungsbackaån südwärts, ehe es rechts auf einem Radweg neben der kreiselreichen Ortsumgehungsstraße über die Autobahn geht. Über Oskarsberg, Osnala, Gottskär ❶ (km 12), Västra Hagen, Gärdet und Vallda fahren Sie fast ausschließlich auf Radwegen neben Straßen in einem großen Rechtsbogen über die Onsala-Halbinsel. Vor Hönsaryd erreichen Sie bei einem Kreisverkehr die Straße 158 ❷ (km 27), folgen ihr kurz links und queren sie nach einem kurzen Rechtsschwenker. Der NR passiert eine Golfanlage, schwingt rechts nordwärts und folgt kurz nach einer Bachquerung dem Guntoftavägen links zur Halbinsel Sarö ❸ (km 34) mit dem gleichnamigen Badeort mit Wald in der Umgebung und einer großen Hotelanlage:

Särö Konferenshotell, Säröhusvägen 12, 429 43 Särö, ☏ 031/93 60 90, www.sarohus.se, DZ ab SEK 1.900, großes Konferenzhotel mit 187 Betten inmitten der Natur zwischen Wald und Küste, 1 km vom NR

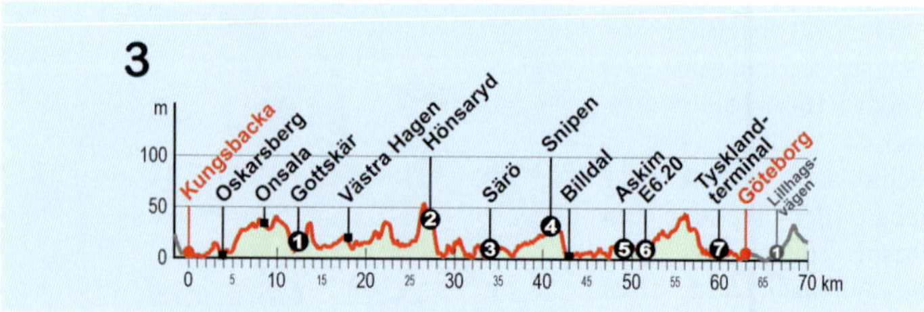

Von Särö bis zum südlichen Umland von Göteborg geht es fast ausschließlich auf reinen Radwegen nordwärts, die großteils auf dem alten Bahndamm angelegt wurden. Wo man traumhaft dahingleiten könnte, sorgen einige Wegsperren für lästige Unterbrechungen des Radvergnügens. Diese wurden bei einigen querenden Straßen angelegt, um Autos an der Durchfahrt zu hindern. Diese Metalltore lassen sich mit viel Gepäck gerade eben, mit Tandem nur mit viel Mühe passieren.

Bei Snipen ❹ (km 41) passieren Sie die Bezirksgrenze und radeln von Halland nach Västra Götaland. Bis nach **Askim** ❺ (km 49) führt die Route meistens direkt an der Küste entlang.

Lisebergs Camping Askim Strand, Marholmsvägen 124, 436 45 Askim, 031/40 01 00, askim.strand@liseberg.se, www.camping.se/o38, Stellplatz ab SEK 240, DZ in Hotel ab SEK 1.100, in Herberge ab SEK 600, Hütte ab SEK 700, ganzjährig, Hotel, Herberge und großer Campingplatz mit 400 Plätzen direkt an der Küste, 12 km südwestlich vom Zentrum Göteborgs und 1 km westlich vom NR

Von Askim führt der NR zunächst auf einem Radweg links von der Straße 158 Richtung Göteborg und zweigt vor der E6.20 nach links ab ❻ (km 51), um auf schönerem Weg in einem Linksbogen in das Zentrum von Göteborg zu führen – mit einem schönen Teilstück am Ufer der Göta älv entlang, unter der Brücke der E6 hindurch und oberhalb vom Fährhafen mit dem **Tysklandterminal** ❼ (km 70) der Stena-Line-Fähren von/nach Kiel entlang. Zuletzt nähert sich die Radroute dem Zentrum entlang der Uferpromenade Skeppsbron. Nach Querung des Stora-Hamn-Kanals geht es rechts in die Altstadt, während die Folgeetappe weiter geradeaus der Uferpromenade an der Göta älv folgt.

Göteborg

573.000 Ew., B&B

Gothenburg Visitor Centre, Kungsportplatsen 2, 031/368 42 00, turistinfo@goteborg.com, www.goteborg.com, Mo-Fr 10:00-17:00, Sa 10:00-15:00, So 11:00-15:00, in den Sommermonaten länger

🛏 Große Auswahl an Hotels jeder Preisklasse. Eine kleine Auswahl:

- Hotel Vasa, Viktoriagatan 6, ☏ 031/17 36 30, 💻 www.hotelvasa.se, DZ ab SEK 1.200, traditionelles, familiengeführtes Haus im Zentrum mit 48 Zimmern
- Hotel Flora, Grönsakstorget 2, ☏ 031/13 86 16, 💻 www.hotelflora.se, DZ ab SEK 1.000, Hotel mit hellen Zimmern auf der Altstadtinsel
- Sparhotel mit zwei Anlagen: Gårda im Zentrum, Norra Kustbanegatan 15-17, ☏ 031/752 03 00, DZ SEK 1.300; und Majorna zwischen Schlosspark und Stena-Line-Kai, Karl Johansgatan 66-70, ☏ 031/751 07 00, DZ ab SEK 1.00, 💻 www.sparhotel.se

B&B Über die Touristinformation lassen sich private Übernachtungsmöglichkeiten in Göteborg und Umgebung buchen.

STF Vandrarhem Stigbergsleden, Stigbergsleden 10, ☏ 031/24 16 20, ✉ vandrarhem.stigbergsliden@telia.com, 💻 www.svenskaturistforeningen.se → Göteborg, pro Bett ab SEK 300, DZ ab SEK 700 zzgl. F SEK 100 p. P., Herberge mit 105 Betten in 2- bis 8-Bett-Zimmern in einem ehemaligen Seemannsheim von 1831 oberhalb vom Hafen, Buchung über Portale wie 💻 www.booking.com

- Linnéplatsens Hotell och Vandrarhem, Linnéplatsen 8, ☏ 031/775 75 75, 💻 www.linneplatsensvandrarhem.se, DZ ab SEK 745, etwas außerhalb am Park und Naturhistorischen Museum

Stora-Hamn-Kanal in Göteborg

Lisebergsbyn Kärralund, ☏ 031/84 02 00, liserbergsbyn@liseberg.se, www.liseberg.se, DZ im B&B ab SEK 1.100, DZ im Vandrarhem ab SEK 600, Hütte ab SEK 700, Zeltplatz ab SEK 230, ganzjährig, Freizeitpark mit vielfältigen Unterkunftsmöglichkeiten; insgesamt mehr als 400 Betten und 200 Zeltplätze (Camping, Hütten, Hotel, Vandrarhem), 2,5 km östlich vom Zentrum, neben dem Naturschutzgebiet Delsjön

Fram Ekolivs, Södra Allégatan 2B, Bioladen am Südrand der Altstadt

Markt Saluhallen, klassische alte Markthalle bei Kungstorget, wo täglich alle möglichen frischen Lebensmittel verkauft werden

Im Großraum Göteborg gibt es mehr als 20 Radläden mit Werkstatt, z. B.:

- Cykelverksta'n, Sveag. 10, ☏ 031/774 00 01, www.cykelverkstan.se, Mo-Fr 14:00-18:00
- Pedalkraft, Garverig. 7 E, ☏ 031/15 03 31, www.pedalkraft.se, Mo-Fr 10:00-18:00, Sa 10:00-14:00
- Trek Bicycle Store, Övre Husargatan 18-24, ☏ 031/12 61 30, www.trekstoregbg.se, Mo-Fr 10:00-18:00, Sa 10:00-15:00

Im Buchgeschäft Akademiebokhandeln sind diverse Karten erhältlich; Filialen im Zentrum gibt es in der Norra Hamngatan 26, Västra Hamngatan 22 und Kungsgatan 44.

Göteborg Centralstation in der Stadtmitte mit u. a. 3 Verbindungen täglich via Frederkstad und Moss nach Oslo, die Räder transportieren: täglich 14:15 und 18:10 sowie Mo-Fr 6:10, Sa 7:55 und So 10:15. Buchung mit Rad online bei der norwegischen Bahn, vy.no. Außerdem stündlich Verbindungen mit dem Öresundståg (und Radtransport) via Varberg und Halmstad nach Kopenhagen, ☞ Anreise, www.oresundstag.se/en

Der Busbahnhof Nils Ericson Terminal mit u. a. radfähigen Fahrten von Flixbus von/nach Kopenhagen, Oslo und Hamburg liegt neben Göteborg Centralstation.

Göteborg ist Schwedens zweitgrößte Stadt und gilt als wirtschaftliches Herz des Landes mit einer langen und erfolgreichen Industrie- und Handelstradition. Bekannte Industriekonzerne wie Volvo oder Hasselblad haben hier ihre Ursprünge und Hauptniederlassungen.

Das an der Mündung des Flusses Göta älv in das Kattegat gelegene Göteborg besitzt den größten Hafen Skandinaviens, wo jedes Jahr mehr als 10.000 Schiffe anlegen und 2 Mio. Fährpassagiere ankommen. Im Gegensatz zum Hafen der Hauptstadt Stockholm ist der Göteborger Hafen ganzjährig eisfrei und kann von den größten Containerschiffen angelaufen werden.

Göteborg ist Provinzhauptstadt für den Regierungsbezirk Västra Götaland südlich von Göteborg. Der Stadt vorgelagert liegen im Kattegat die Schären (*skärgård*) mit kleinen, teilweise bewohnten Schäreninseln.

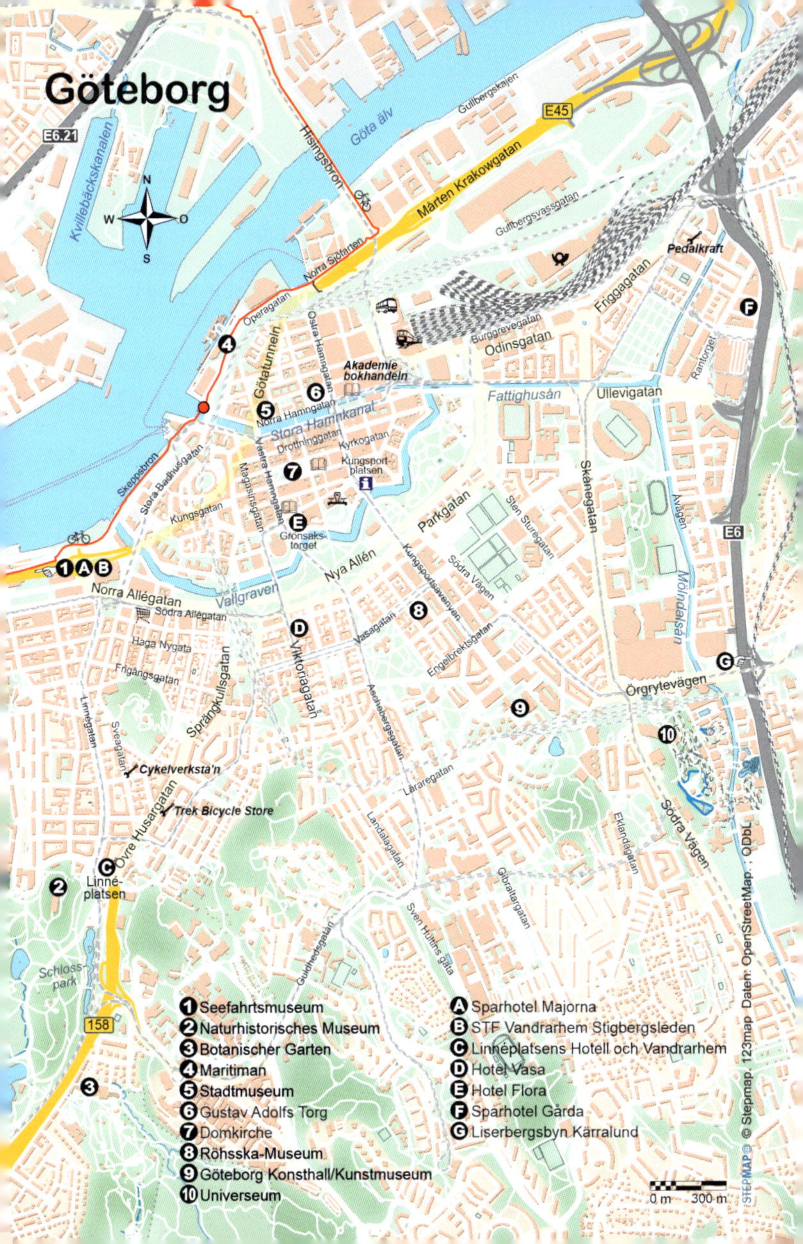
Göteborg
E6.21
Kvillebäckskanalen
Göta älv
Hisingsbron
Gullbergskajen
E45
Mårten Krakowgatan
Gullbergsvassgatan
Norra Sjöfarten
Operagatan
Pedalkraft
Friggagatan
Burggrevegatan
Odinsgatan
Östra Hamngatan
Götatunneln
Akademie bokhandeln
Fattighusån
Ullevigatan
Ranlorget
Norra Hamngatan
Stora Hamnkanal
Drottninggatan
Kyrkogatan
Kungsport-platsen
Västra Hamngatan
Magasinsgatan
Stora Badhusgatan
Skeppsbron
Kungsgatan
Grönsaks-torget
Parkgatan
Sten Sturegatan
Skånegatan
Avägen
E6
Nya Allén
Kungsportsavenyen
Södra Vägen
Norra Allégatan
Södra Allégatan
Vallgraven
Haga Nygata
Frigångsgatan
Viktoriagatan
Vasagatan
Engelbrektsgatan
Mölndalsån
Örgrytevägen
Linnégatan
Sveagatan
Sprängkullsgatan
Aschebergsgatan
Cykelverksta'n
Läraregatan
Övre Husargatan
Trek Bicycle Store
Landalagatan
Eklandagatan
Södra Vägen
Linné-platsen
Gibraltargatan
Sven Hultins gata
Guldhedsgatan
Schloss-park
158
1 Seefahrtsmuseum
2 Naturhistorisches Museum
3 Botanischer Garten
4 Maritiman
5 Stadtmuseum
6 Gustav Adolfs Torg
7 Domkirche
8 Röhsska-Museum
9 Göteborg Konsthall/Kunstmuseum
10 Universeum
A Sparhotel Majorna
B STF Vandrarhem Stigbergsleden
C Linnéplatsens Hotell och Vandrarhem
D Hotel Vasa
E Hotel Flora
F Sparhotel Gårda
G Liserbergsbyn Kärralund
0 m 300 m
STEPMAP © Stepmap 123map Daten: OpenStreetMap · ODbL

Göteborg wurde 1621 auf Moorgelände mit einem kanalreichen Grundriss nach holländischem Muster angelegt und galt damals als eine der am besten befestigten Städte Europas. Nach der Gründung der Schwedischen Ostindischen Kompanie wurde die Stadt im 18. Jh. zu einem der wichtigsten europäischen Umschlagplätze für Seide, Tee und Porzellan im Handel mit dem Fernen Osten. Im Laufe der Industrialisierung entstanden Werften sowie die bekannten Firmen Hasselblad und Volvo – wenngleich letztere nicht mehr selbstständig ist, sondern in chinesischem Besitz. Heute präsentiert sich die Universitätsstadt Göteborg als Zentrum für Wissenschaft und Forschung.

Architektonisches Wahrzeichen ist der „Lippenstift“ genannte, 87 m hohe Büroturm von Ralph Erskine (mit Aussichtsplattform), dessen Form und Farbe tatsächlich an einen Lippenstift erinnern.

Mittelpunkt der von Wasser umgebenen Göteborger Altstadt ist die 1815 geweihte Domkirche. Das politische Zentrum bildet nördlich davon der Gustav Adolfs Torg – ein Platz mit dem neuen Rathaus, dem Stadthaus und der Börse sowie einem Standbild des Stadtgründers König Gustav II. Adolf.

Göteborg bietet zahlreiche Museen, von denen im Folgenden die bedeutendsten angegeben sind.

⌘ Das **Stadtmuseum** von Göteborg in der Norra Hamngatan 12 zeigt in verschiedenen Abteilungen die Entwicklung von Westschweden, besonders natürlich von Göteborg. Das Museum ist in dem ehemaligen Speicher und Bürogebäude der Ostindischen Kompanie aus dem 18. Jh. untergebracht.

♦ www.goteborgsstadsmuseum.se, Di-So 10:00-17:00, SEK 65

⌘ Das **Universeum**, auch „Science Discovery Center“ genannt, ist vor allem bei Familien beliebt: In dem modernen Gebäude am Södra vägen 50 mit viel Glas – im Jahr 2000 zum schönsten Bauwerk Schwedens gekürt – ist neben dem Aquarium und der Regenwaldabteilung eine naturwissenschaftliche Abteilung zu sehen, wo viele Experimente selbst durchgeführt werden können.

♦ www.universeum.se, täglich 10:00-18:00, im Sommer 10:00-19:00, SEK 265, online SEK 20 weniger

⌘ Das **Naturhistorische Museum** im Slotsskogen führt in die Natur Schwedens ein. Das 1833 gegründete und damit älteste Museum der Stadt liegt am Linnéplatsen, benannt nach dem bekannten schwedischen Botaniker, auf den die noch heute gültige biologische Nomenklatur zurückgeht. Der Fundus umfasst mehr als 10 Mio. Tierpräparate aus aller Welt.

♦ www.gnm.se, Di, Mi, Fr-So 11:00-17:00, Do bis 20:00, freier Eintritt

⌘ Das **Seefahrtsmuseum** in der Karl Johansgatan 1-3 gibt einen Überblick über 400 Jahre schwedische Seefahrtsgeschichte. Themen sind u. a. Handelsschifffahrt, Fischfang und -verarbeitung, Schiffbau und die Entwicklung des Göteborger Hafens.

Zum Museum gehören auch ein Meerwasseraquarium sowie eine bekannte Sammlung von Galionsfiguren.

♦ 💻 www.sjofartsmuseum.goteborg.se, 🚪 Di, Mi, Fr-So 10:00-18:00, Do bis 20:00, SEK 65

⌘ **Maritiman** heißt das Marinemuseum im Zentrum von Göteborg, in dem 19 Museumsschiffe zu sehen sind, darunter auch Feuerlöschboote.

Laut Eigenwerbung ist es das „größte schwimmende Schifffahrtsmuseum der Welt".

♦ 💻 www.maritiman.se, 🚪 Juni bis August täglich 10:00-17:00, Frühjahrs- und Herbstmonate an bestimmten Tagen 11:00-16:00, SEK 175, online SEK 10 günstiger

⌘ Das **Kunstmuseum** am Götaplatsen hat eine einzigartige Sammlung nordischer Kunst, darunter Werke von Edvard Munch. Weitere herausragende Werke sind von Rembrandt, Picasso, Chagall und aus dem Goldenen Dänischen Zeitalter.

♦ 💻 www.goteborgskonstmuseum.se, 🚪 Mi, Fr-So 11:00-17:00, Di und Do bis 18:00 und Mi bis 20:00, SEK 65

⌘ **Göteborg Konsthall** am Götaplatsen zeigt Ausstellungen nationaler und internationaler moderner Kunst.

♦ 💻 www.goteborgskonsthall.se, 🚪 ☞ Kunstmuseum, Eintritt frei

⌘ Das **Röhsska-Museum** in der Vasagatan 37-39 zeigt wechselnde Ausstellungen zu Mode, Design und Kunsthandwerk.

♦ 💻 www.designmuseum.se, 🚪 Fr-So 11:00-17:00, Di und Mi bis 18:00 und Do bis 20:00, SEK 65

✿ Im **Botanischen Garten** (Botaniska Trädgården) gedeihen rund 16.000 verschiedene Arten von Pflanzen. Eine der Pflanzen – der Osterinsel-Baum (Toromiro) – ist in der freien Wildbahn ausgestorben. ☕ Im Garten gibt es ein Café.

♦ 💻 www.botaniska.se/de, 🚪 täglich 9:00 bis Sonnenuntergang, Gewächshäuser Mai bis August täglich 10:00-17:00, SEK 20 für den Park (Spende) und SEK 20 für die Gewächshäuser

4. Etappe: Göteborg – Stenungsund

➲ 57 km (neue Route vrsl. 60 km), ↑ 240 m (neue Route ca. 450 m),
⇧ 2-115 m (neue Route 2-115 m)

Ab Göteborg folgt der NR nicht mehr dem Kattegattleden, sondern dem geplanten nationalen Fernradweg Västkustleden, dessen Beschilderung schrittweise 2024 starten soll, weshalb in diesem Buch noch die alte Route beschrieben ist und die neue (geplante) als Variante vorgestellt wird. In Göteborg geht es weiter entlang der Wasserlinie über das ehemalige Packhausgelände des Hafens mit maritimem Museum und Jachthafen namens Lilla Bommen („kleiner Schlagbaum").

Nach Unterquerung der Straßenbrücke radeln Sie links hinauf und auf dem Radweg rechts neben der Straße über die Göta älv, nach Unterquerung der E6 rechts und auf Radwegen neben Straßen nordwärts durch die Vororte Göteborgs Richtung Kungälv: Sie folgen dem Backavägen bis zum Ende, vorbei an einem Radgeschäft:

Cykelhuset Backaplan, Backavägen 3, ☏ 031/744 33 44, www.cykelhuset.se, Mo-Fr 10:00-18:00, Sa 10:00-16:00, So 11:00-16:00

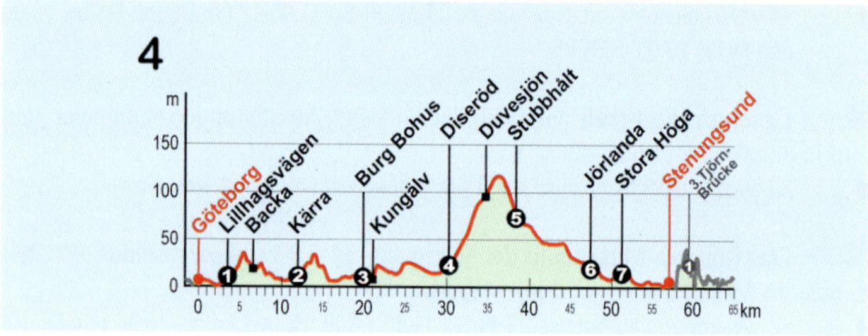

Am Ende des Backavägen geht es geradeaus links am Kreisverkehr vorbei und nach 100 m rechts auf den Lillhagsvägen ❶ (km 3) und später entlang der Litteraturgatan bis zu deren Ende.

Neue westliche Routenführung des NR auf dem Västkustleden (➲ 1 km länger)

Die geplante Route des NR über den Västkustleden weicht vom Norden Göteborgs bis nach Kungälv großteils von der bisherigen, hier noch beschriebenen Route ab.

Die neue Route führt beim Abzweig auf den Lillhagsvägen ❶ nach links entlang des Radwegs neben dem Weg. 600 m nach einer Rechts- und Linkskurve schwenkt die Straße nach links; Sie folgen geradeaus der kleinen Straße Lerbäcksvegen durch Wald und vorbei an einem Golfplatz. Kurz darauf schlängelt sich der Västkustleden durch Wohnviertel in Kärra nordwärts und durch Halleröd parallel zur alten Route, die er kurz vor der E6 wieder erreicht. *(Höhenprofil ☞ Seite 84)*

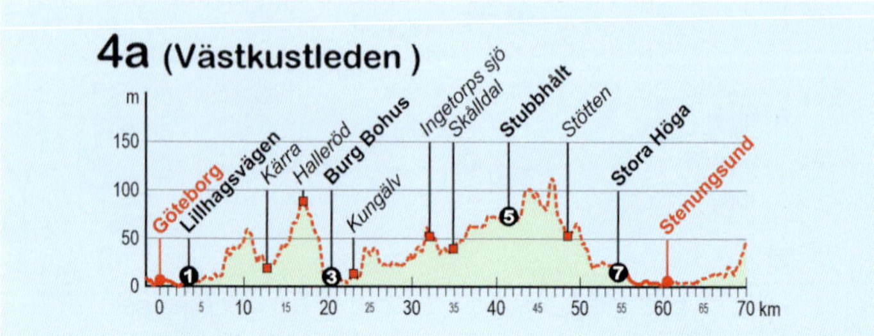

Rechts sind ruhigere Parallelstraßen durch Wohngebiet möglich. Am Ende der Litteraturgatan biegen Sie rechts in den Skälltorpgsvägen ab (Radweg) und vor dem zweiten Kreisverkehr links in den Radweg Richtung Kungälv am Tagenevägen. Bei einem Kreisverkehr radeln Sie kurz rechts, dann links durch Kärra (🛒) ❷ (km 12) und danach nordwärts entlang des Ellesbovägen parallel zur E6, die gequert wird, ehe Sie Kungälv mit der schon weithin sichtbaren Burg Bohus ❸ (km 21) erreichen.

Kungälv

24.100 Ew., 🛏 ✕ 🛒 ⊞ 🔧 ♜

🛏 Fars Hatt, Torget 2, ☏ 03 03/109 70, 💻 www.dialoghotels.se → Kungälv, DZ ab SEK 1.200, Hotel in alter Ortsmitte am Fluss mit 25-m-Schwimmbad

🛒 ICA, Gymnasiegatan 8, großer Supermarkt in nördlichem Gewerbegebiet

🔧 Kungälvs Motor o. Cykel AB, Utmarksv. 10, ☏ 03 03/103 13, 💻 www.kmcab.se, 🚪 Mo-Fr 10:00-18:00

Kungälv ist eine Kleinstadt mit viel Industrie 15 km nördlich von Göteborg. Die im Mittelalter *Konghälla* genannte Stadt, die älteste in Bohuslän, lag 400 Jahrhunderte lang an der Grenze zwischen Norwegen und Schweden.

♜ Die im 14. Jh. erbaute **Burg Bohus** war seinerzeit eine der stärksten und massivsten Burgen Nordeuropas. Der norwegische König Haakan V. Magnusson ließ sie 1308 anlegen, um die Südgrenze seines Reiches zu sichern.

1658 fiel Bohuslän mitsamt der Burg in schwedische Hände. Bekannt sind die Türme Fars Hatt („Vater Hut") und Mors Mössa („Mutters Mütze").

♦ 🚪 April bis Oktober täglich 11:00-16:00, in den Sommerferien 10:00-18:00, SEK 120

Neue Routenführung des NR auf dem Väskustleden über Skålldal (➲ 2 km länger)

Die geplante Route des NR über den Västkustleden weicht von Kungälv bis Stenungsund großteils von der bisherigen, hier noch beschriebenen Route ab.

Die neue Route verlässt Kungälv in nordwestlicher Richtung (Strandgatan) durch das Gewerbegebiet mit dem ICA. Die Route verläuft auf einem Radweg neben einer Straße und zweigt nach einem See (Ingetorps Sjö) nach rechts ab in eine Nebenstraße nach und durch Skålldal. Nach 8 km biegen Sie in Stubbhålt ❺ links auf die Landstraße und damit auf die beschriebene „alte" Route ab, die Sie nach 1 km rechts wieder verlassen. Die kleine Landstraße führt nordwestwärts durch Wälder und Niederungen mit Seen Richtung Stora Höga, das Sie zuletzt nach zwei Linksabzweigungen und Querung der E6 erreichen. Von dort geht es auf der beschriebenen Route rechts nach Stenungsund.

200 m nach der Burg fahren Sie bei der Brücke und dem Gamla Torget vor der Holzkirche (1679) rechts am Götakanal entlang und folgen der Asphaltstraße am Ortsende abwärts (nicht links den Radweg durch den Wald nehmen!). Sie folgen der links am Götakanal entlangführenden Straße über einige Hügel und zweigen vor Diseröd ❹ (km 30) nach rechts und kurz darauf nach links ab auf eine kleine Straße durch Duvesjön. In Grandalen halten Sie sich links und passieren kurz darauf Stubbhålt ❺ (km 39), wo die neue Variante von links einmündet. Auf der Landstraße geht es geradeaus Richtung Küste.

Schließlich queren Sie die Autobahn und folgen bei Jörlanda (🛒) ❻ (km 48) rechts der Küstenstraße (nordwärts) nach **Stora Höga** ❼ (km 51).

🛒 Hemköp-Supermarkt, 100 m rechts vor dem Kreisverkehr

🚆 Bahnhof Stora Höga mit stündlichen Västtåg-Verbindungen Richtung Göteborg und Uddevalla und zweistündlichen nach Strömstad (Radmitnahme gratis), 💻 www.vasttrafik.se

Sie verlassen Stora Höga auf dem die Straße begleitenden Radweg mit den Bahngleisen des Västtåg zur Rechten. An der Küste wechselt der NR auf die linke Seite der Straße und nähert sich zuletzt als reiner Radweg am Ufer Stenungsund.

Stenungsund 13.100 Ew., ℹ 🛏 ⛺ ✕ ☕ 🛒 ✚ 📯 🔧 🚆

ℹ Södra Bohuslän Turism, Fregatten 2, ☏ 03 03/833 27, 💻 www.vastsverige.com/sodrabohuslan, 🚪 ganzjährig Mo-Fr 10:00-19:00, Sa 11:00-15:00

🛏 Hotell Solliden, Strandv. 22-24, ☏ 03 03/698 70, 💻 www.hotellsolliden.se, DZ ab SEK 1.300, kleines familiäres Hotel mit 11 Zimmern im Ort 100 m vom Ufer

⛺ ☕ Stenungsögården, John Forsells väg 1, ☏ 03 03/77 00 80, 💻 www.stenungsogarden.se, DZ und Hütte ab SEK 500, Zelten ab SEK 200, 🚪 ganzjährig, Café mit variablen Öffnungszeiten, zuletzt im Sommer täglich, günstige Ferienanlage mit Herberge, Hütten und Campingplatz auf der Insel Stenungsön westlich vom Ort

Tjörn-Brücke bei Stenungsund

⚠ **B&B** Surfviken camping, Tollenäs, ☎ 03 03/821 20, 💻 www.surfviken.se, DZ ab SEK 850, Zelten SEK 250 p. P., 🚪 ganzjährig, Platz direkt an der Küste und 100 m vom NR, 1 km südlich von Stenungsund

🔧 CykelMeka, Kyrkvägen 22, 📱 07 63/94 35 60, 🚪 täglich 10:00-22:00

🛒 ICA-Supermarkt, Uppegårdsvägen 2, im Landesinneren nahe der Kirche

🚆 Bahnhof Stenungsund mit stündlichen Västtåg-Verbindungen Richtung Göteborg und nach Uddevala sowie zweistündlichen nach Strömstad (Radmitnahme gratis), 💻 www.vasttrafik.se

Stenungsund in der historischen Provinz Bohuslän ist eine Industriestadt mit Schwerpunkt Kunststoffproduktion. Die vier Schornsteine des Heizkraftwerks sind schon von Weitem sichtbar. Stenungsund entwickelte sich im 19. Jh. von einem Anlegeplatz für Schiffe zu einem Badeort im Umland von Göteborg, ehe sich im 20. Jh. ein Kraftwerk und petrochemische Industrie ansiedelten. Der 47 km nördlich von Göteborg gelegene Ort ist mit der Tjörn-Brücke Ausgangspunkt für Ausflüge zu den vorgelagerten Inseln Orust und Tjörn.

5. Etappe: Stenungsund – Lysekil

➲ 70 km (neue Route über Uddevalla (46 km) nach Fjällbacka (106 km)),
↑ 590 m (neue Route über Uddevalla (540 m) nach Fjällbacka (1.115 m)),
⇧ 2-55 m (neue Route 2-105 m)

Neue Variante des Västkustleden über Uddevalla (➲ bis Fjällbacka vrsl. ca. 106 km statt bisher 137 km)

Der NR folgt in Kürze dem voraussichtlich ab 2024 schrittweise beschilderten Västkustleden auf einer von der alten (hier noch beschriebenen) Strecke deutlich abweichenden Route: Statt entlang der Küste über Lysekil geht es landeinwärts über Uddevalla. Hier eine knappe Skizzierung der neuen Route mit einigen wichtigen Adressen zur Planungshilfe. Aktuelle Hinweise finden Sie auch auf der Website des Verlages (☞ Updates).

Der Västkustleden verlässt Stenungsund (voraussichtlich) nordwärts, quert nach 6 km mehrmals die E6 und führt entlang der Schärenküste mit einer weiteren E6-Querung nach Uddevalla (km 46).

Uddevalla 35.000 Ew.

- Hotell Viking, Strömstadsvägen 25, ☏ 05 22/304 00, 💻 www.hotell-viking.se, DZ ab SEK 1.000, Hotel in einer alten Villa von 1915 in Bahnhofsnähe
- ♦ Hotell Uddewalla, Strömstadsvägen 24, ☏ 05 22/394 70, 💻 www.hotelluddewalla.se/de, DZ ab SEK 1.000, zwischen Bahnhof und Zentrum
- ♦ Quality Hotel Carlia, Norra Drottninggatan 26, ☏ 05 22/141 40, 💻 www.nordicchoicehotels.se → Uddevalla, DZ ab SEK 1.500, modernes, im Jahr 2023 eröffnetes Kettenhotel im Zentrum
- mehrere Supermärkte im Zentrum, u. a. Willys und Lidl
- Cykelhuset Uddevalla, Almåsvägen 2A, ☏ 05 22/890 98, uddevalla@cykelhuset.se, Mo-Fr 10:00-18:00, Sa & So 11:00-16:00
- Bahnhof Uddevalla mit stündlichen Västtåg-Verbindungen Richtung Göteborg und zweistündlichen Richtung Strömstad, 💻 www.vasttrafik.se

Uddevalla liegt weit landeinwärts am Byfjord, einem Ausläufer des Kattegats, in den an dieser Stelle die Bäveån mündet. Die Stadt lag lange im Grenzgebiet zwischen den Königreichen Dänemark und Schweden, woran noch die Ruinen einer Festung aus dem 17. Jh. erinnern. Im 19. Jh. entwickelte sich Uddevalla zu einem bedeutenden Textil- und Werftindustriestandort. Vor wenigen Jahrzehnten betrieb Volvo hier eine Produktionsstätte.

5a/6a (Västkustleden)

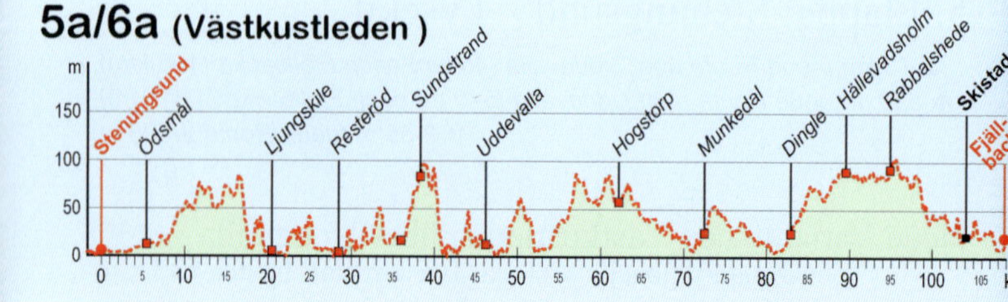

⌘ Das bereits 1963 gegründete **Bohusläns Museum** zeigt ufernah am Norra Hamnen Sammlungen zu Kunst, Kulturgeschichte und Archäologie.
♦ Fr-Mo 10:00-16:00, Di-Do 10:00-18:00, Eintritt frei

Ab Uddevalla begleitet der Västkustleden auf Nebenstraßen die Bahnstrecke Göteborg – Strömstad (☞ Uddevalla) – durch Munkedal (🛒 🚆) und Dingle (🛒 🚆). Bei Rabbalshede (🚆) queren Sie die E6 und treffen bei Fjällbacka wieder auf die alte Route.

Von Stenungsund folgen Sie der Küstenstraße 160 über drei Brücken ❶ zur Insel Tjörn.

Tjörn-Brücke – Einsturz durch Schiffskollision

Die (dritte) Tjörn-Brücke ❶ wurde im Januar 1980 bei starkem Nebel so stark von einem Schiff gerammt, dass der Hauptbogen einstürzte. Die (jetzige) Nachfolgebrücke wurde in 17 Monaten – statt normalerweise 3 bis 4 Jahren – mit einer Spannweite von 366 m gebaut und im November 1981 feierlich von König Carl Gustav XVI. eröffnet.

5

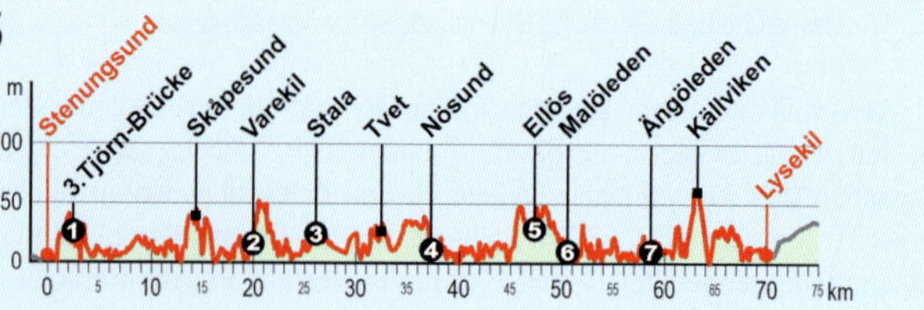

Der Radweg verläuft auf den Brücken auf der linken Seite (links von der Straße 160). Auf der Insel Tjörn folgen Sie dem Radweg zunächst links. Rechts liegt an der Ostküste der Insel ein Campingplatz, die einzige Übernachtungsmöglichkeit für die nächsten 40 km (auch „wildes Zelten" ist auf diesem Abschnitt kaum möglich).

Almöns Camping, Almön 29, 47161 Myggenäs, ☏ 03 04/66 13 25, www.almocamping.se, Zeltplatz ab SEK 200, Hütte ab SEK 400, Anfang April bis Mitte September, 3-Sterne-Platz an der Küste, 500 m vom NR

Über kleinere Wege geht es über die Insel Tjörn, bis Sie schließlich wieder die stärker befahrene Straße 160 erreichen, der Sie 7 km zur Insel Orust folgen. Dort radeln Sie bis **Varekil** ❷ (km 19).

Kurz nach Erreichen von Varekil folgen Sie links dem NR auf der Straße 178 und verlassen diese kurz darauf wieder links. Über Nebenstraßen radeln Sie kurvenreich über die Insel, halten sich nach Querung der 178 in Stala ❸ (km 26) links und queren erneut die 178.

Nach 5 km biegen Sie nach rechts ab und bei der folgenden T-Kreuzung nach links Richtung Mollösund.

Ab **Nösund** ❹ (km 37) geht es zunächst am Ufer entlang Richtung Hälleviksstrand und später nordwärts Richtung Ellös. Kurz vor Ellös, zweigt links ein Weg zum Campingplatz und Vandrarhem Stocken ab (etwa 3 km):

Stocken Camping, 474 92 Ellös, 03 04/511 00, www.stockencamping.se, Zelt SEK ab 250, Hütte ab SEK 800, April bis Oktober, 4-Sterne-Platz direkt am Meer mit Hütten, Laden und Restaurant, 3 km vom NR

Sie radeln geradeaus weiter nach Ellös ❺ (km 47) und durch den Ort hindurch.

Ellös

1.000 Ew., **B&B**

Hotell Varvet, Ravinvägen 2, 03 04/510 30, www.hotellvarvet.se, DZ im Hotel ab SEK 1.000, in der Herberge ab SEK 500, Hotel mit 51 Zimmern und Herberge mit 15 Zimmern. ☺ Um Zimmer mit Meerblick bitten!

B&B Ellös Bed and Breakfast, Hällavägen 47, www.ellosbb.se, Zimmer mit F ab SEK 400 p. P., oberhalb vom Ort

Hemköp, Rosenlundsvägen 51, an Kreuzung und Straße Richtung Malö

In dem an der Westküste von Orust gelegenen Dorf Ellös befindet sich die Werkshalle der bedeutendsten schwedischen Segelwerft, Hallberg-Rassy.

Sie verlassen Ellös nordostwärts Richtung Henån. 2 km nach Ellös, hinter einer Gärtnerei, biegen Sie links ab zur Fähre Malöleden ❻ (km 51).

Die gelbe **Fähre Malöleden** ist eine öffentliche (daher kostenlose) Fähre, die tagsüber alle 20 Min. verkehrt, 07 71/65 65 65.

Auf der anderen Seite passieren Sie nach 200 m auf der linken Seite einen Campingplatz und Herberge zwischen Felsen:

Malö Familje Camping, Malön 203, 474 91 Ellös, 03 04/511 02, www.malo.se, Zeltplatz ab etwa SEK 200, Hütte ab SEK 800, Ende April bis Anfang September, einfacher, aber schöner 2-Sterne-Platz an der Schärenküste

Ellös auf Orust

Sie folgen der Straße und erreichen nach 2 km und nach einer Brücke zur Linken einige Häuser an der Küste:

Handelsman Flink, Flatön, 474 91 Ellös, ☏ 03 04/550 51, www.handelsmanflink.se. Dieses kleine Hotel mit nur 10 DZ liegt in einer alten Handelsstation von 1912. Das Hotel war 2023 (vorübergehend?) geschlossen, wird hier dennoch erwähnt, denn: Bei Handelsman Flink auf Flatön wurde schwedische Musikgeschichte geschrieben. Diese Umgebung inspirierte Evert Taube zu vielen seiner in Schweden bekannten Volkslieder. Taube war Stammgast in dem damaligen Laden.

Kurz nach Flatön muss ein weiteres Gewässer gequert werden. Auch hier stellt der schwedische Staat eine (kostenfreie) Fähre bereit ❼ (km 58):

Fähre Ängöleden, 07 71/92 19 21, tagsüber alle 20 Min.

Auf der anderen Seite führt die Straße nach 4 km zu einer T-Kreuzung, an der Sie links Richtung Fiskebäckskil (8 km) radeln – auf einer stärker befahrenen Straße, die leider erst nach 4 km einen Radweg bietet. 2 km nach dem Radwegbeginn halten Sie sich rechts Richtung Fiskebäckskil und radeln vorbei am Supermarkt hinunter zur Mole.

Fiskebäckskil

260 Ew.

Gullmarsstrand Hotell & Konferens, Strandv. 2-14, ☏ 05 23/66 77 88, www.gullmarsstrand.se, DZ ab SEK 2.300, größeres – eher hochpreisiges – Hotel im Ort direkt an der Schärenküste

Schiff Fiskebäckskil – Lysekil (Linie 847, Dauer ca. 15 Min., p. P. & Rad ca. SEK 45, online günstiger). Das Schiff verkehrt etwas unregelmäßig, etwa 1-2 x stündlich, www.vasttrafik.se/en/travel-planning/Timetables → 847.

Auf der Fähre von Fiskebäckskil nach Lysekil

Fiskebäckskil ist ein ruhiges kleines Fischerdorf mit schmalen Straßen, Holzhäusern und einem netten Hafen im Westteil des Ortes (östlich gibt es auch eine Anlegestelle, die aber seltener angefahren wird). Von hier geht es per Schiff über den Gullmarfjord, dieses Mal nicht gratis, nach Lysekil.

Lysekil

7.700 Ew., B&B

Infopoint, Södra Hamngatan 6, ☏ 05 23/130 50, www.vastsverige.com/lysekil, Mo-Fr 8:00-16:00, in den Sommerferien länger, am Hafen

Strandflickornas Havshotell, Turistgatan 13, ☏ 05 23/797 50, www.strandflickorna.com, DZ ab SEK 1.050, Hotel an der Küste

♦ Hotel Lysekil, Rosvikstorg 1, ☏ 05 23/66 55 30, www.hotellysekil.se, DZ ab SEK 1.200, Hotel mit 50 Zimmern, mit Sicht auf den Hafen

B&B Strandflickornas Strandvillan, Strandvägen 1, ☏ 05 23/797 51, www.strandflickorna.se (u. a. auf Deutsch), DZ ab SEK 650, renoviertes Gasthaus von 1894 mit Tradition, direkt am Meer

Löfgrens Camping, Dalskogen 190, ☏ 05 23/124 15, 07 67/98 22 33, inge.lofgren@gmail.com, www.lofgrenscamping.se, Radlerinnen und Radler mit Zelt SEK 250 p. P., Hütte ab SEK 500, Mitte April bis Ende Oktober, kleiner Platz 2 km östlich von Lysekil und 100 m vom NR

♦ Trellebystrand Camping, Träleberg 340, ☏ 05 23/121 83, www.trellebystrand.se, Zelt ab SEK 230, Hütte mit 2 Betten ab SEK 400, Ende April bis Ende September, großer 3-Sterne-Platz mit schöner Umgebung sowie Hütten 4 km nördlich von Lysekil und 2 km vom NR

Lysekil

Siviks Camping, Träleberg 172, ☏ 05 23/61 15 28, www.sivikscampinglysekil.se, Zelt ab SEK 300, Hütte ab SEK 750, Mitte April bis Mitte September, 4-Sterne-Platz 4 km nördlich von Lysekil und 1,5 km vom NR, an einer kleinen Bucht

ICA, Landsvägsgatan 17, am Hafen

Lysekil liegt in einer schönen Bucht am Ende der Stångenäs-Halbinsel. Bereits seit dem Jahr 1846, als Konsul Mollen hier die erste Badeanstalt anlegen ließ, ist Lysekil als Kur- und Badeort beliebt.

Eine schöne Aussicht auf den Ort bietet sich vom felsigen Flaggberg nahe der gotischen Kirche.

Das **Aquarium Havets Hus** zeigt die Meeresfauna in 40 Aquarien mit einem Volumen von 35 l bis 140.000 l. Letzteres ist ein „Tunnelaquarium", wo man durch einen gläsernen Gang durch das Wasser spaziert.

♦ www.havetshus.se (u. a. auf Englisch), täglich 10:00-16:00, in den Sommerferien 10:00-18:00, SEK 150

6. Etappe: Lysekil – Fjällbacka

➲ 67 km, ↑ 335 m, ⇧ 2-60 m

Nach der Überfahrt radeln Sie rechts und passieren nach 400 m eine Einkaufsgelegenheit (Supermarkt) links und ein Hotel rechts. Das Zentrum von Lysekil liegt links. Sie verlassen Lysekil in nordöstlicher Richtung auf ausgeschilderten Radwegen entlang Straßen (Landvägsgatan). Beim Kreisverkehr am Ortsende queren Sie beim Coop die Straße und Bahn durch die Unterführung und folgen dem Radweg geradeaus. Nach 300 m schwenken Sie nach rechts und folgen links der parallel verlaufenden Straße (Dalskogen). 2 km nach dem Ortsende radeln Sie bei einer T-Kreuzung links über die Bahngleise und nach dem Kreisverkehr rechts auf dem linksseitigen Radweg neben der Hauptstraße 162. Nach 2 km macht der NR eine 6 km lange Schleife nach Torgestad ❶ (km 11), um dann wieder auf die 162 zu stoßen.

Abkürzung ohne Torgestad (➲ 4 km kürzer): Alternativ bleiben Sie auf dem Radweg neben der Straße 162 und folgen ihm 2 km; so sparen Sie 4 km ohne besondere Höhepunkte.

Nach weiteren 2 km und einer Linkskurve der 162 zweigt der NR nach rechts ab und führt auf einer Nebenstraße östlich an Brastad vorbei über Brodalen ❷ (km 24), wo wieder die 162 erreicht und gequert wird.

Ab Brodalen geht es auf einer Nebenstrecke links neben der Hauptstraße weiter. Bei der Bushaltestelle „Axtvetenvägen" ❸ (km 28) folgen Sie dem links abzweigenden Weg über den Bach Broälven zur Straße 171 und dieser links Richtung Kungshamn. Es geht zunächst bergauf und dann zum Åbyfjord hinunter. Nach 5 km passieren Sie einen Tierpark mit Hotelanlage ❹ (km 35).

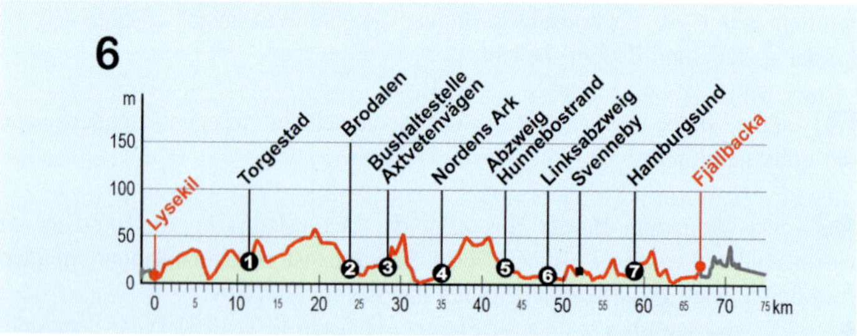

Nordens Ark südlich von Åby ist ein von einer Stiftung betriebener Tierpark mit 60 Arten, der sich gefährdeten Tierarten widmet. Aufzucht- und Wiedereingliederungsprogramme sowie Forschung und Information sollen zum Schutz dieser Tierarten beitragen, teilweise in Zusammenarbeit mit Umwelt- und Tierschutzorganisationen, Tierparks und Behörden.

♦ www.nordensark.se, täglich 10:00-16:00, im Sommer bis 18:00, SEK 260

Nordens Ark, Åby säteri, 456 93 Hunnebostrand, ☎ 05 23/795 90, www.nordensark.se, Hütte ab SEK 1.300, DZ ab SEK 1.700 inkl. Eintritt in den Park, Hütten ganzjährig, kleines Konferenzhotel direkt am Tierpark mit 24 Zimmern, Zimmer nur im Sommerhalbjahr

Sie folgen der Straße 171 noch etwa 2 km südwestlich Richtung Kungshamn, um dann rechts Richtung Bovallstrand abzubiegen. Nun radeln Sie über Nebenstraßen in nordwestlicher Richtung auf die Küste zu. Vor der Küste halten Sie sich rechts Richtung Bovallstrand ❺ (km 43).

Möglich wäre nach links ein Abstecher in den Urlaubsort Hunnebostrand mit Übernachtungsgelegenheiten.

Abstecher nach Hunnebostrand (➲ 2 x 4 km)

Sie radeln links nach **Hunnebostrand** mit Übernachtungs- sowie Einkaufsgelegenheiten, das Sie nach 4 km erreichen. Zurück geht es auf demselben Weg und weiter auf der Küstenstraße nach **Bovallstrand**.

Hunnebostrands Vandrarhem, Asslerödsvägen 6, 456 61 Hunnebostrand, ☎ 05 23/32 54 1, info@hunnebostrandsvandrarhem.com, www.hunnebostrandsvandrarhem.com, DZ ab SEK 600, Hütte ab SEK 1.500, Anfang April bis Ende Oktober, Herberge in altem Hofgebäude von 1846 mit 2-4 Betten pro Zimmer, liegt im Süden von Hunnebostrand an der Durchgangsstraße, 100 m von der Küste entfernt

Hunnebostrands Camping & Stugor, Hjämetorpet, 456 94 Hunnebostrand, 07 66/28 73 00, www.hunnebostrandscamping.se, Zelt ab SEK 160, Hütte ab SEK 500, Anfang Juni bis Mitte August, kleiner Familienzeltplatz östlich von Hunnebostrand, 2 km vom NR

mehrere Einkehrgelegenheiten unten am Hafen

coop, Torggatan 17, im Zentrum bei der Kirche

In Bovallstrand können Sie bei der Kirche links abzweigend durch den Ort mit seinem Hafen radeln (Sotenäsvägen, Dingenäsvaägen) oder auf dem Radweg geradeaus der Straße 174 folgen (➲ 0,5 km kürzer). Sie verlassen Bovallstrand in nordöstlicher Richtung auf der Hauptstraße 174. 2 km hinter Bovallstrand geht es links Richtung Hamburgsund ❻ (km 48).

Vorbei an Svenneby und Rörvik radeln Sie nach **Hamburgsund** ❼ (km 59) mit kurz davor zwei Übernachtungsgelegenheiten:

B&B Kustnära B&B & Conference, Heestrand Rådalen. 10, 457 47 Hamburgsund, ☎ 05 23/536 36, www.kustnara.com, DZ ab SEK 700, ehemalige Familienherberge mit 2- und 6-Bett-Zimmern 1,5 km westlich vom NR

⛺ **B&B** Rörviks Camping, Rörviksvägen 15, 457 47 Hamburgsund, ☏ 05 25/335 73, 💻 www.rorvikscamping.se, Zelt ab SEK 260, Hütte ab SEK 720, Zimmer ab SEK 770, 🚪 Anfang Mai bis Ende August, mit Hütten sowie Zimmern und gutem Koch- und Aufenthaltsraum, von Bäumen umrahmter 3-Sterne-Platz 1 km südlich von Hamburgsund am NR

Der NR führt in einer Rechtskurve durch den Ort, dessen Zentrum mit Hafen, 🛒 Supermarkt und ✕ Imbiss nach dem Sportplatz links erreichbar ist (➲ 200 m). Vom ansonsten wenig beachtenswerten Küstenort Hamburgsund kann man mit einer Fähre zur Insel Hamburgö übersetzen.

Von Hamburgsund nach Fjällbacka geht es entlang der Küstenstraße (8 km).

Fjällbacka

Fjällbacka 850 Ew., ℹ 🛏 🏠 ⛺ ✕ 🛒 📯

ℹ Fjällbacka Turist Information, Ingrid Bergmans Torg, ☏ 05 25/611 88, 💻 www.fjallbacka.org, 🚪 im Sommer Mo-Sa 9:00-19:00, So 9:00-15:00

🛏 Villa Evalotta, Skolgatan 2, ☏ 05 25/76 50 60, 💻 www.villaevalotta.se, DZ ab SEK 1.200, kleines Hotel im Zentrum. Das Hotel gehörte früher einem Kapitän, der die Zimmer mit Objekten aus aller Welt eingerichtet hat.

Schärenküste bei Fjällbacka

Fjällbacka Pensionat och Vandrarhem, Falkevägen 2, ☏ 05 25/328 80, fjallbacka@bokarum.nu, www.fjallbacka.bokarum.nu, EZ ab SEK 800, DZ ab SEK 900, Herberge im Ortszentrum mit 2 bis 4 Betten pro Zimmer

Fjällbacka Camping, ☏ 05 25/314 90, 070/53 14 90, www.fjallbackacamping.se, einfacher, netter und ruhig gelegener Platz zwischen Dünen, Zelt ab SEK 210, kleine Hütte ab SEK 250, am Ortsbeginn gleich links, links vorbei am Supermarkt und entlang der Straße etwas links haltend 2 km zum Campingplatz

Coop, Jasminvägen 2, etwas landeinwärts

Der Hafenort Fjällbacka wurde als mehrmaliges Urlaubsdomizil von Ingrid Bergmann bekannt (Statue am Markt). Zu Filmruhm kam auch die bei Fjällbacka gelegene Schlucht Kungsklyftan, wo Teile von „Ronja Räubertochter“ gedreht wurden.

Einen schönen Ausblick genießen Sie vom 74 m hohen Vetteberget neben dem Hafen (zu Fuß 10 Min.). Der Aufstieg mit Holzstufen beginnt am Hafen, links neben einem Laden mit Bootszubehör namens Järnboden und führt über eine Schlucht und weitere Holzstufen auf den Aussichtsberg mit weitem Blick auf die Schärenküste.

7. Etappe: Fjällbacka – Svinesund

➲ 93 km (neue Route vrsl. 56 km), ↑ 410 m (neue Route ca. 310 m), ⇧ 2-110 m (neue Route 2-55 m)

Neue Variante des Västkustleden
(➲ ab Fjällbacka bis Strömstad 56 km statt bisher 58 km)

Der NR folgt in Kürze dem voraussichtlich ab 2024 schrittweise beschilderten Västkustleden auf einer von der alten (hier noch beschriebenen) Strecke deutlich abweichenden Route: Er führt weniger weit ins Hinterland und bleibt dichter an der Küste; mittig berührt er die alte Route bei Tanumshede.

Der Västkustleden verlässt (voraussichtlich) Fjällbacka nordwärts entlang der Küstenstraße und jene 700 m nach der Brücke hinter Mörhult. Auf überwiegend kleinen Straßen geht es zunächst vorbei an einem Golf- und Flugplatz und weiter kurvenreich nordwärts. Kurz vor den Felszeichnungen von Vitlycke stoßen Sie auf die alte Route und folgen ihr links nach Tanumshede, wo der Västkustleden wieder links Richtung Küste auf eine Straße mit Radweg abzweigt, später nach einer Abzweigung nach rechts kurz die Bahnlinie begleitet und links zur Küste bei Sannäs führt. Von dort geht es wieder landeinwärts und mit kleinen Schlenkern mehr oder weniger parallel zur Bahnlinie nach Strömstad, wobei unterwegs die Haltestelle Överby passiert wird (Infos ☞ Tanumshede).

Sie radeln aus Fjällbacka ostwärts heraus und weiter in das Landesinnere nach Skistad (5 km).

Nach 5 km halten Sie sich an einer T-Kreuzung links Richtung Tanumshede (13 km). Kurz vor Tanumshede passieren Sie bekannte **Felszeichnungen** und einen Campingplatz ❶ (km 14).

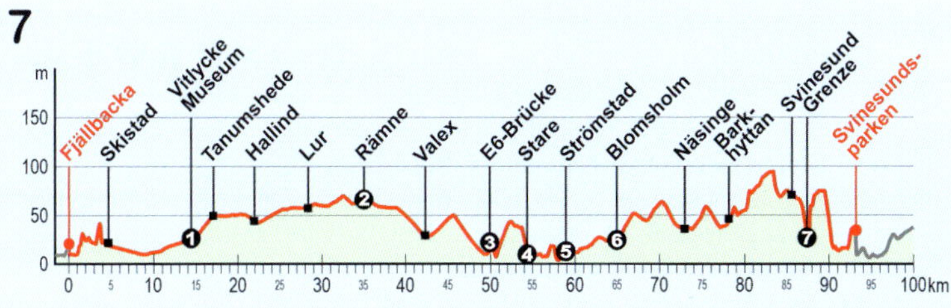

⌘ Bei Tanumshede befinden sich zahlreiche vorgeschichtliche Felszeichnungen, die seit 1994 als UNESCO-Weltkulturerbe anerkannt sind. Die Zeichnungen veranschaulichen die einzelnen Aspekte des Lebens in der europäischen Bronzezeit (1800 bis 500 v. Chr.).

Nahe der Straße lassen sich auf einem sehr empfehlenswerten, 500 m langen Rundgang auf Holzbohlen die markantesten Felszeichnungen erkennen (Zugang gratis, Beginn auf der westlichen Straßenseite gegenüber dem Museum). Der größte Felsen mit Zeichnungen ist der Vitlyckefels in der Nähe des gleichnamigen Museums.

⌘ Das 1998 eröffnete **Vitlycke Museum** informiert über die Felszeichnungen. Zum Museum gehört der Bronzezeithof – eine Freilichtausstellung, die Besucherinnen und Besuchern Haus und Alltagsleben aus der Zeit vor mehr als 3.000 Jahren nahebringen soll. Im Sommer wird das Leben von damals anschaulich demonstriert. Ausstellungen in dem modernen Gebäude informieren über die vorgeschichtliche Bilderwelt, Motive und Wertvorstellungen.

♦ www.vitlyckemuseum.se (u. a. auf Deutsch), täglich 10:00-16:00, im Sommer bis 17:00, Eintritt frei

Café Bronze, im Museum

Tanums Camping & Stugby, Vitlycke 4, 457 93 Tanumshede, tanums.camping@telia.com, ☎ 05 25/200 02, 07 06/80 12 78, Anfang Mai bis Ende August, Preise auf Anfrage, 3-Sterne-Platz 2 km südlich von Tanumshede am NR, gegenüber den Felszeichnungen, nicht nur Dusche, sondern sogar heißes Spülwasser kostet extra!

Sie folgen der Straße nach Tanumshede. Kurz vor dem Ort fahren Sie links auf die 163 (bzw. den Radweg daneben) und queren den Tanumsälven. Sie radeln auf der Straße 163 (Riksvägen) durch den Ort. Links liegen Supermarkt und Information.

Tanumshede 1.800 Ew.,

Tanumshede Touristinformation, Affärsvägen 12, ☎ 05 25/193 49, ganzjährig täglich 9:00-21:00, in dem ICA-Supermarkt

Tanums Gestgifveri, Apoteksvägen 7, ☎ 05 25/290 10, hoteltanum.se, DZ ab SEK 1.700, kleines Hotel im Zentrum neben der Apotheke mit 27 Zimmern. Es gilt als eines der ältesten Hotels des Landes, wo seit 1663 Gäste bewirtet werden, darunter auch Könige.

ICA, Affärsvägen 12, Supermarkt in Ortsmitte

Bahnhof Tanum 1,5 km südwestlich von Tanumshede mit zweistündlichen Västtåg-Verbindungen Richtung Göteborg und Strömstad (Radmitnahme gratis), www.vasttrafik.se

Tanumshede ist bekannt als Tingplatz und Telefonzentrum: Der Tanum Teleport wurde 1971 als Satellitenstation für Telefonate nach Übersee eingerichtet.

Am Ortsende halten Sie sich rechts (Industrivägen, dann Lurvägen) Richtung Lur (11 km). Die Straße quert die E6 und führt über Torim und Torbal nordwärts. In Lur zweigen Sie bei der Kirche nach rechts Richtung Rämne ab. Nach 1,3 km radeln Sie in der Rechtskurve der Straße nach links und nach 2,3 km nach rechts in Richtung Rämne (3 km).

In Rämne ❷ (km 35) radeln Sie bei der T-Kreuzung mit der Hauptstraße 164 links Richtung Strömstad. Nach 14 km führt der NR Richtung Skee mit seiner romanischen Kirche. Kurz vor Skee halten Sie sich zweimal links, queren die Bahngleise, den Fluss Vättlandsån und nach einem Rechtsschwenk

bei einem Kreisverkehr die E6 über eine **Brücke** ❸ (km 50). Beim folgenden Kreisverkehr radeln Sie nach rechts und folgen dem Radweg neben der Straße zur Küste Richtung Stare und Strömstad.

Bei einem Campingplatz beim Weiler **Stare** ❹ (km 54) erreichen Sie die Küstenstraße und folgen ihr rechts nordwärts nach Strömstad.

⛺🛏 Lagunen, Skärsbygdsvägen 40, 452 97 Strömstad, ☎ 05 26/75 50 00, 💻 www.lagunen.se, Zelt ab SEK 200, kleine Hütte ab SEK 300, 🚪 ganzjährig, 4-Sterne-Platz an der Küste mit Felsen und Sandstrand, 3 km südlich von Strömstad

♦ Daftö FerieCenter, 452 97 Strömstad, ☎ 05 26/260 40, 💻 www.dafto.com, Duschen und Pool inklusive, Zelt ab SEK 250, Hütte ab SEK 500, DZ ab SEK 990, 🚪 ganzjährig, große 5-Sterne-Urlaubsanlage 5 km südlich von Strömstad und 1 km vom NR

Nach der Brücke südlich von Strömstad halten Sie sich links (Uddevallavägen), rechts vorbei an dem Campingplatz Strömstad Camping (☞ Strömstad). Nach einer langen Rechtskurve geht es vorbei am Fährterminal sich links haltend in das Zentrum von Strömstad ❺ (km 59) mit dem Torget am Hafen.

☺ Wer sich beim NR auf Schweden beschränken möchte, beendet die Radtour am besten in Strömstad; von hier kommt man anders als von Svinesund gut zurück (Bahn) und man spart sich den straßenlastigen Grenzübergang nach Norwegen neben der E6.

Strömstad 7.200 Ew.

i Strömstad Turist, Ångbåtskajen 1, ☎ 05 26/623 30, 💻 www.vastsverige.com/en/stromstad, 🚪 Mi-Fr 11:00-16:00, Sa 11:00-14:00, Sommerferien Mo-Fr 9:30-18:00 sowie Sa und So 9:30-16:00, im Zentrum zwischen den zwei Häfen

🛏 Hotel Krabban, Södra Bergsgatan 15, ☎ 05 26/142 00, 💻 www.hotellkrabban.se, DZ ab SEK 890, kleines familiengeführtes Hotel in Holzbauweise mit 12 Zimmern im Zentrum

♦ Laholmen Hotell, Laholmen 1, ☎ 05 26/197 00, 💻 www.laholmen.se, DZ ab SEK 2.200 (im Sommer höhere Preise), großes zentrales Hotel der Kette Scandic, 152 Zimmer mit schöner Sicht auf den Hafen und Kosterfjord

⛺🛏 First Camp City – Strömstad, Uddevallavägen, ☎ 05 26/611 21, 💻 www.firstcamp.se → Strömstad, Zelt ab SEK 250, Hütte ab SEK 900, 🚪 ganzjährig, 1 km vom Zentrum entfernt an einem Hügel und direkt an der südlichen Einfallstraße gelegen, daher nichts für Ruhebedürftige

♦ Seläter Camping, Norrkärr, ☎ 05 26/122 90, 💻 www.selater.com, Zelt ab SEK 200, Hütte ab SEK 900, 🚪 ganzjährig, großer 3-Sterne-Campingplatz zwischen Felsen und Wald 4 km nördlich von Strömstad und 2,5 km vom NR

In Strömstad gibt es zahlreiche Supermärkte – zu viel für einen Ort dieser Größe. Warum? Für Norwegerinnen und Norweger ist Schweden ein ausgesprochenes „Billigland“, in dem nicht nur hochprozentige Alkoholika deutlich günstiger sind als in Norwegen. Sie kommen scharenweise per Fähre, Auto und organisierter Kaufreise, um die Läden der Grenzstadt Strömstad zu „plündern“.

Dahlmans Cykel, Oslov. 44, kundservice@dahlmanscykel.se, www.dahlmanscykel.se, Mo-Fr 10:00-17:00, Sa 10:00-15:00, im Gebäude von Capio och Nordic Wellness

Bahnhof Strömstad am Hafen mit zweistündlichen Västtåg-Verbindungen Richtung Göteborg (Radmitnahme gratis), www.vasttrafik.se

Strömstad an der Mündung des Flusses Strömsån im Kosterfjord ist ein beliebter schwedischer Badeort unweit der norwegischen Grenze mit einer buchtenreichen Schärenküste, die viele Seglerinnen und Segler lockt. Vor allem die Koster-Inseln vor der Küste sind ein populäres Urlaubsgebiet.

Das nach dem Frieden von 1658 als Außenposten gegen Norwegen angelegte Strömstad liegt etwa auf halber Strecke zwischen Göteborg (180 km) und Oslo (150 km). Mittelpunkt ist das aus Bohuslän-Granit erbaute Rathaus.

Küste bei Strömstad

⌘ Das **Strömstad Museum** in der Södra Hamngatan 26 dokumentiert in einem ehemaligen Mühlenspeicher die Stadtgeschichte.

♦ www.stromstadsmuseum.com, Di-Fr 11:00-16:00, Eintritt frei

Abkürzung per Fähre nach Norwegen

Von Strömstad verkehren zwei **Fährlinien nach Sandefjord** an der norwegischen Südküste am NR. Bei dieser Verbindung sparen Sie 30 km in Schweden und 150 km in Norwegen. Abfahrten mehrmals täglich (Fahrtdauer jeweils ca. 2,5 Std., 1 Pers. inkl. Rad etwa € 8 bzw. SEK 90):

- ♦ Colorline: 2 x täglich mit einer Hybridfähre, ☏ 05 26/620 00, www.colorline.com (auf Englisch)
- ♦ Fjordline: 1 x täglich, ☏ +47 51 46 40 99, www.fjordline.com/de (auf Deutsch)

Vom Torget am Hafen radeln Sie nordwärts und queren auf der Östra Klevgatan die Strömsån. Weiter geht es rechts am Coop-Konsum-Supermarkt vorbei, links vom Fluss auf dem Radweg neben dem stark befahrenen Oslovägen Richtung Seläter hinaus aus dem Ort und bergauf.

Ab Strömstad folgen Sie dabei 3 km dem Radweg entlang der stärker befahrenen Hauptstraße 176 und queren die E6. Nach der Auffahrt zur E6 radeln Sie kurz links und nach der Bachquerung rechts Richtung Blomsholm und Näsinge. Nach einigen Hundert Metern passieren Sie das bekannte ⌘ **Gräberfeld bei Blomsholm**.

Das 6 km nordöstlich von Strömstad gelegene archäologische Gräberfeld beim Gutshof Blomsholm ❻ (km 65) zeigt 20 eisenzeitliche Steingräber und ein sehenswertes schiffsförmiges Steingrab. Die 49 mehr als 3 m hohen Steine bei Blomsholm sind auf einer Fläche von 42 x 9 m aufgestellt und stammen aus der frühen Eisenzeit (1050-500 v. Chr.). Steinschiffe sollten vermutlich dem Verstorbenen im Jenseits für Transportzwecke zur Verfügung stehen.

Ein Wanderpfad durchzieht das Gebiet, und Tafeln informieren über Landschaft und Menschen der Eisenzeit, ständig, gratis.

⌘ Ein ehemaliges Wohnhaus des Gutshof-Personals ist 1990 umgebaut worden und beherbergt nun Ausstellungen über die Geschichte Blomsholms und die prähistorischen Fundstätten sowie ein Café.

Anfang Juli bis Mitte August täglich 11:00-18:00, sonst nur So

Bei der T-Kreuzung in Näsinge radeln Sie links Richtung Hälle (7 km), links vorbei am ländlichen Flugplatz. Nach 5 km biegen Sie nach links Richtung Svinesund ab (9 km). Am Ortseingang von Svinesund halten Sie sich bei dem Kreisverkehr vor dem Einkaufszentrum rechts.

Es gibt zahlreiche Supermärkte und Einkehrmöglichkeiten – Zielgruppe sind auch hier weniger Radlerinnen und Radler als vielmehr Norwegerinnen und Norweger im Kauf- und Konsumrausch, die in Schweden einige Kronen sparen können.

Grenzübergang Schweden – Norwegen

Der NR führt auf der alten, aber immer noch ordentlich befahrenen Brücke der E6 über den **Svinesund** ❼ (km 87). Zur Linken ist die neue Straßenbrücke zu sehen – mit 67 m Höhe über dem Ringdalsfjord eine der höchsten Nordeuropas. Nach der Querung der Grenze folgen Sie dem NR nordwärts.

3 km nach dem Grenzübergang biegen Sie links in den Radweg neben dem Vestgårdveien ab. Rechts zeigt ein rotes Radschild zur Industriestadt Halden. Der Ort liegt nicht auf der Route, ist aber wegen seiner sehenswerten Festung und den Einkaufsgelegenheiten sowie mit Bahnverbindungen als möglicher Start-/Endpunkt der Radtour als Variante angegeben.

Variante nach Halden (➲ 2 x 7 km)

Sie folgen den Schildern nach Halden auf der Nebenstraße bzw. dem Radweg – parallel zur Straße 204 nach Halden (7 km) und radeln später zum NR zurück wie gekommen.

Halden 31.400 Ew.

Halden Tourist, Tollboden, Kongens Brygge, ☎ 69 19 09 80, 📱 90 62 42 69, info@destinasjonhalden.no, www.destinasjonhalden.no

Thon Hotel Halden, Langbrygga 1, ☎ 69 21 33 00, www.thonhotels.no → Halden, DZ ab NOK 1.200, modernes, am Hafen gelegenes Hotel im Zentrum

O Brian Hostel, 13 Storgata 1 etage, 📱 40 10 47 03, www.obrian.hotelg1.top, DZ ab NOK 1.000, einfaches Hostel im Zentrum mit Zwei- und Mehrbettzimmern

Frederiksten Camping, Generalveien 16, 📱 97 34 44 49, marit.hilmersen@gmail.com, Zelt ab NOK 180, Hütte ab NOK 550
Anfang Mai bis Ende August, 3-Sterne-Platz mit 9 Hütten, nahe der Festung im Süden von Halden, Buchung/Anmeldung war 2023 nur per Mail oder telefonisch möglich

mehrere Supermärkte im Zentrum (Meny, Kiwi, Extra)

Dahlmans Sykkel, Torgny Segerstedts Gate 18, ☎ 69 18 30 30, www.dahlmans.no, Mo-Fr 10:00-16:30, Sa 10:00-13:00

stündlich Bahnverbindungen von/nach Oslo via Fredrikstad und Moss, außerdem 3 x täglich von/nach Göteborg (mit Radtransport), www.vy.no

Die Industriestadt Halden hieß von 1665 bis 1927 Frederikshald und wurde nach einem Brand 1826 planmäßig wieder aufgebaut. Überragt wird Halden von der Festung Frederiksten, die nach dem Frieden von Roskilde 1658 und damit dem Verlust von Bohuslän als Grenzposten gegen Schweden erbaut wurde. Dabei wurde auf dem 128 m hohen Plateau in 30-jähriger Bauzeit eine sternförmige Festung nach französischem Vorbild angelegt. Eine eiserne Pyramide von 1860 erinnert an König Karl XII. von Schweden, der hier im Jahr 1718 bei der Belagerung fiel. Weltweite Beachtung findet Halden durch eine besonders humane Haftanstalt, eröffnet im Jahr 2010 in der Form eines Dorfes und in internationalen Medien wie Times, The Guardian oder British Channel 5 gepriesen als „humanstes und luxuriösestes Gefängnis“ weltweit.

⌘ Die **Festung Frederiksten** bietet einen schönen Blick auf den Ort. Das Frederiksten Museum beleuchtet dort auf zwei Stockwerken Haldens Kriegsgeschichte und das Leben in der Festung

♦ www.ostfoldmuseene.no/fredriksten, Mai bis Ende August täglich 11:00-17:00, NOK 90

☺ Die früher in der Festung ausgestellten Halden Historiske Samlinger werden rund um die Uhr in einem digitalen Museum gezeigt:
www.ostfoldmuseene.no/halden.

Der Radweg neben dem Vestgårdveien führt zu einem Kreisverkehr mit der alten E6, welcher der NR ab der folgenden Etappe durch Norwegen folgt. Zu einer Übernachtungsgelegenheit und damit dem Ende dieser Etappe radeln Sie auf dem Radweg unter der ehemaligen E6 hindurch und folgen der Straße in das Gewerbegebiet Svinesundsparken neben der E6 mit Motel – kein schönes, aber funktionales Etappenziel.

Motell Svinesundsparken, Svinesundsparken 1, 1789 Berg i Østfold, 41 39 84 60, www.motellsvinesundparken.no, DZ ab NOK 1.600, eher wenig erbauliche Unterkunft neben Tankstelle mit Dönerrestaurant im Haus

Rema 1000, Svinesundsparken 1, gegenüber vom Hotel

Norwegen

In Norwegen ist der NR als Teil der Nasjonale Sykkelruter 1 – Kysruta ausgewiesen, die in voller Länge entlang der Küste zum Nordkap führt. Die Steigungen nehmen in Norwegen genauso zu wie leider auch der Autoverkehr. Der NR führt nämlich durch die vor allem in den Sommerferien stark frequentierten Urlaubsregionen Sørland („Südland") im Süden Norwegens, Jæren mit seinen Stränden und Rogaland ab Stavanger mit vielen Fjorden und dem bekannten Preikestolen-Felsen. Das Sørland wirbt mit Schären, sauberen Sandstränden und weißen Häusern als „Sonnendreieck Oslo – Kristiansand – Stavanger". Statistisch gibt es hier die meisten Sonnenstunden des Landes.

Relativ flache Stücke erwarten Sie bis Larvik sowie bei Egersund, wo Sie auf einer alten Bahntrasse radeln. Ansonsten geht es rauf und runter über Felsen, Fjorde und Moränen. Die größten Steigungen – bis zu 240 m – erwarten Sie zwischen der Lista-Halbinsel und Egersund, wo Sie durch den von magmatischen Gesteinen geprägten Magma-Geopark radeln. Im Bereich großer Steigungen konzentrieren sich die Wege häufig auf wenige Täler, weshalb Sie gerade dort gelegentlich auf größeren Straßen radeln müssen, die leider nicht immer über einen Radweg verfügen. Der Routenverlauf des Abschnitts zwischen Stavanger und Haugesund variierte in den letzten Jahren infolge eingestellter Fährlinien sowie für Räder gesperrter Straßentunnel häufiger. Die hier beschriebene Route ist daher mit zahlreichen Alternativen (Fähr- und Busverbindungen) versehen, um die vielen Fjorde in diesem landschaftlich schönen Abschnitt überbrücken zu können.

Flagge von Norwegen

8. Etappe: Svinesund – Moss

94 km, 685 m, 2-95 m

Dem NR folgen Sie nordwestlich Richtung Fredrikstad. Er verläuft erst auf der östlichen Seite der E6, erreicht diese schließlich 12 km nach der Grenze bei Ingedal ❶ (km 7) und quert sie.

Høk Kro Motell, Ingedalv. 300, 1747 Skjeberg, ☏ 69 16 80 00, www.hokkro.no, DZ NOK 850, 1 km vor der Kreuzung der E6, 50 m vom NR

Nach der Querung der E6 halten Sie sich rechts und erreichen nach 1,5 km **Høysand** am Skjebergkilen.

Høysand Camping, Nancy Johannessensvei 5, 1747 Skjeberg, 99 12 71 00, hoysandcamp@live.no, www.hoysandcamping.no, Zelt mit 2 Pers. ab NOK 230, Hütte ab NOK 670, Anfang Mai bis Ende September, Platz mit 27 Hütten und Restaurant nahe an Jachthafen, direkt am NR

Der NR führt weiter nordwärts. Ab Skjeberg () geht es leider entlang der Hauptstraße 118, zum Glück ab dem Ortsende auf einem Radweg. Kurz hinter Sandbakken () – vor einem Sparmarkt am Anfang von Klavestadhaugen ❷ (km 18) – verlässt der NR die 118 halb rechts und verläuft über kleine Wege und Straßen durch ein Wohngebiet von Borgenhaugen (). Am Ortsende schwenkt der NR nach links und führt zum Südrand von Sarpsborg. Der NR leitet Sie nicht in den Ort hinein, sondern folgt kurz der 22 auf dem linksseitigen Radweg und zweigt dann rechts ab zum Südufer der Glomma, des mit 621 km längsten Flusses Norwegens.

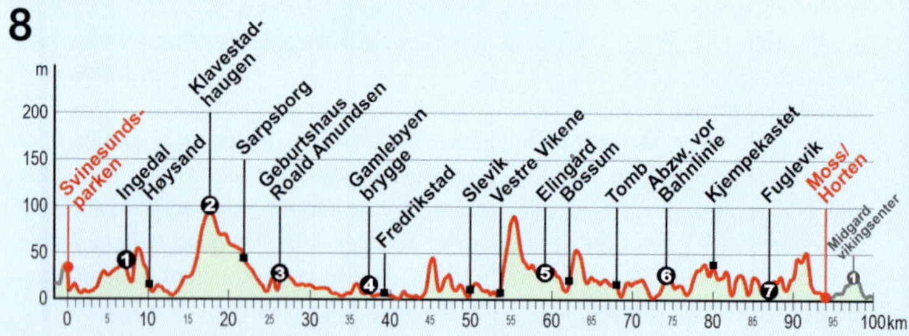

↳ Abstecher zum Sarpefossen, den „europäischen Niagarafällen“ (➲ 2 x 0,4 km)

Auch wenn Sie nicht in den Ort fahren, ein kurzer Abstecher zum Sarpefossen, dem wasserreichsten Wasserfall Europas, lohnt sich auf jeden Fall. Dazu verlassen Sie 100 m nach dem Abzweig auf die Straße 22 den Radweg, queren die Straße und folgen dem Brattveien, nach 50 m geht es durch eine Rechtskurve.

In der folgenden Linkskurve geht es – Richtung Wasserrauschen – geradeaus zum Flussufer mit einer Aussichtsplattform auf diese „europäischen Niagarafälle“. Pro Sekunde fallen hier 577 m^3 Wasser 23 m tief. Zurück fahren Sie auf demselben Weg.

Sarpsborg 58.200 Ew.

isarpsborg, Torggata 15, 47 69 75 51, www.isarpsborg.com, ganzjährig Mo-Fr 10:00-14:00

Scandic Hotel Sarpsborg, Sandesundsveien 1, 69 12 42 00, www.scandichotels.no → Sarpsborg, DZ ab NOK 1.200, 200 m südwestlich vom Zentrum an einer Parkanlage

mehrere Supermärkte im Zentrum, etwa Extra mit , St. Marie gate 81/87

Sykkelbutikken – Brødr. Gudheim, Pellygata 58, 69 15 34 87, Mo-Sa 12:00-14:00

stündlich Bahnverbindungen von/nach Oslo via Fredrikstad und Moss, außerdem 3 x täglich von/nach Göteborg (mit Radtransport), www.vy.no

Sarpsborg wurde 1016 von Olav dem Heiligen gegründet und entwickelte sich zu einer Industriestadt mit den Schwerpunkten Holzverarbeitung und -export sowie Brauereiwesen.

⌘ Das **Borgarsyssel Museum** in der Gamlebygaten 8 dokumentiert als Freilichtmuseum das frühere ländliche Leben in der Region Østfold.

♦ www.ostfoldmuseene.no/borgarsyssel, Sa und So 11:00-16:00, NOK 900

Der NR führt südlich von Sarpsborg auf einer schönen Passage am linken Ufer der Glomma entlang (Glommastien) – unterbrochen von einem 3 km langen Abschnitt landeinwärts auf der Straße 22. Zu Beginn dieser Passage geht es nach Unterquerung der E6 kurz nach links und dann wieder rechts. Nach einem netten Rastplatz an der Glomma passieren Sie das eher unscheinbare **Geburtshaus** des Polarforschers **Roald Amundsen** (1872-1928) ❸ (km 26).

⌘ Roald Amundsens fødested, www.roaldamundsen.no, Anfang Juni bis Ende August Sa und So 11:00-15:00, in den Sommerferien auch Di-Fr 11:00-15:00, Eintritt NOK 100

Der NR führt entlang des Framveien – zu Ehren Amundsens nach dem bekannten norwegischen Forschungsschiff um 1900 benannt –, entlang Straßen und schließlich auf dem Glommastien am Ufer Richtung Fredrikstad. 500 m nach einer Straßenbrücke erreichen Sie Gamlebyen brygge ❹ (km 37), den Anleger der links liegenden autofreien Altstadt von Fredrikstad.

Von der Altstadt setzen Sie mit der Stadtfähre über zum Anleger Cicignon im neuen Stadtteil auf der anderen Flussseite.

Byferge, Tollbodbrygga, 46 70 73 61, www.fredrikstad.kommune.no → Byfergene → Cicignon – Gamlebyen. Die alle 15 Minuten verkehrenden Fähren werden von der Stadt betrieben und können (inkl. Räder) gratis genutzt werden.

Fredrikstad 84.000 Ew.,

Fredrikstad Tourist Office Gamlebyen, Kirkegaten 31B, 69 30 46 00, www.visitfredrikstadhvaler.com, Mi-Fr 10:00-15:00, in den Sommerferien täglich

Fredrikstad Motel og camping, Torsnesvn 16, 99 22 19 99, www.aktivitetsbyen.no, DZ ab NOK 735, Hütte ab NOK 1.100, Zelt ab NOK 250, ganzjährig, Motel mit 26 Zimmern, 12 Hütten und Campingplatz mit 120 Plätzen, 1 km südlich vom Zentrum und dem NR nahe der Festung Kongsten

Hotel Fredrikstad, Nygaardsgata 9, 69 30 05 00, www.hotelfredrikstad.com, DZ ab NOK 1.400, zentral gelegenes Hotel mit Tradition

♦ Scandic City, Gunnar Nilsens gate 9, 69 38 56 00, www.scandiccity.no, DZ ab NOK 1.400, zentral gelegenes Kettenhotel

♦ Quality Hotel Fredrikstad, Nygata 2-6, 69 39 30 00, www.nordicchoicehotels.no → Fredrikstad, DZ ab NOK 1.600, großer Hotelbau im Zentrum

Supermärkte nördlich beim Herausfahren aus Fredrikstad

Gaarder Sykkelsport AS, Storg. 18, 69 31 90 05, www.gaardersykkelsport.no, Mo-Fr 9:00-17:00, Sa 9:00-15:00

stündlich Bahnverbindungen von/nach Halden und Oslo via Moss, außerdem 3 x täglich von/nach Göteborg (mit Radtransport), www.vy.no

Fredrikstad, am Fluss Glomma gelegen, wurde 1567 vom dänischen König Frederik II. gegründet, nachdem schwedische Truppen das benachbarte Sarpsborg verwüstet hatten. Nachdem die Provinz Bohuslän 1658 an Schweden verloren ging, wurde Fredrikstad südlicher Grenzposten des Königreichs und blieb als solcher bis in das 21. Jh. hinein eine Militärstadt. Im Jahr 2002 zog sich das Militär aus Fredrikstad zurück.

Die von Gräben und Bastionen umrahmte Altstadt ist mit ihren Renaissancebauten und vielen Holzhäusern noch gut erhalten; Fredrikstad hat nicht umsonst den Beinamen „besterhaltene Festungsstadt Skandinaviens“. Das älteste noch erhaltene Gebäude ist das im 17. Jh. erbaute *grunnmurede provianthus* in der Festungsstadt mit bis zu 4 m dicken Steinmauern. Etwas östlich thront auf einer Anhöhe das um 1860 errichtete Kongsten Fort. Wo früher 150 Personen 20 Kanonen bedienten, lädt heute ein Freizeitgelände mit Motel, Campingplatz und Schwimmbad zum Verweilen ein (Fredrikstad Motel og camping ☞ s. o.).

✞ Der neugotische Dom im neuen Ortsteil von Fredrikstad ist anhand seines 72 m hohen Turms schon von Weitem sichtbar.

⌘ Das **Fredrikstad Museum** ist eines von fünf Verwaltungsmuseen in Østfold und zeigt im Tøihuset (Zeughaus) aus dem 18. Jh. im alten Stadtteil kunst- und kulturhistorische Sammlungen.

♦ www.ostfoldmuseene.no/fredrikstad, Pfingsten bis Mitte August Di-So täglich 12:00-17:00, sonst Sa und So 11:00-16:00, NOK 90

Nach der Fährfahrt über die Glomma kurz vor deren Mündung in den Oslofjord radeln Sie durch den neuen Teil von Frederikstad mit den Hotels und dem Dom zur Rechten.

Weiter geht es geradeaus durch Storgata, Borggata und nach dem Kreisverkehr mit dem Extra geradeaus entlang des Mosseveien auf dem linksseitigen Radweg. 100 m nach dem folgenden Kreisverkehr führt der NR nach links und auf der Brücke über die Seutelva. Danach halten Sie sich links, erst auf kleineren Straßen, dann auf der Straße 117 mit begleitendem Radweg, durch Slevik und Vestre Vikene ().

2 km nach Vestre Vikene nehmen Sie den links abzweigenden Schotterweg, halten sich nach 2 km links und kurz darauf beim Renaissance-Herrenhaus Elingård ❺ (km 59) rechts (nordwärts). Der Nebenstraße folgen Sie nordwärts zur Straße 116, fahren dort links und nach 50 m hinter der Bushaltestelle nach rechts. Über Bossum geht es weiter nordwärts zur Küstenstraße 116, die Sie rechts auf dem linksseitigen Radweg begleiten. 100 m vor der Bahnlinie biegen Sie unter einer Stromleitung nach links ❻ (km 74) und folgen der kurvenreichen Nebenstraße und anschließend weiteren Straßen über Evje westwärts zum Oslofjord, wo Sie zuletzt ein schöner Radweg entlang des Ufers durch Fuglevik ❼ (km 87) nach Moss erwartet. Dort radeln Sie links zur Fähre nach Horten.

Moss 50.300 Ew., B&B

Moss i sentrum AS, Dronningens gate 17, 97 19 87 70, www.mossisentrum.no, Mo-Fr 8:00-16:00

Refsnes Gods, Godset 5, 69 27 83 00, www.refsnesgods.no, DZ ab NOK 1.090, der Kette Historische Hotels angeschlossenes Haus mit 61 modernen Zimmern nahe am Oslofjord

♦ Mossesia Kro og Hotel, Strandgaten 27, 69 25 31 31, www.mossesia.com, DZ ab NOK 590, 200 m vom Fähranleger entfernt

♦ Moss Hotel, Dronningensgate 21, 69 20 24 00, www.moss-hotel.no, DZ ab NOK 1.500, in der Fußgängerzone gelegenes Hotel mit 41 Zimmern

B&B Kallum Søndre, Rabekkgata 38, 69 25 63 50, 90 94 98 65, molvig@online.no, DZ ab etwa NOK 800, private Unterkunft ohne Frühstück am südlichen Ortsrand

mehrere Supermärte in der Neustadt entlang des NR

Arturs Sykkelservice, Ørev. 70, 98 41 00 41, www.arturs.no, Mo-Fr 9:00-17:00, Sa 10:00-14:00

stündlich Bahnverbindungen von/nach Oslo und Halden via Fredrikstad, außerdem 3 x täglich von/nach Göteborg (mit Radtransport), www.vy.no

Die Industriestadt Moss wird seit dem 19. Jh. von einer Zellulosefabrik geprägt. Kurz zuvor – 1814 – schrieb Moss norwegische Geschichte, als hier die Moss-Konvention zwischen Norwegen und Schweden unterzeichnet wurde, die Norwegen trotz der offiziellen schwedischen Hoheit eine eigene Verfassung mit eigenem Parlament zusicherte. Diese Konvention wurde in einem ehemaligen Eisenwerk am Nordrand des Flusses Moss unterzeichnet, dem Konventionsgården.

⌘ Das **Stadt- und Industriemuseum Ostfoldmuseet** am Fossen 21-23, in einem ehemaligen Mühlengelände gelegen, thematisiert die Mühlenindustrie, Papier und Wasserkraft.

♦ 💻 www.ostfoldmuseene.no/moss, 🚪 September bis Juni Do, Fr sowie So 11:00-16:00, Juli und August Di-So 11:00-16:00, NOK 90

Oslofjord nördlich von Moss

9. Etappe: Moss – Larvik

81 km (mit Fährenvariante 71 km), 530 m, 2-52 m

Mit der Fähre gelangen Sie in 30 Min. über den Oslofjord, der vom Kattegat 100 km tief in das Landesinnere bis nach Oslo hineinreicht.

Fähre Moss – Horten, Bastø Fosen, Rustadbrygga 5, 3187 Horten, ☏ 33 03 17 40, www.basto-fosen.no, Abfahrt in beide Richtungen täglich 7:00-24:00 etwa alle 20 bis 45 Min., Dauer 30 Min., Radfahrerinnen und Radfahrer gratis

Horten 27.500 Ew., (**B&B**)

www.visithorten.com (nur virtuell, kein Touristbüro vor Ort)

Thon Partner Hotel Horten, Jernbanegata 1, ☏ 33 08 33 80, www.hotel-horten-brygge.com, DZ ab NOK 1.500, kleines Hotel unweit des Fähranlegers

♦ Horten Apartment, Bromsveien 3, 48 89 99 59, www.hortenapartment.no, DZ ab NOK 950, günstige Unterkunft an der Zufahrtsstraße zur Fähre, daher möglichst straßenabseitiges Zimmer zur Fjordseite erfragen!

(**B&B**) Gamlehorten Gjestegård, Øvre vei 5A, 97 72 89 64, www.gamlehorten.no, einfache Unterkunft etwas nördlich vom Zentrum, im Frühjahr 2023 (vorübergehend?) geschlossen, Zukunft ungewiss

Rørestrand Camping, Strandveien 42, ☏ 33 07 33 40, www.rorestrandcamping.no, Zelt ab NOK 430, Hütte ab NOK 800, Anfang April bis Ende September, an der Küste 4 km südlich von Horten

♦ Borre Familiecamping, Steinbrygga, ☏ 33 08 23 90, resepsjon@bfc.no, www.bfc.no, Zelt ab NOK 175, Hütte ab NOK 800 zzgl. NOK 400 für Reinigung, Mai bis Oktober, Buchung per Mail, an der Küste 5 km südlich von Horten und 400 m vom NR

Rema 1000, Strandparken 3, in einem Einkaufszentrum 300 m südlich vom Fähranleger am NR

Sykkelsalongen Horten AS, Storgata 115, ☏ 33 04 35 10, Mo-Fr 10:00-17:00, Sa 10:00-15:00

Horten war schon im Jahre 1582 Fährhafen der Verbindung Horten – Moss. Im 19. Jh. wurde der Marinestützpunkt eingerichtet und im Jahr 1907 erhielt Horten Stadtrechte.

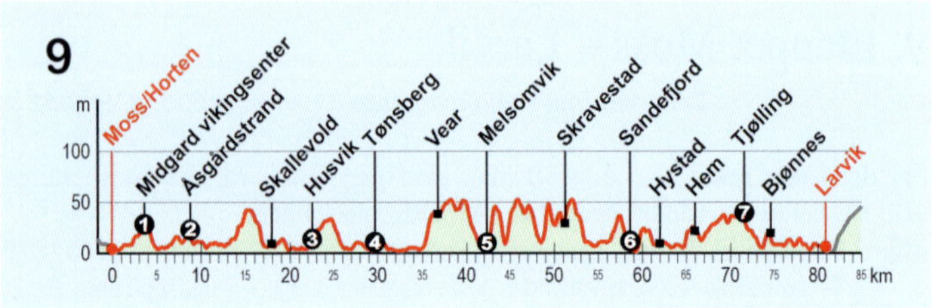

⌘ Das **Marinemuseum** nördlich der Innenstadt im ehemaligen Marinehafen Karljohansvern gilt als ältestes seiner Art und zeigt anhand von vielen Schiffsmodellen die Entwicklung der Marine und der Schifffahrt.

♦ www.marinemuseet.no, Mo-Fr 11:00-15:00, Sa und So 11:00-16:00, in den Sommerferien täglich 11:00-16:00, NOK 100

In Horten und damit der Provinz Vestfold mit seiner schönen Schärenküste angekommen radeln Sie auf schönem Uferweg südwärts entlang der Küste.

Nach 4 km, bei Borre, passieren Sie nach kurzer Straßenpassage den **Borre-Nationalpark** – bekannt durch zahlreiche Königsgräber der Wikingerzeit. Ein Park der Superlative: er ist der älteste Nationalpark Norwegens und hat das größte Königsgräberfeld Skandinaviens mit Museum ❶ (km 4).

⌘ Das **Midgard vikingsenter** lässt die Wikingerzeit mit einer Ausstellung, einem 2013 rekonstruierten königlichen Gildehaus, Führungen sowie einem tollen Blick auf den Nationalpark mit seinen Gräberhügeln lebendig werden.

♦ www.vestfoldmuseene.no/midgard-vikingsenter, Di-So 11:00-16:00, Do bis 19:00, NOK 120

Ab Borre verläuft der NR auf einem Schotterweg direkt am Oslofjord nach Åsgårdstrand ❷ (km 9).

Åsgårdstrand 2.800 Ew.,

Gran Hotel Åsgårdstrand, Havnegata 6, ☏ 33 02 07 40, www.unikegrandhotel.no, DZ ab NOK 1.400, Hotel mit 78 Zimmern

Meny, Grev Wedels gate 46, 300 m landeinwärts vom Hafen

Åsgårdstrand wurde bekannt als Sommerfrische des Malers Edvard Munch, der hier 1897 eine Fischerhütte kaufte und wichtige Werke schuf. Das Haus, **Edvard Munchs kunstnerhjem**, kann mit seinem Originalmobiliar besichtigt werden.

♦ www.vestfoldmuseene.no/munchs-hus, im Sommer Di-So 11:00-17:30, Mai und September Sa und So 11:00-16:00, NOK 100

Ab Åsgårdstrand geht es weiter auf der Straße 311 südwärts am Oslofjord entlang. Nach 4,5 km nehmen Sie südwestlich von Slagentangen die linke Abzweigung und radeln auf den Oslofjord zu. Nach 1 km folgen Sie der

Rechtskurve und dem Schotterweg südwärts, der nach 1,5 km auf eine Straße führt. Weiter geht es durch **Skallevold** mit einem Campingplatz.

Skallevold Camping, Skallevoldveien 30, 3150 Tønsberg, 46 29 83 88, www.skallevoldcamp.no, Zelt ab NOK 300, Apartment ab NOK 1.800, Anfang Mai bis Ende August, Platz an der Küste und direkt am NR

Sie radeln weiter südwärts rechts am Fjord entlang. Nach 4 km passieren Sie zur Linken Furustrand Camping (Mindestdauer 2 Nächte) und kurz dahinter die Halbinsel **Vallø**. Sie folgen der Küstenstraße bis Husvik ❸ (km 23), zweigen dort 150 m nach dem Hafen bei der Kreuzung nach rechts ab und radeln nach 500 m am Waldanfang zur Vermeidung der Straße ein kurzes Stück rechts durch den Wald.

Variante: über Inseln statt durch Tønsberg (20 statt 30 km)

Eine kürzere Variante des NR führt durch eine ruhigere Landschaft: Weniger und vor allem kleinere Straßen erwarten Sie hier. Dafür sind zwei Fährüberfahrten nötig.

Beachten Sie die sehr seltenen Abfahrten der zweiten Fähre, von Tenvik nach Engø (s. u.)!

Ab Husvik ❸ radeln Sie südwärts (Husvikveien) und beim Kreisverkehr geradeaus über die Brücke zum südlichsten Punkt der Halbinsel. Hier nehmen Sie die kommunale Fähre nach **Husøy**, angeblich die kleinste Fähre Norwegens.

Die **Fußgänger-(und Rad-)Fähre nach Husøy** verkehrt im Bedarfsfall viertelstündlich in den Zeiträumen Mo-Fr 7:30-20:00 und Sa und So 11:0-19:00, dazu muss eine Klingel gedrückt werden. Keine Fahrten am Nationalfeiertag 17.5.! Die MF Ole III transportiert gratis max. 11 Personen (sowie Räder) – geplant sind in Zukunft ein elektrischer und später automatischer Betrieb. 99 21 40 45, www.tonsberg.kommune.no/tjenester/vei-transport-og-parkering/ole-iii

Nach der Überfahrt geht es auf kleinen Straßen südwestwärts über die mit einer Brücke verbundenen Inseln Husøy und Nøtterøy. Nach 12 km erreichen Sie vorbei an Stangeby und Snipetorp **Tenvik**, wo Sie wieder übersetzen müssen.

Von Tenvik nehmen Sie die **Fähre nach Engø**.

Die Fähre verkehrt sehr selten: Mo-Fr 7:15 und 16:15 sowie Ende April bis Ende August Sa 9:20, 11:20, 12:20, 13:20, 15:20, 17:20 und So 10:50, 12:20, 13:20, 14:20, 16:20, 19:30, www.veierland.org/ferga/rutetider.pdf, Tarif: NOK 55 zzgl. NOK 20 für das Rad. In der Regel legt das Schiff unterwegs noch auf der Insel Veierland an. Jutøya AS, 91 88 82 19, post@jutoya.no

In Engø folgen Sie der Straße westwärts Richtung Sandefjord und stoßen 4 km vor Sandefjord auf die Straße 303 mit dem NR.

Der NR führt über eine Nebenstraße und einen Radweg nach Tønsberg mit seinem Hafen und, als Höhepunkt, der Nachbildung des Oseberg-Schiffes ❹ (km 30).

Tønsberg 57.800 Ew.,

Tourist-Information in Rathaus, Halfdan Wilhelmsens allé 1c, ☏ 33 40 60 02, www.visittonsberg.com, Mo-Fr 8:00-16:00, im Sommer bis 15:00. Weitere Infopunkte in Hotels etc. sind vor Ort mit einem weißen „i" auf blauem Grund angegeben.

Quality Hotel Tønsberg, Ollebukta 3, ☏ 33 00 41 00, www.nordicchoicehotels.com → Tonsberg, DZ ab NOK 1.300, modernes Hotel am Pier der Replika des Oseberg-Schiffs

♦ Hotel Klubben, Nedre Langgate 49, ☏ 33 35 97 00, www.hotelklubben.no, DZ ab NOK 1.400, großes Konferenzhotel direkt an Küste

Tønsberg Vandrerhjem, Dronning Blancas gate 22, ☏ 33 31 21 75, tonsberg@vandrernett.no, http://tonsbergvandrerhjem.no, DZ ab NOK 1.000, 23 Zimmer mit 2-6 Betten pro Zimmer. Das Tønsberg Vandrerhjem liegt am Schlossberg von Tønsberg, unweit der Küste und der Stadtmitte.

Supermärkte bei Ortseinfahrt (Kiwi) sowie im Zentrum (Rema 1000, Kiwi)

Sykkellåven, Halfdan Wilhelmsens alle 48, ☏ 33 32 58 33, www.sykkellaven.no, Mo-Fr 10:00-17:00, Sa 10:00-15:00

stündlich Bahnverbindungen Richtungen Oslo und Skien mit Radtransport, www.vy.no

Tønsberg, die älteste, 871 gegründete Stadt Norwegens, wurde seit dem 13. Jh. von der damals größten Burg Norwegens geschützt, von der heute noch einige Ruinen erhalten sind. Tønsberg ist bekannt als Fundort des vermutlich um 820 erbauten Oseberg-Schiffs, heute das Wahrzeichen und einer der Höhepunkte im Vikingskipshuset in Oslo. Eine 2011 gebaute Nachbildung des alten Wikingerschiffes liegt im Hafen von Tønsberg.

✞ Kirchlicher Höhepunkt von Tønsberg ist die neogotische **Domkirche**, 1858 an der Stelle einer mittelalterlichen Vorgängerkirche errichtet.

♜ Die Ruinen der einstmals größten Burg Norwegens **(Tunsberghus)** auf dem 63 m hohen Schlossberg Slottsfjell können 24/7 besichtigt werden, darunter Reste der St.-Michaelis-Kirche aus dem 12. Jh. und des Beobachtungsturms aus dem 19. Jh.

Die Burg mit ihrer 700 m langen Außenmauer wurde 1503 am Ende der Kalmarer Union von den Schweden zerstört.

⌘ Das **Vestfold-Fylkesmuseum** im Farmannsveien 30 beleuchtet die Vergangenheit von Tønsberg mit den maritimen Schwerpunkten Wikinger und Walfang. Höhepunkt ist das Handelsschiff aus Klåstad, das vierte ausgegrabene Wikingerschiff Norwegens. Natürlich wird auch die Grabungsgeschichte des Oseberg-Schiffs dokumentiert.

♦ www.vestfoldmuseene.no/slottsfjellsmuseet, Di-So 11:00-16:00, Eintritt NOK 100

Sie radeln in Tønsberg entlang des Ufers nordwärts und halten sich vor der Autobahn links. Auf dem Radweg neben der 300 queren Sie die Aulielva und fahren danach beim Kreisverkehr nach links (300), vorbei am Supermarkt Meny. Weiter geht es südwärts, abwechselnd auf kleinen Straßen und Radwegen. Links liegt in einigem Abstand der Tønsbergfjord, den Sie bei Melsomvik ❺ (km 43) erreichen. Nach einer Rechtskurve entfernt sich der NR wieder vom Ufer und folgt kurz darauf – leider ohne benachbarten Radweg – der Straße 303 nach Sandefjord.

Zur Rechten liegt in 1 km Abstand der Flughafen Sandefjord-Torp (mit Billigflügen aus/nach Deutschland, ☞ Reise-Infos, Anreise). Am Ortsanfang von Sandefjord ist rechts der Hügel Gokstadhaugen erkennbar, wo 1880 ein gut erhaltenes Wikingerschiff ausgegraben wurde (☞ Sandefjord). Beim doppelten Kreisverkehr vor dem Friedhof zweigt der NR links auf einen Radweg an der Museumsgata ab, der Sie vorbei an Supermärkten und dem Walfangmuseum ins Zentrum führt. Beim Spar-Markt wechseln Sie etwas rechts auf die Parallelstraße (Jernbanealleen) und folgen dieser vorbei am Badeparken zum Kreisverkehr mit dem Walfangdenkmal ❻ (km 59), wo Sie sich rechts halten (Strandpromenaden).

Sandefjord 65.000 Ew.

i www.visitsandefjord.com (nur virtuell). Infopunkte vor Ort sind in Hotels etc. mit einem weißen „i“ auf blauem Grund gekennzeichnet.

Scandic Park Hotel Sandefjord, Strandpromenaden 9, ☏ 33 44 74 00, www.scandichotels.no → Sandefjord, DZ ab NOK 1.600, großes Kettenhotel mit 231 Zimmern direkt an der Küste. Das Hochhaus aus Backstein wurde im Auftrag eines Walfangreeders gebaut. Großes Wellnessangebot mit mehreren Saunen und großem Pool.

♦ Hotel Kong Carl, Torggatan 9, ☏ 33 46 31 17, www.kongcarl.no, DZ ab NOK 1.300, kleines Hotel in Holzbauweise aus dem 17. Jh. mit 33 Zimmern

Granholmen Camping, Granholmveien 75, ☏ 33 45 81 77, www.campinggranholmen.no, Zelt ab NOK 250, Ende April bis Anfang September, schöner Platz auf einer kleinen, mit Brücke verbundenen Insel an der Schärenküste mit Badegelegenheit 4 km südlich von Sandefjord

mehrere Supermärkte im Zentrum entlang des NR

Spinn Sykkelshop, Aagaards plass 2, ☏ 33 46 80 40, www.spinn.no → vårebutikker → Sandefjord, Mo-Fr 10:00-17:00, Sa 10:00-15:00

stündlich Bahnverbindungen Richtungen Oslo und Skien mit Radtransport, www.vy.no

Fährverbindungen in das schwedische Strömstad

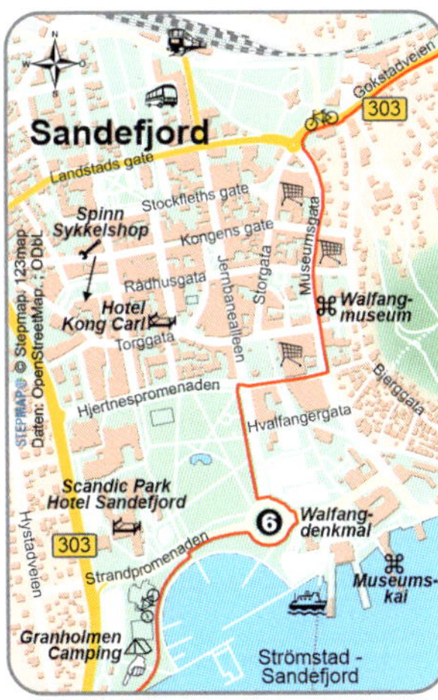

Die moderne Stadt Sandefjord war bis 1968 Zentrum des Walfangs; an der Küste erinnern das Walfangdenkmal von Knut Steen (1960) beim Kreisverkehr mit aufschießenden Wasserfontänen sowie ein Walkiefer an diese Epoche. Viele Läden und Cafés haben noch ein **hval** („Wal") im Namen.

Außerdem hat Sandefjord eine Vergangenheit als Kurort im 19. Jh. mit Schwefelquellen. Das auffällige Kurbad in der Thor Dahls gate mit viel rotem Holz wurde 1837 erbaut und verfiel ab 1939, ehe es 1980 als Kulturzentrum wieder hergerichtet wurde.

Im Hafen liegen zwei historische **Schiffsnachbauten** am **Museumskai** (Utstikker 3):

▷ Gaia, eine Kopie des 1880 in Gokstad bei Sandefjord ausgegrabenen Wikingerschiffs, das heute im Vikingskipshus in Oslo zu sehen ist. Die Gaia wurde 1989 für eine Ozeanquerung erbaut und danach der Gemeinde Sandefjord geschenkt. Nicht zu besichtigen.

▷ das ehemalige Walfängerschiff Southern Actor von 1950, in den Sommerferien 12:00-17:00, manchmal nur am Wochenende, NOK 50

Walfangdenkmal

⌘ Ein **Walfangmuseum** in der Museumsgatan 39 zeigt Nachbildungen von Walen und Jagdmethoden sowie eine Abteilung über Polarforschung und polare Tiere, aber keine kritische Darstellung.

♦ www.vestfoldmuseene.no/hvalfangstmuseet, Di-So 10:00-16:00, im Sommer täglich, Eintritt NOK 100

Walfang in Norwegen

Seit 1986 verbietet ein weltweites Moratorium den Walfang. Norwegen widersprach und ist daher rechtlich nicht daran gebunden. Seit 1993 holen norwegische Fangflotten jährlich Hunderte Wale ein (v. a. Zwergwale); zuletzt lag die jährlich neu festgelegte Fangquote bei rund 1.000 Tieren.

Walfleisch wird im Land selbst konsumiert und nach Japan exportiert, das selbst Wale zu „wissenschaftlichen Zwecken" jagt, um so das Moratorium zu umgehen. Aber selbst Japan verweigert manchmal die Einfuhr der mit Quecksilber und chlorierten Kohlenwasserstoffen belasteten, aus Norwegen importierten Wale, die eigentlich als Sondermüll kostenintensiv entsorgt werden müssten.

Viele Menschen hätten gegen Walfang auf traditionelle Art zum Überleben der ortsansässigen Bevölkerung – wie bei den Inuit – sicher weniger einzuwenden als gegen den mit modernsten Fabrikschiffen und Ortungsmethoden industrieller Machart betriebenen Walfang der heutigen Walfangflotte Norwegens ...

Sie radeln auf dem Radweg entlang der Uferstraße Strandpromenaden links vorbei am Scandic Hotel und fädeln nach einer Linkskurve in die stärker befahrene Straße 303 ein (mit Radweg). Nach 6,7 km zweigen Sie 200 m nach dem ✕ Hem-Grillen bei einer Tankstelle rechts in den Skallistvei ab und halten sich an dessen Ende links. Die Straße mündet wieder in die 303, der Sie rechts Richtung Larvik folgen (Radweg). Vor dem Extra-Supermarkt in Tjølling ❼ (km 72) verlässt der NR die direkt nach Larvik führende Straße für eine ufernähere Route auf kleineren Wegen.

Abkürzung nach Larvik entlang Straße 303 (➲ 3 km kürzer)

Der folgende kurvenreiche Abschnitt der Radroute lässt sich meiden, indem Sie weiter dem Radweg neben der Straße 303 folgen, der kurz vor Larvik die Straße verlässt und vor der Brücke wieder zusammen mit der 303 auf den NR trifft.

Von Tjølling führt der NR auf dem Østbyveien südwärts zur Küste bei Bjønnes, entfernt sich wieder von ihr und erreicht Larvik nach Querung des (Numedals-)Lågen, mit 352 km einer der längsten Flüsse Norwegens mit Ursprung in der Hardangervidda.

Larvik 47.800 Ew., B&B

- www.visitvestfold.com/no/larvik (nur virtuell). Infopunkte vor Ort sind in Hotels mit einem weißen „i" auf blauem Grund gekennzeichnet.
- Quality Hotel Grand Larvik, Strandpromenaden 39, ☏ 33 19 69 00, www.nordicchoicehotels.no → Larvik, DZ ab NOK 1.700, zentrales Hotel mit 88 Zimmern am Bahnhof
- ♦ Trudvang Gjestegaard, Gårdsbakken 43, ☏ 33 16 52 70, www.trudvang.no (auf „Se våre rom" klicken, dann Zimmer aussuchen und buchen), DZ ab NOK 1.200, alter Hof mit 33 Zimmern
- **B&B** Lysko Gjestegaard, 92 25 92 66, www.lyskohotel.no, DZ ab NOK 1.300 zzgl. F NOK 130 p. P., zentrales Gasthaus mit 7 Zimmern in/bei einem Antiquitätenhandel
- ♦ Tollgaarden Gjestegaard, Kirkestredet 12, 91 61 94 54, 94 14 72 06, post@tollgaarden.no, online nur Facebook-Präsenz, Buchung über Portale wie www.booking.com, DZ ab NOK 1.100, zentral gelegen
- Supermärkte Rema 1000 und Meny bei Ortseinfahrt nach Brücke über den Lågen, bei Ortsausfahrt (Kiwi) sowie weitere in Zentrumsnähe etwas landeinwärts
- Sportshjørnet Larvik AS, Yttersøveien 12, 46 83 35 63, Mo-Fr 10:00-18:00, Sa 10:00-16:00
- stündlich Bahnverbindungen Richtung Oslo und Skien, mit Radtransport, www.vy.no

Von Larvik verkehrt zweimal täglich (8:00 und 17:30) eine Schnellfähre in rund 4 Stunden nach Hirtshals, www.colorline.de. Weitere Infos ☞ Anreise

Larvik – Fram und Farris: Die am Larviksfjord gelegene Industriestadt Larvik ist Einfallstor für viele Däninnen und Dänen, die von Hirtshals mit der Fähre anreisen. Der Ort gelangte durch Holzhandel zu Reichtum. Baumstämme wurden auf dem Fluss Lågen von der Telemark hierher geflößt, verarbeitet und exportiert. Auch eine Werft siedelte sich in Larvik an, deren bekanntestes Schiff die 1892 vom Schotten Collin Archer gebaute Fram ist, mit der Fridtjof Nansen als Erster das Nordpolarmeer querte.

Aus Larvik kommt das einzige Mineralwasser Norwegens – namens Farris, welches nahe dem gleichnamigen See abgefüllt wird. Das Wasser ist sehr mineralstoffhaltig und schmeckt daher salzig, aber das ist beim Radfahren ja durchaus sinnvoll.

Berühmter „Sohn" von Larvik ist der Zoologe und Ethnologe Thor Heyerdahl, bekannt durch Eigenexperimente mit selbst gebauten Flößen wie der Ra oder Konti-Tiki.

⌘ Das im alten Zollgebäude am Ufer untergebrachte **Seefahrtsmuseum** in der Kirkestredet 5 beleuchtet vor allem den Wikingerhandel des nahen Handelsplatzes Kaupang sowie den in Larvik geborenen Thor Heyerdahl und den Fram-Erbauer Collin Archer. Außerdem gibt es das **Stadtmuseum Herregården** in der Herregårdssletta 6.

♦ www.vestfoldmuseene.no/larvik-museum, beide nur in Sommersaison, Eintritt NOK 100

10. Etappe: Larvik – Langesund

66 km (mit Fährenabkürzung 28 km), 480 m, 1-135 m

In Larvik radeln Sie am Ufer westwärts und nehmen beim Kreisverkehr die 301 bzw. den begleitenden Radweg, der sich auf dem Weg nach Stavern stellenweise auch etwas von der Straße entfernt. Sie erreichen den 5 km südlich von Larvik liegenden früheren Fischerhafen Stavern ❶ (km 7).

Stavern

5.700 Ew.

Hotel Wassilioff, ☏ 33 11 36 00, www.wassilioff.no, DZ ab NOK 1.600, traditionsreiches, nobles Haus an der Küste

große Auswahl südlich von Stavern (☞ s. u.)

Supermärkte Meny und Extra zentral im Ort

Im 17. Jh. legte der dänische Statthalter Gyldenløve in Stavern eine Zitadelle an. 70 Jahre später wurde Frederiksvern vom dänischen König Frederik V. als zweite Festung angelegt, die noch heute vom Militär genutzt wird.

Der Ort Stavern mit seinen Holzhäusern im gemütlichen Zentrum ist ein beliebtes Urlaubsziel der Norwegerinnen und Norweger. Mittelpunkt ist der Platz mit Rathaus und vier weißen Wasserpumpen aus dem 18. Jh.

Die weithin sichtbare pyramidenförmige Minnehalle von 1926 gedenkt der gefallenen Seeleute.

Sie radeln durch Stavern auf der Straße 301 und folgen dieser auch nach dem Ortsende. 5 km nach Stavern zweigt der NR nach links ab ❷ (km 13) zu einer Schleife Richtung Küste entlang mehrerer großer Campingplätze (mit jeweils mehr als 300 Stellplätzen), die alle dicht am Sandstrand liegen und Hütten vermieten.

Der Reihe nach passieren Sie:

Lydhusstranda Camping, Hummerbakkveien 99, 3294 Stavern, ☎ 33 14 02 20, www.lydhusstranda.no, Zelt ab NOK 400, kleine Hütte ab NOK 500, Anfang Mai bis Ende August, 150 m vom NR

♦ Stolpestad Camping, Anvik, 3294 Stavern, ☎ 33 19 57 45, www.stolpestad.no, Zelt ab NOK 380, Hütte ab NOK 1.500, Anfang Mai bis Ende August, 400 m vom NR

Anvikstranda Camping, Anvikstranda 19, 3294 Stavern, ☎ 33 19 55 00, 90 18 38 04, www.anvikstranda.no, Zelt ab NOK 320, Anfang Mai bis Ende August. Der kleinste von den genannten Plätzen ist 200 m vom Meer entfernt und hat statt eines Strandes einen kleinen Hafen, 500 m vom NR entfernt.

♦ Guslandstranda Camping, Guslandstranda 24, 3294 Stavern, ☎ 33 18 87 15, 97 52 25 97, www.guslandstranda.no, Zelt ab NOK 310, Anfang Mai bis Ende August, 50 m vom NR

1 km nach dem letzten Campingplatz geht es wieder links auf die 301 (ohne Radweg) und nach 1,6 km nach links zu einer Schleife zum Omrestrand ❸ (km 22) in der schönen Havnebukta – oder abkürzend geradeaus entlang der 301 (➲ 4 km kürzer).

Nach dem Strand zweigt der NR bei Nevelunghaven nach rechts ab, führt bei einem Meny-Supermarkt wieder an die 301 heran und führt von dort links zum Hafendorf **Helgeroa** ❹ (km 26) mit Einkehrgelegenheit und Fähre nach Langesund.

Vertshuset Sydvesten, Brygga, nette Einkehrgelegenheit direkt am Hafen von Helgeroa

Abkürzung: mit der Fähre von Helgeroa nach Langesund (➲ 38 km weniger)

In den Sommerferien verkehrt zwischen Helgeroa und Langesund eine Fähre, mit der Sie sich den 40 km langen Abschnitt zwischen Helgeroa und Langesund über Brevik entlang mehrerer Hauptstraßen ersparen können. Empfehlenswert!

Die Fähre verkehrt Ende Juni bis Mitte August ab Helgeroa täglich 10:00, 12:30, 17:30 sowie Mo-Sa 15:15 und ab Langesund 11:15, 14:00, 18:35 sowie Mo-Sa 16:15. 47 27 57 02, bestilling@helgeroafergene.no, www.helgeroafergene.no, NOK 150 zzgl. NOK 50 für das Rad, wegen begrenzter Kapazität wird eine Vorabbuchung empfohlen (auf Website ab Ende Juni möglich).

In Langesund treffen Sie wieder auf den NR.

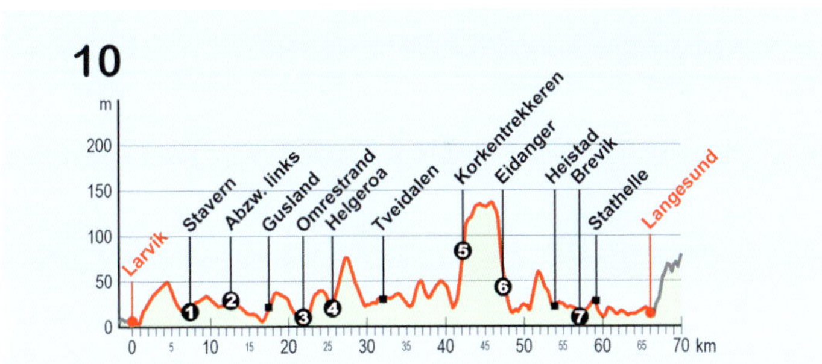

Der NR folgt hinter Helgeroa kurzzeitig der 302 und zweigt dann nach links ab. Auf kleinen Straßen geht es nordwärts über Tveidalen nach Langangen und von dort nach einer Fjordbrücke kurvenreich entlang der E18, die mehrfach unterquert wird. Originell ist unterwegs eine spiralförmige Auffahrt namens Korkentrekkeren ❺ (km 42), eine Übersetzung erübrigt sich. Am nördlichsten Punkt in einer großen Linkskurve ❻ (km 48) mündet von rechts der Radweg aus der Doppelstadt Skien-Porsgrunn ein und bietet ab jetzt entspannteres Radeln entlang der Landstraße Richtung Brevik und Langesund.

Abstecher nach Skien-Porsgrunn (2 x 4 km)

Wenn Sie Autoverkehr nicht scheuen, radeln Sie bei ❻ rechts entlang des Radwegs neben der Straße und Sie erreichen nach 4 km Porsgrunn. Zum Hauptort Skien sind es noch 9 km nordwärts, aber auf wenig ansprechendem Radweg neben einer stark befahrenen Straße.

Porsgrunn 35.500 Ew.

zuständig ist der Langesund Turistservice, Kongshavn, Bamble, ☏ 35 90 55 20, www.visitgrenland.no, Sommerferien täglich 10:30-15:00

Hotell Vic, Skolegata 1, ☏ 35 56 98 00, www.vichotel.no, DZ ab NOK 1.400, größeres Hotel mit 109 Zimmern im Zentrum von Porsgrunn, 5 km vom NR

bei Ortseinfahrt (Rema 1000) sowie im Zentrum (Extra)

SCUSHI electric bicycle, Storgata 132, 94 10 11 00, Mo-Fr 10:00-18:00, Sa 10:00-15:00

stündlich Bahnverbindungen Richtung Skien sowie Oslo via Larvik, mit Radtransport, www.vy.no

Den Namen „Porsgrunn" kennt jeder, der sich in Norwegen ver- und entsorgt: Das hier seit 1887 produzierte Porzellan wird sowohl für Tischgeschirr als auch für sanitäre Anlagen verwendet. Die Doppelstadt Skien-Porsgrunn gilt als eine der größten Industrieregionen Norwegens. In Skien beginnt der ins Landesinnere führende Telemarkkanal (100 km), der 1892 für den Holztransport gebaut wurde und seinerzeit als „achtes Weltwunder" galt. Mittels acht Schleusen geht es ins 72 m höher gelegene Dalen.

Der NR führt südwestwärts zwischen Eidangerfjord und E18 durch Heistad nach Brevik ❼ (km 57), dabei zuletzt entlang des Setrevegen am Hafen entlang.

Brevik 2.700 Ew.

mehrere Cafés und Restaurants am Hafen

Joker, Storgata 15, am Hafen

Die 1838 gegründete Küstenstadt Brevik ist mit ihrem alten Holzhandelshafen einer der besterhaltenen Küstenorte Norwegens aus der Zeit der großen Seglerinnen und Segler.

⌘ Das **Brevik Bymuseum** im alten Rathaus von 1760 im Kirkevegen 4 zeigt das Leben der vergangenen Jahrhunderte, u. a. mit einem alten Kolonialwarenladen, einer Apotheke und einem Fotoatelier.

in den Sommerferien

In Brevik steigt der NR in einer Schleife zur Brücke an und leitet über den Frierfjord. Danach halten Sie sich erst rechts, radeln nach Unterquerung der Brücke auf der Strandgata durch Stathelle und danach sich etwas links haltend auf der Straße 200 (Langesundveien, später Stathelleveien) entlang der Küste nach Langesund.

Langesund 5.500 Ew.,

- Langesund Turistservice, Kongshavn, Bamble, ☎ 35 90 55 20, www.visitgrenland.no, Sommerferien täglich 10:30-15:00
- Quality Hotel Skjärgården, Stathellevn. 35, ☎ 35 97 81 00, www.nordicchoicehotels.com → Langesund, DZ ab NOK 1.600, Konferenzhotel mit Badelandschaft am Hafen von Langesund
- ♦ Langesund Bad Hotel, Badeveien 5, ☎ 35 97 35 29, www.langesundbad.no/de, DZ ab NOK 1.400, kleineres Hotel mit 29 Zimmern in zwei Gebäuden in ruhiger Lage am Ufer westlich vom Ort
- mehrere Campingplätze einige Kilometer südwestlich von Langesund, ☞ nächste Etappe
- Extra, Bambleveien 8, zentral gelegen

Die im 13. Jh. gegründete Hafenstadt Langesund ist der östliche Endpunkt der in Werbeprospekten gepriesenen „Perlen an der Riviera am Skagerrak", womit die wegen ihrer weiß getünchten Holzhäuser auch „weißen Städte Sørlands" genannten Küstenorte bezeichnet werden.

Norwegischer Troll

11. Etappe: Langesund – Kragerø

➲ *49 km,* ⬆ *645 m,* ⇧ *2-110 m*

Langesund verlassen Sie auf der mit einem Radweg versehenen Straße 352 nordwestlich, die Sie nach 2,5 km links in Richtung Ris verlassen. Nach 4 km halten Sie sich vor einem Sportplatz links (Rognsveien) und zweigen nach 1 km – kurz vor einem Campingplatz – rechts in den Schotterweg ab ❶ (km 4).

Rognstranda Camping, Rognsveien 146, 3961 Stathelle, 92 32 12 44, www.rognstrandacamping.no, Zelt für Radlerinnen und Radler ab NOK 250, Apartment ab NOK 1.600, Anfang Mai bis Ende August, netter Platz am Fjord mit 230 Stellplätzen und Badestelle, 700 m vom NR

Der Schotterweg führt zur Straße bei Vinjastranda, der Sie geradeaus 400 m folgen, um weiter links auf einem Schotterweg zu radeln, später wieder eine Straße. In Åby ❷ (km 12) geht es nach links Richtung Brevikstranda und entlang der Küste.

Brevigstrand Camping, Valleveien 266, 3967 Stathelle, 35 97 41 73, www.brevigstrandcamping.no, Zelt NOK 250, Sommermonate, direkt am NR

2,5 km nach dem Campingplatz passieren Sie Trosby ❸ (km 17), wo links der Kjønnøyaveien zu einem weiteren Campingplatz führt, Sie aber radeln geradeaus entlang der Küste.

Kjønnøya Camping, Kjønnøyav. 135, 3960 Stathelle, 47 87 59 96, kjonnoyacamping@gmail.com, Zelt ab NOK 250, Hütte ab NOK 750, Anfang Mai bis Ende August, kleiner Platz am Ufer 1 km südlich vom NR

In Valle ❹ (km 22) mit seinem Bootshafen – sowie kurzzeitig einem Radweg neben der Straße – schwenkt der NR auf dem Valleveien rechts landeinwärts und verlässt diese Straße nach 4 km vor dem See Fesettjenna ❺ (km 26) nach links auf den Frosteveien. Der NR schlängelt sich durch die waldreiche Küstenlandschaft. In Helle ❻ (km 40) erreichen Sie die Straße 363 und folgen ihr geradeaus – nach 100 m mit Radweg.

Nach 2 km verlässt der NR die Straße in einer Linkskurve nach rechts (Ekklundbakken) zum **Kammerfoss-Wasserkraftwerk** ❼ (km 43). Diese in den 1950ern erbaute Anlage mit ihrer Fallhöhe von 5,5 m ist eines von rund 1.000 kleinen Wasserkraftwerken Norwegens. Vom Wasserkraftwerk geht es links flussabwärts und nach einem Linksschwenk kommen Sie bei einem Spar-Supermarkt zur Straße 38, dessen Radweg Sie zum Ortsrand von Kragerø folgen.

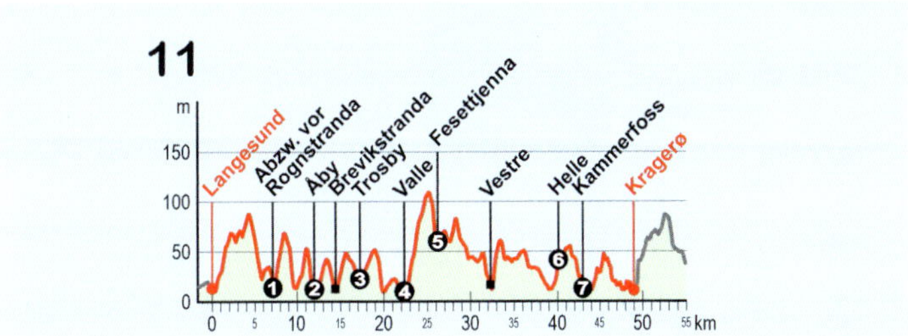

500 m nach dem zweiten Kreisverkehr (mit Rema 1000) wechselt der NR die Seite und führt zunächst linksseitig der 38, kurz darauf links entlang des Ufers und damit um den Berg herum zum Hafen von Kragerø.

Kragerø — 10.400 Ew.

Kragerø Sportell, Lovisenbergveien 20, ☏ 35 98 57 00, www.kragerosportell.no, DZ ab NOK 1.200, Hotel mit 35 Zimmern, 1,5 km vom Zentrum bei der Ortseinfahrt im Nordwesten des Berges auf einer kleinen Halbinsel

♦ Victoria Hotel, P. A. Heuchsgat. 31, ☏ 35 98 75 25, www.victoriahotel.no, DZ ab NOK 1.600, traditionsreiches Hotel (seit 1901) mit 34 Zimmern im Zentrum des Ortes am Hafen

⛺🛏 Lovisenberg Familiecamping, Lovisenbergveien 86, ☏ 35 98 87 77, 💻 www.lovisenbergfamiliecamping.no, Zelt ab NOK 325, Hütte ab NOK 1.100, einfachere, günstigere Hütten ohne Reservierung verfügbar, 🚪 Anfang Mai bis Ende September, großer Platz direkt am Hellefjord 5 km nördlich von Kragerø und vom NR, gelegen an der Spitze einer großen Halbinsel

🛒 Kiwi am Hafen (Ytre Strandvei 6) sowie Rema 1000 bei Kreisverkehr am Ortsbeginn (Dalaneveien 8)

Kragerø ist mit seinen bunten Holzhäusern ein beliebter Urlaubsort inmitten einer Schärenlandschaft von fast 500 Inseln. Berühmtester Sohn von Kragerø ist der Trollmaler Theodor Kittelsen, der viele norwegische Märchen und Sagen illustrierte. Der 1857 in Kragerø geborene Kittelsen lebte zweitweise im Ausland (u. a. Berlin), kehrte aber 1889 nach Norwegen zurück, wo er 1919 starb. Neben Kittelsen wird ein noch weiterer bekannter Maler mit Kragerø assoziiert: Edvard Munch liebte diese „Perle unter den Küstenstädten“.

Nicht nur Kunstschaffende schätzen den gepflegten Ort mit seinen Ferienhäusern und Villen sowie vielen Cafés, sondern auch Touristinnen und Touristen, darunter viele mit gut gefüllter Brieftasche – daher der Beiname „St. Tropez des Nordens“.

Der **Hügel Steinmann** oberhalb des Marktes bietet eine schöne Aussicht auf den Ort und die Schärenküste.

⌘ Das **Theodor Kittelsen Hus** im Theodor Kittelsen vei 5 nahe dem Markt, das Geburtshaus des Malers, zeigt einige seiner märchenhaften Malereien mit Trollen.

♦ 💻 www.telemarkmuseum.no/kittelsenhuset, 🚪 Sommerferien Di-So 11:00-17:00, NOK 50

⌘ Das **Berg-Kragerø Museum**, 3 km nördlich am Lovisenbergveien 45, veranschaulicht die Entwicklung des Ortes.

♦ 💻 www.telemarkmuseum.no/berg-kragero-museum, 🚪 Mi 12:00-15:00 sowie in den Sommerferien Di-So 11:00-16:00, NOK 100

12. Etappe: Kragerø – Arendal

87 km (mit Landweg nach Risør 104 km), 560 m, 2-80 m

In Kragerø nehmen Sie am Hafen eine Fähre oder ein Taxiboot nach Stabbestad.

Fähre Kragerø – Stabbestad (Fahrtdauer: 10 bis 15 Min.), Kragerø Fjordbåtselskap Iks, Ytre Strandvei 1, 40 00 58 58, www.fjordbat.no, Mo-Fr 9:00-14:30. Die Überfahrt Kragerø – Stabbestad kostet etwa NOK 60 zzgl. NOK 20 für das Rad. Die Abfahrten als Richtwert (aktuelle im Internet www.fjordbat.no → Rutetider → Rutetider Stabbestad):

	Mo-Fr	Sa	So
ab Kragerø nach Stabbestad ganzjährig außer Sommerferien	7:10, 8:00, 11:30, 14:20, 15:40, 17:30*, 19:30, 21:00	8:00, 10:20, 13:30, 14:30, 18:00*, 20:30*	10:55, 16:55, 19:35
ab Kragerø nach Stabbestad in Sommerferien	7:00, 8:05, 9:05, 12:10, 14:10, 15:50, 17:30, 19:30, 21:00, 21:45*	9:05, 12:30, 13:50, 15:40, 21:45*, 22:30*	12:00, 17:25, 19:30, 21:00
ab Stabbestad nach Kragerø ganzjährig außer Sommerferien	7:25, 8:20, 11:45, 14:45, 15:55, 17:45*, 19:50, 21:20	8:25, 10:50, 13:55, 14:55	11:25, 17:05, 20:00
ab Stabbestad nach Kragerø in Sommerferien	7:25, 8:15, 9:20, 12:15, 14:25, 16:05, 17:45, 19:50, 21:20	9:20, 12:45, 14:05, 15:55	12:15, 17:40, 19:50, 21:20

* Rufboot: bis zu 15 Min. vor Abfahrt bei West Sea anrufen: 46 80 61 06

alternativ Taxiboot, etwa Kragerø Taxibåt AS, 90 80 44 44, tone@kragerotaxibat.no, www.kragerotaxibat.no. Der Transfer kostete 2023 werktags tagsüber für bis zu 6 Pers. NOK 570 zzgl. NOK 30 pro Rad.

Stabbestad

10.400 Ew.

Kragerø Resort, Stabbestadveien 1, 35 97 11 00, www.kragerorosort.no, DZ ab NOK 1.700, Wellnesshotel etwas oberhalb vom Ort

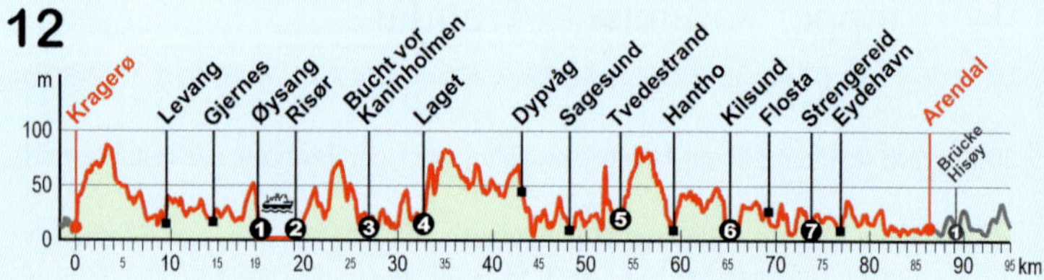

In Stabbestad nehmen Sie links die über viele Hügel führende Straße 351 – leider ohne Radweg – über Haslum, Levang (🛒) und Gjernes nach Øysang, wobei Sie die Provinz Agder erreichen. In der Rechtskurve (km 19) verlassen Sie die Straße links und radeln zum Fähranleger Øysang ❶ (km 19), von wo Sie nach Risør ❷ (km 19 – Fährenkilometer nicht mitgezählt) übersetzen.

⛴ Fähre Øysang – Risør, Øysangferga, 📱 97 06 16 42, ✉ rgjernes@frisurf.no, 💻 www.oisangferga.no (nur Norwegisch, ✋ bei Google-Übersetzung verzerren sich ggf. die tabellarisch dargestellten Abfahrtszeiten), p. P. mit Rad NOK 100. Die urige Holzfähre (Baujahr: 1950) verkehrt nur werktags zu schülerfreundlichen Zeiten wie folgt: außerhalb der Sommerferien ab Øysang: Mo-Fr 7:50, 8:45, 14:00, 14:50, außerhalb der Sommerferien ab Risør: Mo-Fr 8:25, 10:00, 14:25, 15:30, in den Sommerferien ab Øysang: Mo-Fr stündlich zwischen 10:45 und 16:45 sowie Sa 10:00, 11:00, 13:30m in den Sommerferien ab Risør: Mo-Fr stündlich zwischen 11:15 und 17:15 sowie Sa 10:30, 13:00 14:00. ✋ Mitte August (Woche 32) verkehrt die Fähre nicht!

Variante: Auf dem Landweg Richtung Risør
(➲ 17 km länger, ohne Risør und mit viel Verkehr!)

Sie folgen vor Øysang der Straße 351, zweigen vor **Søndeled** nach links ab (Sandkleiva), radeln durch den Ort mit alter Kirche und Campingplatz und folgen dahinter der 418 links Richtung Risør.

✝ Die Søndeled Kirke von 1150 birgt im Inneren einen mittelalterlichen Taufstein und einen der ältesten flämischen Gobelins in Norwegen.

Hinter Akland schwenkt die 418 nach links und passiert einen Campingplatz.

⛺🛏 Risør Resort Moen Camping, Moensveien 22, 4950 Risør, ☎ 37 15 50 91, 📱 90 98 19 02, 💻 www.risorresort.no, Zelt ab NOK 300, Apartment ab NOK 1.500, 🚪 ganzjährig. Der 3-Sterne-Campingplatz liegt idyllisch am Sørfjord, 10 km westlich von Risør.

12
Helle
Sannidal
Kammerfoss
189
38
Hesttjenn-knuten 231
Kragerø
Gjerstad
Kilsfjorden
E18
351
Stabbestad
Mørjeheia 212
351
Vestfold og Telemark
Vegår
Haslum
Eikeland
Levang
418
Agder
Søndeled
351
Gjernes
Myra
416
Øysang
Osterfjorden
Kaninholmen
Akland
Moen
Bossvika
Bucht vor Kaninholmen
Risør
Sandnesfjorden
Sandnes
Songe
Laget
E18
Lagelva
411
Gjeving
Lyngør
Tvedestrand
Dypvåg
Holt
Kovlefjell 55
Sagesund
Hantho
Oksefjorden
410
Sandvika
421
Kilsund
Brekka
E18
Hvalåsen 64
Flostaøya
Strengereid
Flosta
Takseråsen 67
410
Eydehavn
Saltrød
Arendal
Kongshavn
Tromøysundet
Færvik
Kolbjørnsvik
Brekka
Hisøy
Hove
Revesand
Raet nasjonalpark
Skagerrak
15 km
10 km
5 km
0 km
STEPMAP © Stepmap, 123map Daten: OpenStreetMap ; ODbL

Die 418 erreicht bei einer Bucht hinter Bossvika die Abzweigung bei der Meeresbucht vor Bossvika und der Insel Kaninholmen ❸; links geht es nach Risør (7 km), während der NR rechts verläuft.

Wegen des oft starken Autoverkehrs wird von dieser Variante eher abgeraten!

Risør

Risør

6.700 Ew.

Risør Hotel, Tangengata 16, ☎ 37 14 80 00, www.risorhotel.no, DZ ab NOK 2000, nur April bis August, traditionsreiches Hotel am Hafen mit 31 Zimmern

♦ Det Lille Hotel, Storgata 5, ☎ 37 15 14 95, www.detlillehotel.no, DZ ab NOK 2.100, hochpreisige Unterkunft mit 16 Suiten in sanierten, alten, authentischen Holzhäusern

Joker, Carstensens gate 1, an der Hauptstraße gegenüber der Kirche

Das auf einer Halbinsel am Kattegat gelegene Risør, laut Eigenwerbung „Perle der Riviera", „weiße Perle am Skagerrak" oder auch „Kunststadt Nr. 1 auf dem Sørland", ist ein mondäner Urlaubsort mit breiten Kopfsteinpflasterstraßen, prächtigen Uferpromenaden, Villen ... und entsprechenden Preisen.

Der im Jahr 1723 gegründete Ort lebte lange vom Holzhandel und machte sich als Treffpunkt von Künstlern einen Namen, wovon mehrere Galerien und Ateliers zeugen – wie etwa Risør Kunstpark. Die Befestigung aus dem 18. Jh. ist mit 7 Kanonen erhalten – anders als viele andere Häuser, die 1861 einem großen Brand zum Opfer fielen. Heute gilt Risør als eine von Europas besterhaltenen Holzhaussiedlungen aus dem 19. Jh.

✞ Die dem Heiligen Geist geweihte **Risør kirke** von 1647 ist das älteste Gebäude des Ortes. Die Barockkirche überstand den großen Brand von 1861, weil Frauen einen Ring um die Kirche bildeten und eimerweise Wasser auf die Flamme gossen, während der Rest des Ortes verbrannte.

Mo-Fr 12:00-14:00

⌘ Der **Risør Kunstpark** beherbergt ein Café, Ateliers, eine Galerie mit mehreren Kunsthandwerksstätten und wechselnden Ausstellungen.

♦ www.kunstparken.no, Sommerferien Do-So 12:00-16:00, Eintritt frei

Das 1996 eröffnete **Salzwasseraquarium** in der Strandgata 14 zeigt Meeresfauna und -flora; es gibt 100 Fischarten in 30 Becken.

♦ www.risorakvarium.no, Sa und So 11:00-16:00, Ostern bis Oktober täglich 11:00-16:00, NOK 120, online etwas günstiger

Risør verlassen Sie auf der Kragsgate bzw. Straße 416 westwärts und passieren dabei Supermärkte. 7 km nach Risør halten Sie sich bei einer Abzweigung an der Meeresbucht vor Bossvika und der Insel Kaninholmen ❸ (km 27) links (Straße 411) und radeln über asphaltierte Nebenstraßen mit wenig Verkehr.

Nach 5 km queren Sie den Sandnesfjord ❹ (km 37), wo von rechts die Lagelva einmündet. In der folgenden scharfen Kurve geht es links zu einem Campingplatz (➲ 5 km).

Sørlandet Feriesenter, Åkvågveien 590, 4957 Risør, ☏ 37 15 40 80, sorferie@online.no, www.sorlandet-feriesenter.no, Zelt ab NOK 200, Hütten und Zimmer nur für mehrere Tage, ganzjährig, 5 km vom NR

22 km nach Risør erreichen Sie Sagesund mit einem Felsen im Fjord. Gleich danach geht es aufwärts und weiter nach Tvedestrand ❺ (km 58).

Tvedestrand 6.100 Ew.

Tvedestrand Turistkontor, in den Sommerferien Fritz Smithsgate 1, 97 59 40 02, Mo-Mi 10:00-16:00, Do 10:00-18:00, Fr 10:00-14:00, sonst Tjennaveien 30, ☏ 37 19 95 00, www.tvedestrand.no, erfragen

Tvedestrand Fjordhotell, Fritz Smithsgate 7, 37 16 03 00,
post@tvedestrandhotell.no, www.tvedestrandfjordhotell.no,
DZ ab etwa NOK 1.400, kleines Hotel mit 35 Zimmern

Joker, Tjennaveien 13, etwas nördlich von der Ortsmitte

Tvedestrand liegt mit seinen vielen engen Gassen am Oksefjord. In der Fußgängerzone erhebt sich das schmalste Haus Norwegens, wegen des schmalen Grundrisses „Bügeleisen" genannt. Hier gibt es auch die einzige Glasbläserei des Sørlandes. Reges Leben herrscht am Hafen mit seinen alten Holzhäusern und dem (restaurierten) Rathaus von Tvedestrand, das seit 1997 Stadtrechte hat. Tvedestrand genießt unter Bücherfans einen guten Ruf; unter den je nach Saison 5 bis 10 Buchläden sind auch Antiquariate und Secondhand-Läden.

Der NR führt nördlich an der Ortsmitte von Tvedestrand vorbei und mündet in die Straße 410, der Sie südwärts folgen, vorbei am Hafen von Hantho Richtung **Kilsund**, das Sie nach einer Linksabzweigung erreichen ❻ (km 69).

In Kilsund gibt es einen auf einer (Halb-)Insel gelegenen Supermarkt mit Picknickbänken davor.

Von Kilsund radeln Sie bis zur Abzweigung nach Eydehavn – eine schöne Strecke über die Insel Flostaøya – und sich weiter links haltend nach Strengereid ❼ (km 78). Hinter Strengereid verlässt der NR die Hauptstraße und verläuft parallel zur 410 südwärts, ehe kurz vor Eydehavn wieder die 410 erreicht wird.

In Eydehavn folgen Sie rechts der 410 über die Brücke und kommen über Saltrød nach Arendal. Hier radeln Sie am Tromøysundet entlang zur Stadtmitte.

Arendal

45.500 Ew.,

Sørlandsinfo/Arendal turistkontor, Sam Eydes plass 1, 37 00 55 44,
www.arendal.com, Mi-Fr 10:00-16:00, im Sommer auch länger sowie Sa

Thon Hotel Arendal, Friergangen 1, 37 05 21 50,
www.thonhotels.com → Arendal, DZ ab NOK 1.200, in der Altstadt Tyholmen

Blick von der Küstenstraße am Fjord bei Arendal

- Clarion Hotel Tyholmen, Teaterplassen 2, ☏ 37 07 68 00, www.nordicchoicehotels.no → Arendal, DZ ab NOK 1.600, Hotel mit 60 Zimmern in der Altstadt Tyholmen
- ♦ Grand Hotel Arendal, Vestregate 11, ☏ 37 00 07 20, www.grandhotelarendal.no, DZ ab NOK 1.100, Konferenzhotel an Hauptstraße im Ort
- ♦ Lille Hotell Arendal, Torvgaten 5, ☏ 37 02 22 01, www.lillehotell.no, DZ ab NOK 1.100, kleines, kettenunabhängiges Hotel in Ortsmitte mit 14 Zimmern
- mehrere Supermärkte am Ufer (Brinnpris)und im Zentrum (Kiwi, Spar)
- Sykkelsport, Blødekjær 26, ☏ 37 02 39 60, www.sykkelsport.no, Mo-Fr 9:00-17:00, Sa 9:00-15:00
- Nahverkehrszug R50 nach Nerlaug mit Anschluss an den Fernzug zwischen Oslo und Stavanger, www.vy.no

Arendal hat seit 1723 Stadtrechte und ist Hauptort der Provinz Agder. Durch Handel mit Holz und Eisen kam es im 19. Jh. zur Blütezeit, in der bis zu 400 Segelschiffe im Hafen lagen; heute ist der Ort mit mehreren benachbarten Privatboothäfen ein beliebtes Ziel bei Freizeitseglerinnen und -seglern. Der alte Stadtkern liegt auf der Halbinsel Tyholmen.

⌘ Das **Arendal-Stadtmuseum Kløckers Hus** im Nedre Tyholmsvei 14 zeigt in einem Haus aus dem 19. Jh. wie wohlhabende Familien hier von 1600 bis 1800 gelebt haben.

♦ www.klockershus.com, Di, Do, Fr 9:00-15:00, Sa 11:00-15:00, NOK 40

⌘ Das schön am Ufer gelegene moderne **Vitensenteret Sørlandet** am Kystveien 2 vermittelt interaktiv Einblicke in die Welt der Wissenschaft.

♦ www.vitensor.no, Di-Fr 9:00-15:00, Sa und So 11:00-16:00, in den Sommerferien täglich 11:00-16:00, NOK 130

13. Etappe: Arendal – Lillesand

42 km, 320 m, 2-66 m

Zunächst führt der NR schön an der Küste von Arendal entlang, die Sie bei der Strømsbukt rechts landeinwärts verlassen, um kurz darauf links dem Vesterveien (420) auf dem begleitenden Radweg zu folgen. Nach einer Brücke ❶ (km 3) radeln Sie über die Schäreninsel **Hisøy** mit dem Ort His sowie einem Campingplatz.

Nidelv Brygge og Camping, Vesterveien 250, 4817 His, 90 93 41 92, www.nidelvcamping.no, Radfahrerinnen und Radfahrer mit Zelt NOK 400, Hütte ab NOK 500, Anfang April bis Ende Oktober, 3-Sterne-Platz mit Hütten, rechts von der Straße neben dem NR

Nach einer Brücke folgen Sie der 420 auf dem Radweg durch Nedenes nach Fevik ❷ (km 13).

Strand Hotel Fevik, Nedre Hausland 80, 4870 Fevik, 37 25 00 00, www.strandhotelfevik.no, DZ ab NOK 1.500, Konferenzhotel an Badebucht, 80 m vom NR

Bagatell Camping, 4870 Fevik, 37 04 74 67, post@bagatell-camping.no, www.bagatell-camping.no, Zelten ab etwa NOK 400, erfragen, teurer Platz an der Bucht bzw. Hafeneinfahrt von Fevik, keine Online-Buchung möglich, 1 km vom NR

Extra und Meny, beide am Ortseingang (Feviktoppen)

Von Fevik geht es auf einer verkehrsreichen Straße nach Grimstad – zum Glück hat die Straße einen Radweg. In Grimstad folgen Sie der Hauptstraße 420 durch die Stadt, vorbei am Hafen (links) ❸ (km 20) und der Altstadt (rechts).

Grimstad

24.000 Ew., B&B ⌘

Grimstad Turistkontor, Jernbanebrygga 1, 37 25 01 68, www.visitgrimstad.com, Mo-Fr 10:00-16:00

Scandic Grimstad, Kirkegata 3, ☏ 37 25 08 00, www.scandichotels.no → Grimstad, DZ ab NOK 1.500, zentrales, kleines Hotel

♦ Grimstad Vertshus, Frivollveien 11/13, ☏ 37 04 25 00, www.grimstad-vertshus.no, DZ ab NOK 1.350, weiter landeinwärts an der Autobahnauffahrt

B&B Holsthuset losji, Skolegaten 6, 90 72 91 19, www.holsthuset.no, DZ ab NOK 1.000, zentral in der Altstadt

Topcamp Bie Apartment, Arendalsveien 85, ☏ 37 04 03 96, www.topcamp.no/de/bie, Zelt ab NOK 400, Apartment ab NOK 1.400, ganzjährig, 5 Sterne-Platz mit 65 Plätzen, Pool und Hütten 1 km nördlich von Grimstad, direkt am NR, zwischen zwei Straßen gelegen, eine davon die E18

♦ Marivold Camping, Marivold, ☏ 37 25 70 50, www.marivold.no, Zelt ab NOK 400, Hütte ab NOK 1.600 (inkl. obligat. Reinigung), Zelten Mai bis Mitte September, Hütten ganzjährig, Urlaubsressort mit 220 Plätzen, auf einer Insel mit Brückenverbindung gelegen, 7 Straßenkilometer von Grimstad entfernt

Einkaufszentrum Odden am Ufer mit u. a. Spar, später am Ortsausgang weiteren Supermärkte

Grimstad verdankt seinen Reichtum der Seefahrt: Um 1880 zählte die hiesige Flotte 193 Schiffe. Grimstad ist durch zwei der bedeutendsten Literaten Norwegens bekannt geworden: Hendrik Ibsen und Knut Hamsun. Knut Hamsun verbrachte die letzten sechs Jahres seines Lebens westlich auf Gut Nørholm, während Hendrik Ibsen von 1847 bis 1850 in Grimstad das Apothekerhandwerk erlernte. Während seiner Apothekerlehre schrieb er 1850 in Grimstad das Römerdrama „Catilina".

✝ Die **Holzkirche** (erbaut 1849 bis 81) mit ihren 1.150 Sitzplätzen gilt als zweitgrößte Norwegens. Das Modellschiff im Inneren wurde von fünf ortsansässigen Reedereien anlässlich der Restaurierung 1967 gestiftet.

Vom Kirchenhügel genießt man einen schönen Ausblick auf den Hafen von Grimstad.

⌘ **Ibsenmuseet** in der Henrik Ibsengate 14. In der Umgebung sammelte Ibsen Kräuter für die Apotheke.

♦ www.gbm.no, Sommerferien täglich 11:00-16:00. Der Besuch ist nur mit Führungen möglich, die insgesamt NOK 250 für bis zu 5 Personen kosten.

Ibsen – vom Apotheker zum Autor

Der wohl bedeutendste norwegische Schriftsteller von Dramen, Henrik Ibsen, wurde 1928 in Skien geboren. Nach seiner Apothekerlehre in Grimstad begann er 1850 ein Medizinstudium in Oslo. Aber schon dort überwogen seine literarisch-dramatischen Interessen den medizinischen: Ab 1851 war Ibsen Dramaturg im Theater in Bergen und Theaterleiter in Oslo. Ab 1864 weilte und wirkte Ibsen im Ausland, u. a. in Rom. Bedeutende Werke sind das Römerdrama „Catilina", „Die Gespenster" sowie „Peer Gynt" (entstanden in Italien). Ibsen etablierte mit dem modernen Drama eine neue Gattung des „Gesellschaftsstücks". Dabei übte er radikale Kritik an gesellschaftlichen Verhältnissen und wollte Lebenslügen sowie die Brüchigkeit zwischenmenschlicher Beziehungen entlarven. Außerdem bekämpfte Ibsen die im 19. Jh. in Norwegen herrschenden konservativen Züge der Nationalromantik.

Von Grimstad geht es nach der Rechtskurve bei den Supermärkten (km 21) nach links.

⇘ Rustikale Variante über den Vestlandske Hugelvej (➲ nur 0,6 km länger sowie gebirgiger mit Schotterbelag)

Zur Vermeidung des folgenden 15 km langen Straßenabschnittes Richtung Lillesand bietet sich diese Variante an, die zunächst auch entlang einer Straße – in das Landinnere – führt, dann aber über einen schönen Schotterweg mit Steigungen, See und Hochmoor: den Vestlandske Hugelvej, der wegen seines rustikalen Charakters mit dem Rad auch gelegentliches Schieben erfordert. Dieser historische Weg führt als Abschnitt einer alten Poststraße von 1805 rauf und runter über Sand und Kies. Als Relaisstationen dienten früher einzelne Höfe. Der als Radweg ausgewiesene, 8 km lange Abschnitt wurde 1993 wiederhergestellt.

Zunächst radeln Sie in der Rechtskurve beim Supermarkt geradeaus landeinwärts auf dem Radweg neben der 420 zur E18, unter dieser hindurch und bei den beiden Kreiseln nach der E18 geradeaus. 2,3 km nach der E18 biegen Sie vor einer Kirche scharf nach links ab (Holteveien) und verlassen die Straße 2 km nach einem Friedhof in einer Rechtskurve geradeaus auf dem Schotterweg, der nach 6 km bei der Brücke über den Fluss Kaldvellelva ❻ wieder die Route erreicht.

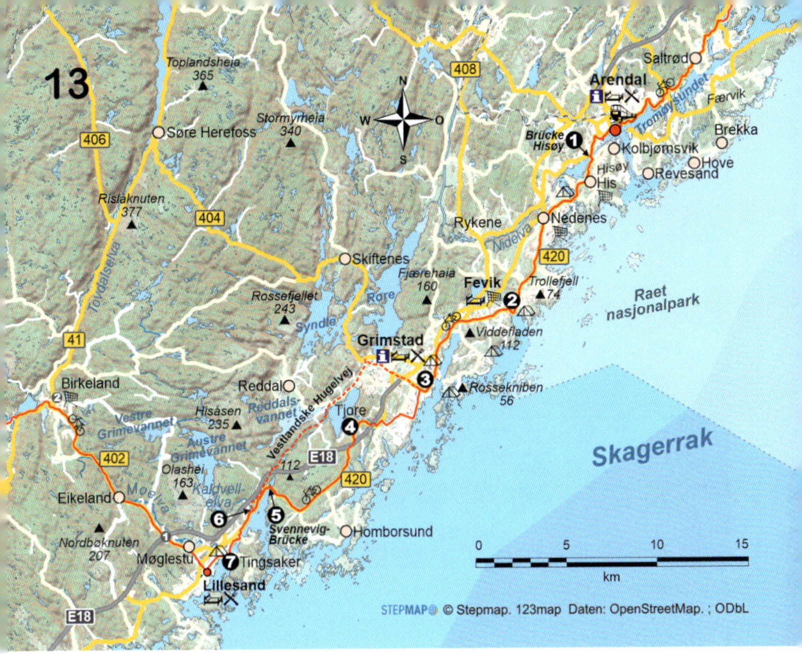

Nach kurzem Verlauf entlang der Küste führt der NR nach rechts im Zickzack landeinwärts und – mal mit, mal ohne Radweg – auf der 420 kurvenreich zweimal unter der E18 hindurch und dazwischen vorbei am Weiler Tjore ❹. Die 420 begleitet Sie fast bis Lillesand und leider gibt es immer wieder Teilstücke ohne Radwege, so etwa den Abschnitt nach der Svennevig-Brücke ❺ (km 35), einem bei Wohnmobilen beliebten Standplatz.

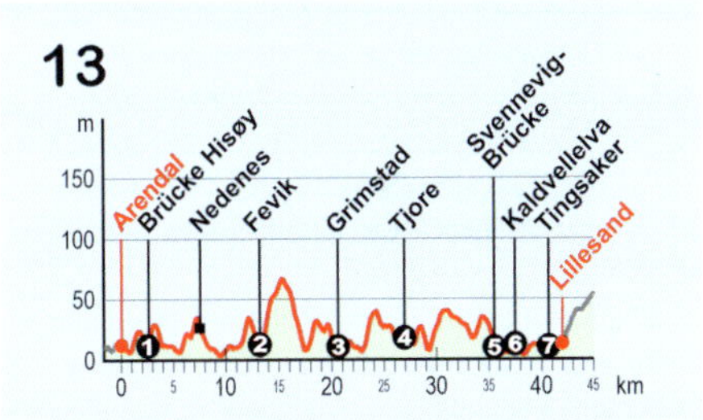

Bei der folgenden Brücke, mit Staustufe und Lachstreppe, über den Fluss Kaldvellelva ❻ (km 37) weicht der NR auf eine rechts parallel verlaufende Nebenstraße aus, quert die 420 später und nähert sich entlang eines Seeufers (Langedalstjønna) dem Etappenziel Lillesand, das Sie kurz nach dem Campingplatz Tingsaker Familiecamping ❼ (km 40) erreichen.

Stauwehr vor Lillesand

Lillesand

11.300 Ew.

Lillesand Hotel Norge, Strandgaten 3, ☏ 37 27 01 44, www.hotelnorge.no, DZ ab NOK 1.600. Das zentral gelegene Hotel befindet sich schon seit 1873 in dem Gebäude und ist der Kette De Historiske Hotel angeschlossen.

Tingsaker Familiecamping, Øvre Tingsaker, ☏ 37 27 04 21, www.tingsakercamping.no, Zelt ab NOK 160, Hütte ab NOK 1.100, Ende April bis Ende August, 4-Sterne-Platz in Ortsnähe und am Ufer

Kiwi, Storgata 2E, vom Hafen etwas landeinwärts

Die schöne Küstenstadt Lillesand besticht mit englischen und französischen Einflüssen in der Architektur. Der dänische Märchendichter Hans Christian Andersen beschrieb den „Märchenfrieden" dieses Ortes mit seinen vielen weißen Holzhäusern, Gärten und Rosen sowie dem sehenswerten Rathaus. Im 19. Jh. blühte die Segelschifffahrt: 78 Schiffe und verschiedene Werften waren hier zu Hause. Nirgendwo sonst soll in Norwegen die Schärenküste schöner sein als hier.

⌘ Das **By- Og Sjøfartsmuseum** im Carl Knudsengården, einem alten Kaufmannshaus im Empirestil (1827), zeigt Schiffsmodelle, Werkzeuge, Haushaltsgeräte und Möbel, die das frühere Leben in der alten Hafenstadt veranschaulichen.

♦ www.lillesandmuseet.com, Mitte Juni bis Mitte August Di-So 12:00-16:00, Eintritt NOK 60

14. Etappe: Lillesand – Kristiansand

➲ 47 km, ↑ 350 m, ⇧ 2-100 m

Der erste Abschnitt dieser Etappe verläuft auf einem Radweg neben der Straße 402 landein- und aufwärts in nordwestliche Richtung, über die E18 ❶ (km 3) und weiter nach **Birkeland** (🛒) ❷ (km 13). In Birkeland führt der NR südlich entlang des Flakksvann und nach 2,5 km rechts über die Tovdalselva-Brücke ❸ (km 16). Zunächst geht es vorbei an Wäldern und Steinbrüchen. Der Weg verläuft parallel zur Tovdalselva, im 19. Jh. der drittbeste Lachsfluss Norwegens, dessen Lachs beim dänischen König serviert wurde.

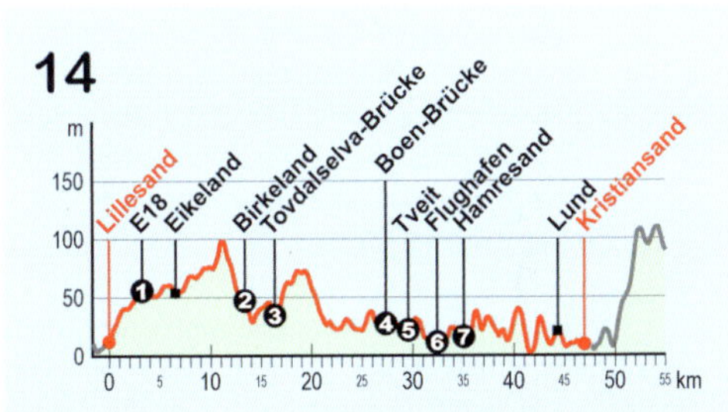

Ab der Boen-Brücke ❹ (km 27) verläuft der Radweg wieder auf der stärker befahrenen Hauptstraße (41) südwärts parallel zur Tovdalselva. Ab Tveit (🛒) ❺ (km 29) sorgt ein straßenbegleitender Radweg für entspannteres Radeln. Vor dem Flughafen ❻ (km 32) quert der NR wieder die Tovdalselva und führt nach der Flussmündung bei Hamresand ❼ (km 35) meist entlang kleinerer Straßen am Topdalsfjord entlang. An der Flussmündung liegen zwei Ferienanlagen:

🛏⛺ Hamresanden Resort, Hamresandveien 3, 4656 Hamresanden, ☏ 38 14 42 80, 💻 www.hamresanden.no, Zelt ab NOK 300, DZ ab NOK 1.100, 🚪 ganzjährig, Urlaubsanlage mit Camping, Hütten und Zimmer, Hütten nur wöchentlich, liegt direkt gegenüber der Flughafenstart- bzw. -landebahn, 400 m vom NR

⛺🛏 Hamre Familiecamping, Hamresandveien 1, 4656 Hamresanden, ☏ 38 05 87 87, 💻 www.campingplassen.no, Zelten ab NOK 320, Zimmer ab NOK 1.200, Hütten teilweise nur wochenweise, 🚪 ganzjährig, Platz mit Hütten am Strand, 500 m vom Flughafen direkt am NR

Vorbei an Hånes begleiten Sie weiter den Topdalsfjord und queren diesen auf der Straßenbrücke neben der E18. Nach dem Friedhof verlässt der NR die E18 und führt links (Østerveien) durch den Ortsteil Lund nach Kristiansand, dessen Zentrum nach Querung der Otra erreicht wird.

Kristiansand

114.000 Ew., ℹ 🛏 B&B ⛺ ✕ ☕ 🛒 ⚕ ✉ ✚ 🔧 🏊 ✝ ♜ ⌘ ✿ 🚆 ⛴

ℹ Kristiansand Turistinformasjon, Rådhusgt. 6, ☏ 38 07 50 00, 💻 www.visitkrs.no, 🚪 Mo-Fr 8:30-15:00

🛏 Kristiansand bietet als beliebter Ort für Konferenzen/Kongresse eine große Auswahl von Hotels, eine Auswahl:

- Hotel Norge, Dronningens gate 5, ☏ 38 17 40 00, 💻 www.thonhotels.no → Hotel Norge, DZ ab NOK 1.200, im Jahr 2020 renoviertes Konferenzhotel mit 172 Zimmern
- Scandic Kristiansand Bystranda, Østre Strandgate 74, ☏ 21 61 50 00, 💻 www.scandichotels.no → Kristiansand, DZ ab NOK 1.400, Hotel der Scandic-Kette mit mehr als 200 Zimmern am Stadtstrand
- Comfort Hotel Kristiansand, Skippergata 7-9, ☏ 38 07 94 00, 💻 www.nordicchoicehotels.no → Kristiansand, DZ ab NOK 1.500, Hotel am Bahnhof mit 67 Zimmern, eher unscheinbarer Eingang, aber das Hotel öffnet sich zum Inneren: Viele Zimmer sind nach innen gerichtet mit Fenstern zum hellen großen Lobbyraum, aber es gibt auch Zimmer nach außen, zu erkennen an den geraden Nummern.
- Citybox Lite Kristiansand, Tordenskjolds gate 12, ☏ 38 70 15 70, 💻 www.citybox.no → Kristiansand, DZ ab NOK 800, Budget-Hotell am Bahnhof

🛏 Hotel Sjøgløtt, Østre Strandgate, ☎ 38 70 15 66, 💻 www.sjoglott.no, DZ ab NOK 1.000, zentrales Hotel mit 16 Zimmern, Buchung war zuletzt nur über Portale wie 💻 www.hotels.com möglich

⛺ **B&B** Kristiansand Feriesenter, Dvergsnesveien 571, ☎ 38 04 19 80, 💻 www.kristiansandferiesenter.no, Zelt etwa NOK 400 ggf. zuzgl. Reservierungsgebühr (NOK 250), DZ ab NOK 1.000 ohne F, Hütten nur bei Wochenmiete, 🚪 ganzjährig, Ferienanlage mit Hütten und Motelzimmern, auf einer Halbinsel gelegen, 10 km von Kristiansand und 5 km vom NR entfernt

viele Supermärkte im Zentrum, vor allem zwischen Bahnhof und Dom

mehrere Radläden mit Werkstatt. Eine Auswahl:

- Nordbys G Cykle og Maskinforretning AS, Henrik Wergelandsg. 9, 38 02 24 83, www.gnordby.no, Mo-Fr 8:00-18:00, Sa 9:00-16:00
- Kristiansand Sykkelsenter A/S, Grim Torv 3, 38 02 68 35, www.sykkelsenter.no, Mo-Fr 9:00-17:00, Sa 9:00-15:00
- Min ElSykkel, Dronningens gate 38, 40 12 32 00, www.sykkelsenter.no, Mo-Fr 9:00-17:00, Sa 9:00-14:00, Filiale vom Sykkelsenter im Zentrum

Bahnhof in Stadtmitte mit Verbindungen nach Oslo (8 Std.) und Stavanger (3 Std.) – jeweils 8 x täglich mit einer Verbindung nachts, Rad online mit Fahrkarte buchbar, www.go-aheadnordic.no

Kristiansand bietet täglich mehrere Fährverbindungen zum dänischen Hirtshalt (Colorline, Fiordlines) sowie alle zwei Tage zum niederländischen Eemshaven nahe Ostfriesland (Holland Norway Lines). Infos ☞ Anreise, www.colorline.de, www.fjordline.com/de, www.hollandnorwaylines.com/de

Kristiansand - neoklassizistischer McDonalds

Kristiansand ist die sechstgrößte Stadt des Landes, bedeutendes wirtschaftliches Zentrum Südnorwegens und zweitwichtigster Fährhafen Norwegens (nach Oslo).

Gegründet wurde Kristiansand 1641 vom bauwütigen dänischen König Christian IV. aus handelspolitischen und strategischen Gründen. Einzigartig in Norwegen ist der rechtwinklige Straßengrundriss: eine Quadratur, d. h. ein Schachbrettmuster mit 54 Quartalen auf 1 km². Die 7 Längs- und 10 Querachsen (Straßen) sind mit ihren 15 m Breite als Brandschneise geplant – dennoch gab es etliche Brände, denen viele alte Häuser zum Opfer fielen, etwa 1734 und 1892. Glücklicherweise überstanden die in dieser Menge einzigartigen flachen, weißen Holzhäuser des Stadtteils Posebyen die Brände. Hier lebten früher vor allem Arbeiterfamilien, während die Bürgerinnen und Bürger am Hafen wohnten.

„Lebensader" ist die (autofreie) Einkaufsstraße Markensgate mit einem auffälligen klassischen Monumentalgiebel (Nr. 11). Dieses Gebäude wurde 1897 als Bankgebäude errichtet; heute verkauft hier McDonald's Hamburger.

Ein beliebter Treffpunkt ist Fiskebrygga südlich der Altstadt, mit Brücken, Restaurants und Cafés.

✞ Der neogotische **Dom** wurde 1884 nach dem Niederbrennen des Vorgängerbaus errichtet. Mit 1.800 Plätzen und 70 m Höhe ist er eine der größten Kirchen Norwegens. Kristiansand wurde 1682 Bischofssitz.

Mo-Fr 11:00-14:00, Mitte Mai bis Ende August täglich 10:00-17:00

♜ Die **Festung Christiansholm** am Hafen wurde 1672 nach 10 Jahren Bauzeit fertiggestellt – auf Kosten der Bürgerinnen und Bürger, die nicht nur Extrasteuern zum Bau, sondern auch noch Pflichtarbeit leisten mussten. Die (früher 69, heute 8) Kanonen auf den 5 m dicken Mauern wurden nur einmal gebraucht: 1807 gegen die Engländer. Das Dach des Turmes (35 m Durchmesser) brannte 1892 ab und wurde danach neu aufgesetzt. Ursprünglich war Christiansholm eine Insel, die durch eine 100 m lange Brücke mit dem Festland verbunden war. Der Kanal wurde im 18. Jh. zugeschüttet und seither gibt es die Landverbindung.

Außenanlage frei zugänglich

⌘ Das **Naturmuseum** und der **Botanische Garten** nordwestlich vom Zentrum am Gimlev. 23 zeigen Blumen und Bäume aus aller Welt sowie Mineralien und Norwegens größte Kakteensammlung. Außerdem gibt es Infos zur Geologie der Südküste.

♦ www.uia.no/en/natural-museum-and-botanical-garden, Di-Fr 11:00-15:00, So 12:00-16:00, in den Sommerferien täglich 11:00-16:00, Eintritt NOK 80

Küste bei Kristiansand

⌘ Das **Kristiansand Museum** am Vigeveien 22B ist ein 4 km außerhalb von Kristiansand liegendes Freilichtmuseum mit 40 Gebäuden.

♦ www.vestagdermuseet.no → Kristiansand Museum,
in den Sommerferien täglich11:00-16:00, Eintritt NOK 110

Eine schöne Aussicht auf Kristiansand genießt man vom Stadtpark Ravnedalen/Baneheia nordwestlich von der Altstadt (Aufstieg nördlich der Festningsgata). 200 Stufen führen hinauf in den Park, dort gibt es auch Badeseen und Cafés.

15. Etappe: Kristiansand – Mandal

61 km, ↑ 450 m, ⇧ 2-110 m

Der NR verlässt Kristiansand auf einem Radweg neben der E39 (Vesterveien) in südwestliche Richtung, vorbei am Bahnhof und quert 2 km nach diesem die mehrspurige Küstenstraße.

Alternative raus aus Kristiansand auf altem Postweg (➲ 1 km länger)

Eine ruhigere und landschaftlich schönere Strecke führt über den alten – geschotterten – Postweg etwas weiter nördlich, die frühere Strecke des NR auf diesem Abschnitt. Dazu radeln Sie nördlich vom Bahnhof zunächst entlang der E9 in nordwestliche Richtung (Setedalsveien) und verlassen sie nach 2 km in einer Rechtskurve links auf eine kleine Straße, die nach 2,5 km in einen Schotterweg übergeht. Diese autofreie Strecke vorbei am Kvislevann (Badestelle) ist Teil des alten Postwegs aus dem 18. Jh. zwischen Oslo und Stavanger.

Nach 4 km stoßen Sie beim Farvatnet ❶ wieder auf den NR.

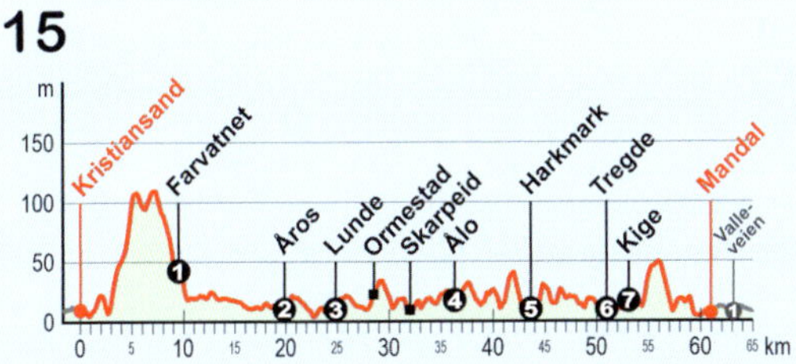

Nach längerem Anstieg (⇧ 100 m) verlässt der NR die links zu einem Tunnel abzweigende E39 und folgt der Straße 439, der ehemaligen E39 vor dem Tunnelbau, landeinwärts. Nach dem See Farvatnet ❶ (km 9) entfernt sich der Radweg bei Brennåsen (🛒) mehrmals von der Straße und verlässt sie schließlich endgültig in Begleitung des mäandernden Flusses Søgneelva zu dessen Mündung iin das Skagerrak bei Åros ❷ (km 20), wo Sie vor der Urlaubsanlage rechts über den Fluss und später beim Kreisverkehr geradeaus Richtung Torve radeln.

🛏⛺ Åros Feriesenter, Årossanden 9, 4640 Søgne, ☏ 38 16 64 11, 💻 www.aaros.no, Zeltplatz ab NOK 200, Hütte ab NOK 1.150, Urlaubsanlage mit Campingplatz und eher hochpreisigen Hütten, 200 m vom NR

Nach der Unterführung bei der Küstenstraße 439 halten Sie sich mehrmals in Lunde (🛒) ❸ (km 24) links und fahren nach weiterer Unterquerung der 439 wieder südwärts Richtung Küste und über Ausvika, Ormestad und Skarpeid, vorbei an einer Übernachtungsgelegenheit, nach Ålo ❹ (km 36) mit schönem Blick auf die Schären und das offene Meer.

B&B Liane Gård, Wenche Kjær, Liane 19, 4640 Søgne, 📱 45 84 28 43, ✉ wenche@liane-gaard.info, 💻 www.liane-gaard.info (Link zu Facebook-Seite), Zimmer ab etwa NOK 500 p. P., einsam gelegener Hof mit 5 Zimmern in Holzhäusern am Seeufer, 1 km nach Ormestad und 300 m vom NR (Privatzufahrt)

In Harkmark ❺ (km 44) führt der NR nach links. Nach etwa 100 m sehen Sie links eine Kirche mit eisenzeitlichen Grabsteinen davor (500 v. Chr. bis 1000 n. Chr.). Vor dem Eingang der Kirche erinnert ein Gedenkstein an die norwegischen Widerstandskämpfer im Zweiten Weltkrieg. Nach 7 km radeln Sie vorbei an Tregde ❻ (km 51) mit dem Feriesenter (Bademöglichkeit und Schärenblick).

🛏 Hotel Skagerak Feriesenter Tregde, Tregdeveien 437, 4516 Mandal, ☏ 38 26 88 00, 💻 www.tregdeskagerrakferiesenter.hotelt1.top, DZ/FeWo ab NOK 1.100, 🚪 ganzjährig, Ferienanlage mit Hütten/Apartments verschiedener Größe am Ufer mit kleinem Hafen, direkt am NR

Kurz nach Tregde geht es in Kige ❼ (km 53) nach links, links am Kigevannet entlang und sich rechts haltend wieder zur Küstenstraße. Noch vor Erreichen der Hauptstraße (439) zweigt der NR nach links ab und führt kurz darauf neben der E39 nach Mandal, dessen Ortsmitte nach Querung der Mandalselva erreicht wird.

Mandal 15.600 Ew., 🛏 B&B 🏠 ⛺ ✕ ☕ 🛒 ⚕ 📯 ⌘

🛏 Hotel Mandal, Sandskargata 33, ☏ 38 26 63 33, 💻 www.mandalhotel.no, DZ ab NOK 1.700, modernes Hotel direkt am Fluss

Kjøbmandsgaarden Hotel, Store Elvegate 57, ☏ 38 26 12 76, www.kjobmandsgaarden.no, DZ ab NOK 1.100, zentral gelegenes, kleines Hotel mit 11 Zimmern in einem ehemaligen Handelshaus

B&B Mones Feriesenter, Skogsfjordveien 136F4, ☏ 38 26 49 00, 90 51 95 57, www.mones-feriesenter.no, Apartment ab NOK 900, 15 Apartments direkt am See und der E39, 2 km nordwestlich von Mandal und dem NR

Mandal, Ytre Sandgate 22, 95 75 08 57, www.theoldjailhouse.com, NOK 800 p. P., historische JH in altem Gefängnis in zentraler Lage

Topcamp Sjøsanden Feriepark, Sjøsandveien, ☏ 38 26 10 94, post@sjosanden.no, www.topcamp.no/en/sjosanden, Zelt ab NOK 350, Zimmer ab NOK 1.100, ganzjährig, Ferienanlage 500 m südlich von Mandal auf einer bewaldeten Halbinsel

♦ Sandnes Camping Mandal, Manarveien 133, 98 88 73 66, sandnescamping@online.no, www.sandnescamping.no, Zelt mit 1 Pers. ab NOK 210, Hütte ab NOK 550, Anfang Mai bis Ende September, kleiner Platz am Fluss mit Badegelegenheit, 3 km nordöstlich von Mandal und 1 km vom NR

mehrere Supermärkte am Rand des Zentrums, u. a. Rema 1000 am NR bei Einfahrt in den Ort am Kreisverkehr

Mandal ist die südlichste Stadt Norwegens und liegt als solche auf derselben geografischen Breite wie Schottlands nördlichster Punkt. Die Stadt entwickelte sich aus der Handelsstation Spidsbø und gelangte durch Holzexport dank der benachbarten Eichenwälder sowie Lachse zu Reichtum mit Blütezeit im 17. Jh. Zu Bekanntheit gelangte der Ort durch die Künstler Gustav und Emanuel Vigeland, die hier im 19. Jh. geboren wurden.

Sjøsanden 1 km westlich von Mandal gilt als Norwegens längster (900 m) und schönster Sandstrand.

⌘ Das **Mandal Museum** in der Store Elvegate 5 informiert über Volkskunst, Seefahrt und Fischerei.

♦ www.vestagdermuseet.no/mandal, in den Sommerferien täglich 11:00-17:00

⌘ Das **Vigeland Hus** in der Grensegata 3, Geburtshaus der Künstlerbrüder Gustav (Bildhauer; 1869 bis 1943) und Emanuel (Maler; 1875 bis 1948), zeigt Ausstellungen.

in den Sommerferien Di-Fr 11:00-17:00, Sa und So 12:00-17:00

16. Etappe: Mandal – Farsund

➲ 64 km (mit Abstecher zum Lindesnes Fyr 88 km), ↑ 760 m, ⇧ 2-210 m

Von der Ortsmitte radeln Sie nordwärts links am 62 m hohen Aussichtspunkt Uranienborg vorbei, dann links (Grensgata) und vorbei am Vigelands Hus in den Gustav Vigelands vei. Kurz vor dem Siedlungsende geht es links auf dem Buråsveien weiter, der Sie westwärts aus Mandal hinausführt. Kurz nach einer Brücke biegen Sie rechts in den **Valleveien** ❶ (km 2) ab und radeln nordwärts, links am See vorbei und nach dessen Ende nach Querung der Straße E39 geradeaus (Sjølingstadveien). 600 m nach der Straßenquerung zweigt bei einer Bachquerung links der geschotterte alte **Postweg** ❷ (km 5) ab, der NR folgt aber weiter geradeaus dem Sjølingstadveien.

Alternative auf altem Postweg (➲ 1 km kürzer)

Wenn Sie es rustikal und ruhiger mögen, können Sie links dem alten Postweg folgen, der autofrei einsam als Schotterweg durch Wald führt und über den früher der NR verlief. Nach 4 km erreichen Sie wieder die offizielle Route.

Auf der E39 geht es 1 km nach rechts, ehe Sie die rechts abzweigende Straße nach Vigeland nehmen.

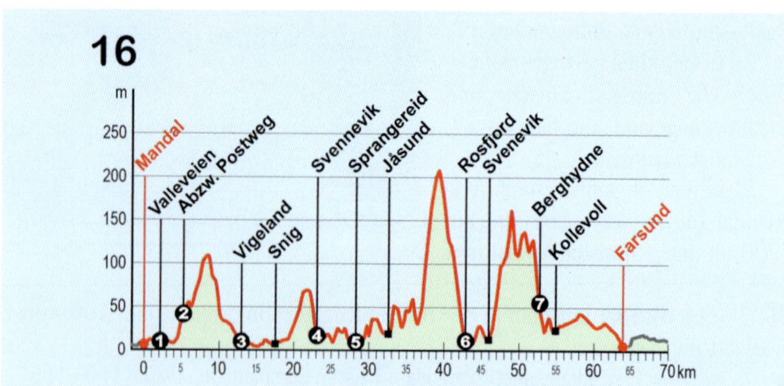

In **Vigeland** (🛒) ❸ (km 13) geht es über den Fluss Skarpesvingen und links in die Straße 460 (Spangereidveien), die kurven- und küstenreich an vielen Seen und Fjorden vorbeiführt. Dabei sind zahlreiche kleinere Steigungen zu überwinden – ein kleiner Vorgeschmack auf die Abschnitte nach Spangereid, die wegen der vielen Anstiege zu den härtesten des NR zählen. Sie radeln durch Snig, Svennevik ❹ (km 23) und Reme bis Spangereid ❺ (km 28), einer Siedlung mit vielen Hügelgräbern aus der Wikingerzeit.

Spangereid

700 Ew., 🛏 🛒 📯

🛏 Lindesnes Havhotell, Bålyveien 50, ☎ 38 60 08 00, 💻 www.havhotellet.no, DZ ab NOK 1.650, modernes Hotel am Hafen

🛒 📯 Kiwi, Bålyveien 11, zwischen Kreisverkehr und Hafen

↳ Abstecher zum südlichsten Punkt von Norwegen (➲ 2 x 12 km)

Zum Leuchtturm Lindesnes, dem südlichsten Punkt von Norwegen, gelangen Sie, wenn Sie in Spangereid der Nasjonal Sykkelruter 1 neben der Straße 460 geradeaus in südwestlicher Richtung folgen.

Der 40 km südwestlich von Mandal gelegene **Leuchtturm Lindesnes** markiert den südlichsten Punkt Norwegens. Von hier sind es rund 1.700 km zum Nordkap – das ist so weit wie in südlicher Richtung nach Korsika.

⌘ Der 1655 erbaute und damit älteste Leuchtturm Norwegens kann bestiegen werden und bietet ein kleines Museum zur Leuchtturmgeschichte und Küstenkultur sowie ein kleines Café.

♦ www.lindesnesfyr.no/de, Anfang Februar bis Oktober täglich 11:00-16:00, in den Sommerferien 10:00-20:00, in den Wintermonaten Fr-So 12:00-16:00, NOK 100

Lindesnes Camping og Hytteutleie, Lillehavn, Lindesnesveien 820, 4521 Lindesnes, 91 60 22 76, gabrielsen@lindesnescamping.no, www.lindesnescamping.no, Zelt ab NOK 290, Hütte ab NOK 330, Anfang April bis Ende September. Der Campingplatz mit Hütten ist schön gelegen, nämlich an der Südspitze der Halbinsel Lindesnes direkt am Meer, zum Land von Hügeln umgeben. 4 km vom Leuchtturm entfernt ist er Norwegens südlichster Campingplatz.

In Spangereid verlassen Sie die Straße 460, indem Sie rechts nördlich in Richtung Lyngdal abzweigen, zunächst entlang des Lenefjord und später kurven- und steigungsreich weiter.

Nach 14,5 km, kurz vor Lyngdal in **Rosfjord ❻** (km 43), nehmen Sie die links (westwärts) abzweigende Straße.

Rosfjord Strandhotell, Rosnesveien 25, 4580 Lyngdal, ☏ 38 34 01 00, www.rosfjord.no, DZ ab NOK 1.650, Hotelanlage mit 67 Zimmern sowie Hütten und Campingplatz direkt am Strand in einer Bucht, 100 m vom NR

Farsund

Lyngdal Bibelcamp, Agnefestveien 225, 4580 Lyngdal, 95 74 51 58, info@bibelcampen.no, www.bibelcampen.no, Zelt ab NOK 200, DZ („B-Internat") ab NOK 700 inkl. F zzgl. obligatorische Reinigung (NOK 200) und Bettwäsche/Handtuch (NOK 100 p. P.), Buchung erst ab April, Sommerferien, christlicher Zeltplatz neben dem Rosfjord-Campingplatz 100 m vom NR – aber es fragt keiner, ob Sie getauft sind.

Kiwi, Agnefestveien 30, in Lyngdal, 1 km nördlich von Rosfjord

Der NR führt am Rosfjord entlang und zweigt nach der Rechtskurve in Svenevik links in den Bjørnevågsveien ab. Nach 3 km kurvenreichem Verlauf zweigen Sie rechts in den Kårikstadveien, der Sie nach 3 km an eine T-Kreuzung bei Berghydne ❼ (km 52) führt, wo Sie rechts abbiegen (Bjørnevågsveien). Nach 2 km erreichen Sie die Straße 43, der Sie links nach Farsund folgen (10 km).

Farsund 9.600 Ew.

Farsund Fjordhotell, Lauervik Terrasse 14, 38 38 98 00, www.farsundfjordhotell.no, DZ ab NOK 1.400, renoviertes Panorama-Hotel der 70er-Jahre mit viel Beton, alle 63 (großen) Zimmer mit Terrasse/Balkon, Badestelle und Liegewiese, 1 km südwestlich vom Zentrum an der Küste und am NR – mit Blick auf eine Aluminiumfabrik

♦ Rederiet Hotell, Jocum Lunds Plass 6, 38 38 95 00, www.rederiethotell.no, DZ ab NOK 1.200, kleines Hotel mit 17 Zimmern in dem Hauptgebäude von 1958, früher Sitz einer Reederei, und einem Neubau von 2008

Lomsesanden Familiecamping, 38 39 09 13, www.lomsesanden.no, Zelt ab NOK 250, Hütte ab NOK 1.500, auch ein Hängemattenplatz ist laut Preisliste möglich (NOK 150), April bis Dezember, Platz an der Küste 2 km südlich von Farsund und 1,5 km vom NR, zunächst Richtung Aluminiumwerke radeln

Einkaufszentrum AMFI mit u. a. Rema 1000 beim Kreisverkehr am Ortseingang, außerdem Extra auf Insel Gåseholmen. Ein weiterer Rema 1000 ist am Ortsausgang bei der folgenden Etappe.

Das vor 200 Jahren gegründete Farsund am Lyngdalsfjord galt bis zum Zweiten Weltkrieg als größte Seefahrerstadt – gemessen an der Einwohnerzahl, also mit der größten Tonnage pro Einwohnerin bzw. Einwohner. Später kamen Industriebetriebe wie ein Aluminiumwerk, Schornsteinreinigung, Metallverarbeitung (seit 2000 stillgelegt) hinzu. Heute prägen einige (teilweise stillgelegte) Industrieanlagen die Ufer des Fjords.

Die 1901 nach einem Großbrand erbauten Villen im Schweizer und Jugendstil dokumentieren den Reichtum durch die Seeschifffahrt im 18. und 19. Jh.

Die damalige Insel Engøy wurde erst 1995 mit dem Festland verbunden.

17. Etappe: Farsund – Flekkefjord

➲ 89 km, ↑ 1.225 m, ⇧ 2-240 m

Die Etappe nach Farsund ist wegen der vielen Höhenmeter sehr anstrengend, aber extrem abwechslungsreich – in 1 bis 2 Std. Fahrzeit radeln Sie durch verschiedenste Landschaften: Dünenküste wie in Dänemark, steinige Wiesen wie in Irland, Moränenhügel mit Mooren, ein schmales Tal mit kleiner Alm, ein klarer Gebirgssee wie in den Alpen sowie Wald und Felsen.

Farsund

Sie verlassen Farsund südwestlich, links vorbei am Kreisverkehr mit dem 🛒 Rema 1000, auf der Küstenstraße 470 über Lunde und zweigen beim Parkplatz Hanangermona ❶ (km 6) links und gleich darauf rechts in den Radweg ab. Auf einem nicht asphaltierten Weg halten Sie sich bei der Rennbahn leicht links und radeln neben der Rennbahn weiter.

Vor und nach einer Brücke (km 11) geht es dicht an einem Sandstrand mit Dünen vorbei. Nach der linken Abzweigung in die Straße 43 ist zur Rechten gelegentlich eine Landebahn zu sehen, Teil des Flugplatzes, der im Zweiten Weltkrieg von den deutschen Besatzern zu militärischen Zwecken angelegt wurde. Seit 1996 wird der Flugplatz auch für die zivile Luftfahrt im Regionalverkehr genutzt.

Vor Vestbygd (km 14) verlassen Sie die Straße links und folgen dem Tjørveveien zur und dann entlang der Küste. In Vestbygd halten Sie sich wieder links,

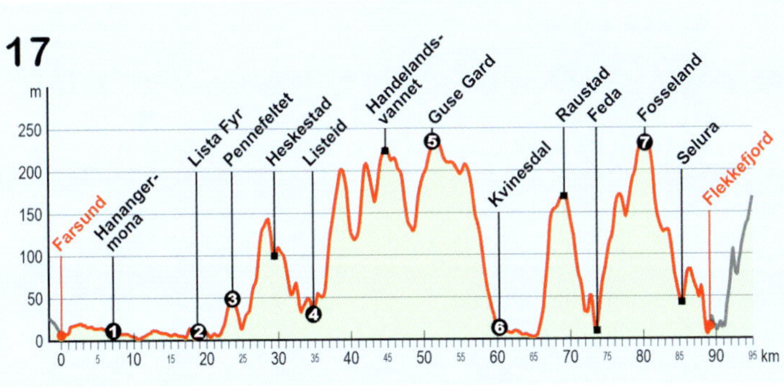

radeln am Hafen entlang und erreichen im Ortsteil Borhaug erneut die Straße 43, der Sie links zum Lista Fyr ❷ (km 19) folgen.

Blick vom Leuchtturm Lista Fyr

Der 34 m hohe und 1836 erbaute **Leuchtturm Lista Fyr** kann bestiegen werden (139 Stufen). 1877 erhielt der Turm das damals stärkste Nebelsignal und 1911 wurde die Docht- durch eine moderne Petroleumlampe ersetzt.

♦ www.listafyr.no (u. a. auf Deutsch), im Sommer Mo-Fr 12:00-16:00, Sa und So 11:00-18:00

⌘ Neben dem Leuchtturm informiert ein Naturzentrum über Flora und Fauna der Region, außerdem gibt es eine Touristinfo und ein Café.

Mai bis Oktober täglich 12:00-16:00, in den Sommerferien 12:00-20:00

Lista-Landzunge und -Halbinsel

Entstanden ist die Lista-Halbinsel am Ende der letzten (Weichsel-)Eiszeit vor rund 13.500 Jahren. Hier war die Endmoräne der Gletscher, die das Land kräftig „drückten". Befreit vom Druck der Gletscher nach der Eiszeit hob sich das Land (bis heute ca. 8 m – zum Vergleich Oslo mit ca. + 220 m). Die Strandwälle entstanden durch Sturmfluten, die das Geröll gleichmäßig nach oben spülten. Bedingt durch die Landhebung sind die Strandwälle heute daher teilweise weiter landeinwärts zu finden.

Auf der Lista-Halbinsel wurden 300 verschiedene Vogelarten gezählt, die v. a. an der Küste und in sumpfigen Senken landeinwärts Nahrung finden. Lista ist Knotenpunkt für Tausende von Zugvögeln.

Die Vegetation ist hier extremen Bedingungen ausgesetzt: Wind, Sonne, steiniger Untergrund, salzige Gischt und im unteren Bereich viel Stickstoff durch Tang und Seegras. Das Gebiet rund um den Leuchtturm ist zwar Schutzgebiet, darf aber (im Sommer) betreten werden – auch außerhalb der Pfade.

Die (sandige) Lista-Landzunge galt/gilt bei Seeleuten als eines der gefährlichsten Gewässer der norwegischen Küste. Allein zwischen 1840 und 1940 sind hier 120 Schiffe auf Grund gelaufen.

Vom Lista Fyr führt der NR in einem Bogen entlang der Küste mit dem Stavestrand und Bunkerruinen nach Stave zur Küstenstraße. Hier halten Sie sich links, genauso wie bei der folgenden T-Kreuzung Richtung Pennefeltet Helleristninger.

Variante mit Nordberg-Festung und Felszeichnungen (➲ 1 km länger)

Wenn Sie bei der T-Kreuzung rechts und gleich darauf links abbiegen, erreichen Sie nach 300 m die Anhöhe Nordberg, wo Sie links zu den Resten des nordatlantischen Verteidigungswalls mit Museum und weitem Ausblick radeln.

⌘ Museum zur deutschen Besatzung und der Festung Nordberg
♦ www.vestagdermuseet.no/lista, Sommerferien täglich 11:00-17:00, sonst So 12:00-16:00, Eintritt frei

200 m nach der Festung zweigen Sie nach links und radeln links vorbei an den Felszeichnungen von Pennefeltet (Info s. u.) zurück zur Straße mit dem NR.

Nach 500 m erreichen Sie den Parkplatz von **Pennefeltet ❸** (km 24) mit bronzezeitlichen Felszeichnungen. Rechts führt ein Pfad nach 200 m zu den bekannten Felszeichnungen.

Felszeichnungen von Pennefeltet

Die Felszeichnungen bei Pennefeltet zeigen (17 fertige und 8 unfertige) Schiffsmotive aus der Bronzezeit (1600 v. Chr.) – damals ein Symbol für blühenden Seehandel und Reichtum/Macht. Zu sehen sind auch Fußabdrücke und Hausreste aus den Zeiten der Völkerwanderung (6. Jh. n. Chr.). Die (70) schalenartigen Vertiefungen hatten vermutlich animalische Bedeutung. Gefunden wurden auch Spuren aus der Steinzeit.

Damals (vor 10.000 Jahren) lebten die Menschen von Jagd und Fischfang, während das Land erst seit der Bronzezeit durch Waldrodung kultiviert wurde. Dazu mussten Steine beiseitegeschafft und auf Wällen „entsorgt“ werden. Mit diesen Steinwällen zwischen Wiesen und Äckern erinnert die Landschaft ein wenig an Irland. Nebeneffekt der Wälle: Erosionsschutz gegen Wind und Wasser.

Nach kurzer Abfahrt zum Hafen von Jølle folgt der größte Anstieg des Tages. Der alte Hafen von Jølle hat nur eine kleine Öffnung in der Mole, die bei Unwetter mit Balken verschlossen werden konnte. 6 km nach Pennefeltet halten Sie sich bei der Siedlung Heskestad scharf links und erreichen kurz darauf die Straße Elledalsveien, der Sie geradeaus hinunter zum Fedafjord folgen. Der NR schwingt in Listeid ❹ (km 34) vor dem Gewässer Framvaren nach links um das 288 m hohe Dufjell und steigt wieder aufwärts, teilweise auf Schotterweg. Oben passieren Sie einen schönen Gebirgssee und Wald. Weiter geht es auf und ab – auch auf der später folgenden Straße 465 mit dem Fedafjord zur Linken. Dieser wird in direkter Linie von einer E39-Straßenbrücke überquert, dessen vorgeschalteter Tunnel aber für Radfahrerinnen und Radfahrer nicht passierbar ist.

Beim Hof Guse Gard ❺ erreichen Sie den höchsten Punkt der heutigen Etappe (km 51, ⇧ 240 m).

B&B Guse Gard, Guse, 4480 Kvinesdal, 📱 95 80 48 24, 💻 www.gusegard.no, Hütte ab NOK 1.000. Der Hof direkt am NR mit Schafen, Rindern, Lamas und Forstwirtschaft vermietet eine Hütte, buchbar über Portale wie 💻 www.booking.com.

Nach herrlicher Abfahrt nach **Kvinesdal** ❻ (km 60) queren Sie dort links den Fluss Kvina.

⛺ Sarons Dal Camping, Saronsdalvegen 14, 4480 Kvinesdal, 📱 99 20 75 15, 💻 www.saronsdalcamping.no, Zelt ab NOK 300, 🚪 ganzjährig, Platz am Fluss 1 km nordöstlich von Kvinesdal und 1,8 km vom NR

🛒 📯 Rema 1000, Austerdalsvegen 3, in der Ortsmitte, 1 km vom NR

🔧 Kvinesdal Sykkelservice, Industrigata 7, ☎ 38 35 17 00, 🚪 Mo-Fr 9:00-16:00, Sa 9:00-13:00

Ab Kvinesdal folgt der NR kurz der Straße 465, entfernt sich aber kurz danach von ihr und führt auf kleineren Straßen aufwärts bis auf ⇧ 170 m, ehe Sie zur Querung des Flusses Fedaleva in Feda (🛒) noch einmal auf Meeresniveau hinunterfahren müssen. Bei der nächsten Steigung queren Sie die von der Brücke über den Fjord hinübergeführte E39.

In Feda biegen Sie rechts auf eine größere Straße ab und folgen dieser 2 km zur E39, queren diese, halten sich danach zweimal links und radeln in einem Linksbogen um einen See.

Landschaft bei Flekkefjord

⛺🛏 Svindland Camping, Svindlandsveien 71, 4485 Feda, 📱 90 03 29 01, Zelt ab NOK 200, Hütte ab NOK 500, 🚪 Juni bis September. Diesen Platz an einem kleinen See erreichen Sie, wenn Sie an der Kreuzung mit der E39 halb rechts radeln, 200 m vom NR.

Nach der Steigung erreichen Sie an der Bushaltestelle „Fosseland" ❼ den höchsten Punkt des Anstiegs (km 80, ⇧ 225 m).

Fosseland Gjestegård, Fosseland 182, 4485 Feda, 📱 90 15 71 49, 💻 www.fosselandvandrerhjem.hotelmu.top, 🛏, DZ ab NOK 1.000, Hostel bei Hof in einsamer Lage, 500 m vom NR

Die Abfahrt erfolgt teilweise auf der E39 sowie stellenweise auf kleineren, parallel verlaufenden Straßen, etwa entlang des Selura-Sees mit einem per Abstecher erreichbaren Campingplatz:

⛺🛏 Egenes Camping og Fritidssenter, Selandsvegen 31, 4400 Flekkefjord, ☎ 38 32 01 48, 💻 www.egenescamping.no, Zelt ab NOK 250, Apartment ab NOK 1.200, 🚪 ganzjährig. Dieser um 1930 gegründete Campingplatz am Selura-See ist einer der ältesten Norwegens (gegründet 1930) und liegt 1 km vom NR. Anfang 2023 funktionierte dessen Website nicht; die Buchung war aber möglich über Portale wie 💻 www.booking.com.

Kurz vor Flekkefjord unterquert der Radweg die E39 und führt links zum Etappenziel. Dort queren Sie auf einer Brücke den Lafjord und radeln auf der Brogaten durch die Altstadt.

Flekkefjord 9.200 Ew.,

- Turistkontoret Flekkefjord, Elvegaten 1, ☏ 38 32 80 81, www.opplevflekkefjord.no, Mo-Fr 10:00-17:00
- Maritim Fjordhotel, Sundegaten 9, ☏ 38 32 58 00, www.maritimfjordhotell.no, DZ ab NOK 1.900. Das 1980 erbaute Hotel mit 46 Zimmern liegt zentrumsnah am Fjord mit schöner Terrasse direkt über dem Wasser. Möglichst Zimmer zur Wasserseite nehmen!
- ♦ Grand Hotel im Zentrum, Anders Beersgt. 9, ☏ 38 32 53 00, www.grand-hotell.no, DZ ab NOK 2.000, traditionelles Haus von 1898 im Zentrum
- mehrere Supermärkte im und am Einkaufszentrum AMFI östlich von der Altstadt

Flekkefjord liegt an einem geschützten Hafen. Auffällig sind die vielen Holzhäuser in diversen Farben und Formen – die Balken sind mal vertikal, mal horizontal. Hollenderbyen heißt die Altstadt hinter dem Hafen mit blumengeschmückten Gassen und Holzhäusern (17./18. Jh.). Der Name erinnert an die Vergangenheit: Der Ort verdankt seinen Reichtum dem Export von Holz (und später auch Steinen) in den letzten Jahrhunderten, v. a. in die Niederlande (seit 1500). Amsterdam wurde teilweise auf Eichenstämmen aus dem Flekkefjord-Distrikt erbaut. Im 19. Jh. war Flekkefjord Südnorwegens größter Exporthafen für Heringe und der Ort erhielt 1842 Stadtrechte. Das heutige Stadtbild wurde in dieser Epoche geprägt.

Von Flekkefjord erstreckt sich das **Sirdal** landeinwärts und steigt bis auf 1.000 m Höhe an. Das für den Schafauftrieb (50.000 Schafe) bekannte Tal ist ein beliebtes Wandergebiet.

✞ Sehenswert ist die weiße hölzerne **Kirche** von 1833 im achteckigen Grundriss (Elvegatan).

in den Sommerferien täglich 11:00-13:00

Flekkefjord

⌘ Über die Stadtgeschichte informiert das **Flekkefjord-Museum** in der Dr. Krafts gate 15. Im Eintrittspreis inkludiert ist eine Führung durch das Christopher Beer's House von 1724, das älteste Haus des Ortes.

♦ www.vestagdermuseet.no/flekkefjord, Mo-Fr 11:00-17:00, Sa 11:00-16:00, Eintritt NOK 110

Zum Aussichtspunkt Nesheia (180 m) oberhalb von Flekkefjord sind es etwa 30 Min. zu Fuß.

18. Etappe: Flekkefjord – Sogndalstrand

39 km, 770 m, ⇧ 2-272 m

Sie verlassen Flekkefjord auf der Straße 44 in südlicher Richtung entlang des Lafjord und weiter auf der 44 mit kurvenreicher Strecke durch eine abwechslungsreiche Gebirgslandschaft – sowie mit ordentlichen Anstiegen hinauf zum Langevatnet ❶ (km 8, ⇧ 210 m). Nach längerer Abfahrt passieren Sie am Botnevatnet einen netten Rastplatz am See ❷ (km 13, ⇧ 60 m) und queren schließlich auf Meeresniveau vor dem Weiler Ana-Sira () den Fluss **Sira** ❸ (km 18), der hier die natürliche Grenze zwischen den Provinzen Agder und Rogaland bildet.

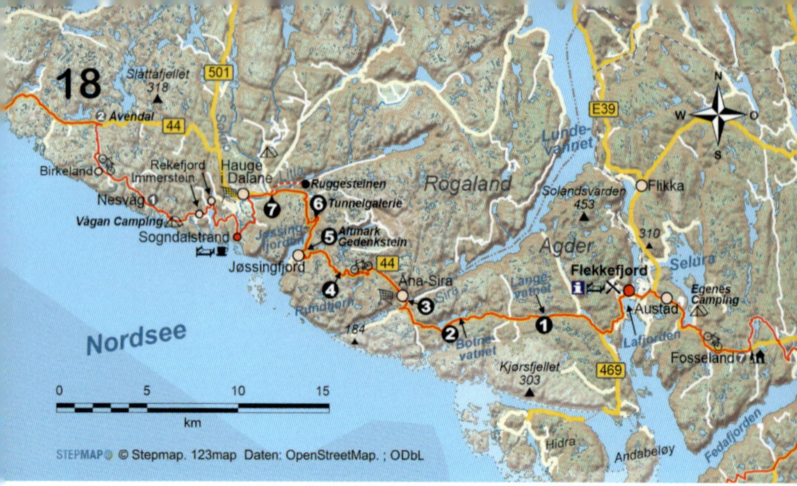

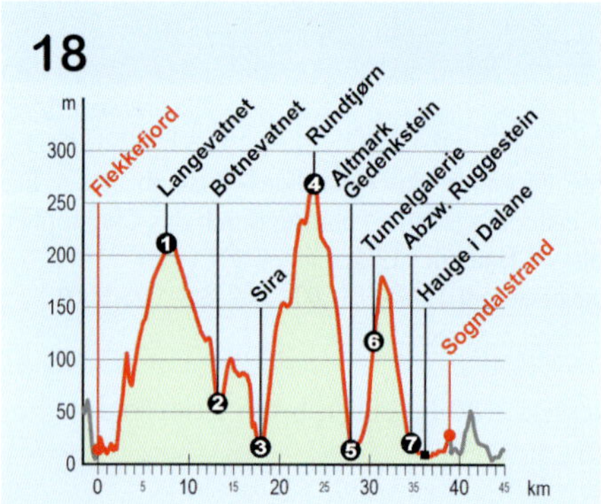

In **Rogaland** erwartet Sie eine fruchtbare und von Fjorden und Felsen durchzogene Landschaft – d. h. für Radlerinnen und Radler viel rauf und runter. Darunter sind die größten Anstiege des NR, bis hinauf auf ⇧ 272 m am kleinen See Rundtjørn ❹ (km 24). 28 km nach Flekkefjord erreicht die Straße den Jøssingfjord. Gleich zu Beginn erinnert ein Gedenkstein ❺ (km 28) an das Entern des deutschen Versorgungsschiffes Altmark am 16. Februar 1940 durch das britische Marineschiff Cossack (☞ Infokasten).

Am (westlichen) Gegenhang des Fjords passieren Sie nach einer aussichtsreichen Tunnelgalerie ❻ (km 30) einen Felsüberhang mit zwei Hütten von 1880, der schon zur Steinzeit besiedelt war.

Umweltskandal und norwegischer Widerstand am Jøssingfjord

Das Infoschild bei Helleren wurde gesponsert von Titania AS. Das Unternehmen geriet in den 80er-Jahren wegen eines Umweltskandals am Jøssingfjord in die internationalen Schlagzeilen, als bei der Produktion von Titanoxid Giftstoffe jedes Leben im Fjord töteten.

Eine meterhohe Titanschlammschicht bedeckt den Meeresgrund des Fjords. Das extrem harte, leichte und flexible Metall Titan wird in der Luft- und Raumfahrt geschätzt und bei Rennrädern sowie Brillengestellen verwendet. Chemische Grundlage ist der Ilmenit aus der Lagerstätte bei Tellnes, ein Titaneisenoxid.

Mit dem Jøssingfjord ist auch eine Erfolgsgeschichte des Widerstands gegen die deutschen Besatzer im Zweiten Weltkrieg verbunden, als es dem britischen Zerstörer HMS Cossack gelang, 299 alliierte Kriegsgefangene vom deutschen Frachter Altmark zu befreien. Nach dieser Aktion wurde in Norwegen der Begriff *Jøssing* ein Synonym für Patriotinnen und Patrioten – als positiver Gegensatz zum Namen des „Verräters" *Quisling* als Marionette Hitlers.

Nach dem Jøssingfjord radeln Sie wieder aufwärts auf der Straße 44. Am Ortsanfang von Hauge bietet sich rechts ein Abstecher zum **Ruggesteinen** an ❼ (km 35).

↳ Abstecher zum Ruggesteinen (➲ 2 x 2 km)

Rechts geht es über den Fluss Litlå und weiter rechts haltend auf kleinem Weg zum Ruggesteinen, mit 70 t Gewicht Nordeuropas größter Wackelstein. Zurück zur Straße 44 geht es auf demselben Weg.

Gleich nach der Abzweigung überqueren Sie den Fluss Sokno und erreichen den Ort **Hauge i Dalane**.

Bakkaåno-Camping & Gjestegard, Bakkaveien 147, 4380 Hauge i Dalane, ☎ 51 47 78 52, visit@bakkaanocamping.no, www.bakkaanocamping.no, Zeltplatz ab etwa NOK 400, Hütte ab NOK 800, ganzjährig, einfacher Platz mit 32 Plätzen, Hütten und Zimmern am Fluss Bakkaåno 3 km nordöstlich vom Ort und 2 km vom NR entfernt

zwei Supermärkte in Hauge: Extra im Myrveien 6 (✿), Kiwi im Gamleveien 54

In Hauge halten Sie sich links, queren den Fluss Sokno und folgen dem NR südwärts nach Sogndalstrand.

Nach 3 km erreichen Sie das nette Fischerdorf **Sogndalstrand** (280 Ew.) mit seinen alten Speicherhäusern aus dem 18. und 19. Jh., wo draußen Kabeljau zu Stockfisch (*lutefisk*) getrocknet wurde/wird.

Sogndalstrand Kulturhotell, Strandgaten 22, 4380 Hauge i Dalane, ☎ 51 47 72 55, www.sogndalstrand-kulturhotell.no, DZ ab NOK 2.000, schönes, radfreundliches Hotel mit Café im alten Hafen direkt am Wasser. Die 30 Zimmer sind auf 11 Gebäude verteilt.

Sogndalstrand - Lutefisk

⌘ Das kleine **Fischerei- und Seefahrtsmuseum** des Dalane Folkemuseum ist in einem alten Bootshaus der 1830er-Jahre im Sandvikveien 3 in der Dorfmitte untergebracht.

in den Sommerferien Sa und So 11:00

19. Etappe: Sogndalstrand – Varhaug

71 km, 595 m, 2-150 m

Ab Sogndalstrand folgen Sie dem NR weiter nordwärts – zunächst wieder Richtung Hauge, nach 1 km links (Tothammar) und im Folgenden entlang der Küste über Rekefjord und Immerstein. 7 km nach Sogndalstrand passieren Sie zur Linken einen zwischen Felsen gelegenen Campingplatz.

Vågan Camping Immerstein, Sekundær Fylkesveg 33, 4380 Hauge i Dalane,
91 11 68 53, Svein.o.andersen@lyse.net, Zeltplatz NOK 300,
April bis Oktober, kleiner Platz, schöne und ruhig gelegene Lage

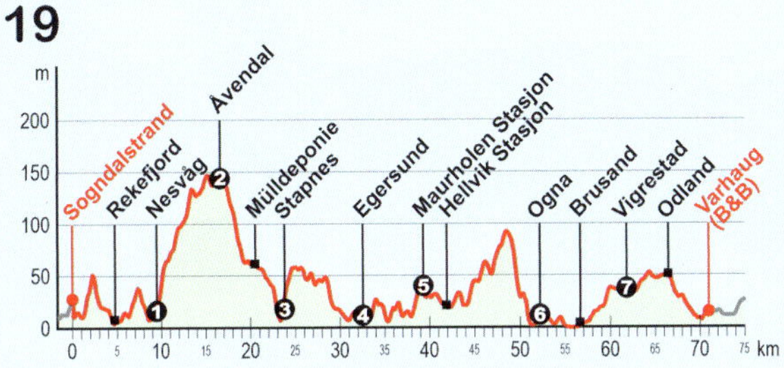
19
m
200
150
100
50
0
Sogndalstrand
Rekefjord
Nesvåg
Åvendal
Mülldeponie
Stapnes
Egersund
Maurholen Stasjon
Hellvik Stasjon
Ogna
Brusand
Vigrestad
Odland
Varhaug (B&B)
0
5
10
15
20
25
30
35
40
45
50
55
60
65
70
75 km

19
Varhaug
B&B
Odland
44
Vigrestad
Hæen
Bjå-vatnet
Brusand
Ogna
Sirevåg
Hellvik Stasjon
44
Hellvik
Maurholen Stasjon
Nordra-gabet
Leidland
426
Egersund
Hestnes
Beringsfjellet 164
Søra-gabet
Stapnes
Müll-deponie
Avendal
44
Slåttafjellet 318
501
Birkeland
Rekefjord
Immerstein
Nesvåg
Vågan Camping
Sogndalstrand
Nordsee
Stora moset
Karten 421
Synevarten 359
Urdalsnipa 561
Eikelands-knuten 333
Homse-vatnet
Vikeså
Solbjørgnipa 466
Daurmals-knuten 544
Ørsdals-vatnet
Røysland
E39
42
N
W
O
S
Soltua 148
Fotlands-vatnet
Eia-vatnet
15 km
10 km
5 km
0 km
STEPMAP © Stepmap. 123map Daten: OpenStreetMap.; ODbL

See vor Egersund

Weiter geht es vorbei an einem See mit Anleger zur Rechten und einem netten ⩩ Pausenplatz, ehe Sie nach einer kurzen Passage entlang der buchtenreichen Küste ab Nesvåg ❶ (km 9) wieder aufwärtsradeln. Am höchsten Punkt (⇧ 148 m) erreicht der NR beim Gehöft Åvendal ❷ (km 17) die Straße 44 und folgt ihr links bergab Richtung Egersund, eine landschaftlich beeindruckende Strecke mit vielen Felsen und Seen – und leider einer links liegenden Mülldeponie. Bei Stapnes ❸ (km 24) mit Hafen und kurz dahinter ⩩ Picknickplatz und WC-Häuschen erreichen Sie wieder das Meer und folgen der 44 parallel zur Küste nordwärts nach Egersund ❹ (km 33).

Egersund 11.500 Ew.,

- **i** Egersund tourist office, Jernbaneveien 18, 47 48 84 09, visitegersund.no/de, Mo-Sa 10:00-16:00
- Grand Hotell, Johan Feyersgt 3, ☏ 51 49 60 60, www.grand-egersund.no, DZ ab NOK 1.800, radfahrerfreundliches Hotel im alten Stil mit 59 Zimmern im Zentrum
- ♦ Ekirom, Johan Feyersgt 4, ☏ 51 49 14 00, www.ekirom-hotel-egersund.ibooked.no, DZ ab NOK 900, günstigeres, funktionales Hotel gegenüber vom Grand Hotell

Steinsnes NAF Camping, Tengs, 97 40 09 66, www.steinsnescamping.no, Zelt ab NOK 220, Hütte ab NOK 452, ganzjährig, 3-Sterne-Platz mit 100 Plätzen 3 km nördlich von Egersund und vom NR

mehrere Supermärkte im Ort und am Ortsrand, im Zentrum Coop Mega und Kiwi

Tengesdal sport AS, Elvegaten 6, 51 49 12 68, www.tengesdalsport.no, Mo-Fr 9:00-17:00, Sa 10:00-15:00, zentral gelegenes Sportgeschäft mit Radwerkstatt

Bahnhof nördlich von Egersund mit täglich 6 Regionalzugverbindungen Richtung Stavanger und Oslo. Das Rad muss angemeldet sein (online bei Buchung möglich). Richtung Stavanger verkehrt außerdem stündlich die Jærbane, ein Radtransport ist möglich, das Radticket (Preis eines Kinderfahrscheins) muss im Zug gekauft werden. Beide Linien werden vom britischen Unternehmen Go Ahead betrieben, www.go-aheadnordic.no.

Die gut erhaltene Holzstadt Egersund mit ihrem geschützten Naturhafen erlebte im 19. Jh. durch Heringsfang ihre Blüte.

✞ Die 1620 erbaute hölzerne **Kirche** wurde im 18. Jh. kreuzförmig ausgebaut.

Vom Varberg (südlich vom Zentrum) sowie vom Kråkefjell (nördlich) genießt man einen weiten Blick über Egersund und Eigerøy.

⌘ Das **Dalane Folkemuseum** zeigt im Ortsteil Slettebø 3 km nordöstlich vom Zentrum auf einem alten Landgut, wie die Menschen der Region früher gelebt und gearbeitet haben. Ausstellungen zum Handwerk und der Landwirtschaft sind in den alten Gebäuden eines alten nazideutschen Militärlagers untergebracht. Eine Dependance des Museums, **Egersund Fayancemuseum**, beleuchtet die 132 Jahre währende Tradition der Porzellanherstellung in Egersund – in einem modernen Gebäude an der zentralen Stelle der 1847 gegründeten Egersunds Potteri in der Fabrikgaten 2.

♦ www.dalanefolkemuseum.no, Sommersaison täglich 11:0-17:00, sonst nur Egersund Fayancemuseum Mi-Fr 11:00-15:00, Sa und So bis 17:00, NOK 70 (Slettebø zuletzt gratis)

Bei der Ausfahrt aus Egersund folgen Sie zunächst wieder der Straße 44 nordwärts und halten sich vor den Kreiseln links, vorbei an der Tankstelle. Nach 500 m zweigt der NR nach rechts ab und folgt nach Unterquerung der 426 auf einem sehr schönen, 8 km langen Abschnitt kurvenreich der Bahntrasse der in den 1870ern errichteten Schmalspurbahn Gamle Jærbane durch eine einsame, felsige Küstenlandschaft – ein Highlight des NR in Norwegen! Parallel zum gekiesten Radweg – und deutlich gradliniger – verläuft die Trasse der heutigen Bahn zwischen Egersund und Stavanger. Unterwegs passieren Sie den ehemaligen Bahnhof Maurholen ❺ (km 39) mit Picknickplatz sowie Waffelverkauf im Sommer.

Am (heutigen) Bahnhof **Hellvik** endet der Trassenweg und der NR verläuft nach Querung der Bahngleise rechts entlang des Netlandsveien.

Bahnhof Hellvik mit täglich stündlichen Verbindungen der Jærbane Richtung Stavanger und Egersund (Radticket im Zug), www.go-aheadnordic.no

Sandstrand bei Ogna

Nach 1,5 km erreichen Sie die Straße 44 und folgen ihr rechts in nördliche Richtung vorbei an Steinbrüchen für Labradorit und Lysit, die als weißer Edelsplitt vor allem in der Baubranche verwendet werden, etwa als Zusatz zu Asphalt und Beton. Nach 1,2 km zweigt der NR links in den Hegrestadvei als Teil des Vestlandske Hovedvei ab. Nach einer Gärtnerei mit Gewächshäusern (Hølland Gård gartneri) wird die wilde Landschaft kultivierter und Sie erreichen **Ogna** ❻ (km 52).

Dort können Sie aufatmen: Die Bergetappen sind vorbei, denn ab Ogna beginnt eine landwirtschaftlich genutzte Gegend in flachem Gelände, das bis nördlich von Stavanger reicht. An der Küste erwarten Sie Strände zwischen Dünenabschnitten.

Joker Ogna, Nordsjøvegen 4330, kleiner Supermarkt am Bahnhof

täglich stündlich Verbindungen mit Lokalzug nach Stavanger und Egersund, Radticket im Zug, www.go-aheadnordic.no

Nach Unterquerung der Bahngleise schwenkt der NR nach rechts und kurz darauf nach links zur Küste, ehe am Anfang eines langen Sandstrands ein Campingplatz erreicht wird.

Ogna Camping, Nordsjøvegen 4061, 4364 Sirevåg, 51 43 82 42, www.ognacamping.no, Zelt ab NOK 350, Hütte ab NOK 500, ganzjährig, aber Zelten nur in den Sommerferien, Platz mit Hütten an langem Sandstrand, direkt am NR

Kurz nach dem Campingplatz mündet der Weg in die Straße 44, der Sie links nach **Brusand** folgen (1,5 km).

Brusand Camping, Nordsjøvegen 3769, 4363 Brusand, 93 62 58 23, www.brusand-camping.no, Zeltplatz ab NOK 320, Hütte ab NOK 800, Anfang April bis Ende September, 4-Sterne-Platz mit Hütten, 1 km westlich von Brusand und dem NR an der 44, an einem der längsten Sandstrände Norwegens

Coop, Bru 17, am Bahnhof

täglich stündlich Verbindungen mit Lokalzug nach Stavanger und Egersund, Radticket im Zug, www.go-aheadnordic.no

In Brusand nehmen Sie den kleinen, rechts abzweigenden Weg nach Vigrestad, wobei Sie einmal die Bahnlinie queren. Am Beginn von **Vigrestad** ❼ (km 62) halten Sie sich rechts, umrunden den Ort ( ) nördlich und verlassen ihn im Westen wieder Richtung Varhaug.

1 km nach der Ortsmitte von Vigrestad halten Sie sich bei einer Gabelung vor der Bahnlinie rechts und radeln nach 1 km, nach einer weiten Linkskurve, bei einer Kreuzung geradeaus (Kyrkjevegen).

Ab Odland führt der NR im Zickzack wieder zur Küste, ehe Sie nach der einsam stehenden Kapelle (selten geöffnet) die Küste bei **Varhaug** erreichen; geradeaus ist eine Übernachtungsgelegenheit, zum Ort () sind es rechts 2 km.

Varhaug 3.400 Ew., B&B

B&B Huset ved havet, Jytte & Oddvar Varhaug, Ægrå, Sør Varhaug 39, 97 97 89 62, www.husetvedhavet.com, Zimmer/Hütte ab NOK 800 zzgl. F NOK 150 und Bettwäsche NOK 100, verschiedene Wohnungen/Häuser auf einem alten Bauernhof, 400 m von der Küste entfernt, direkt am NR

Varhaug Pizzeria and Grill House, Stasjonsvegen 24, am Bahnhof

Extra, Uelandsgata 4, am Bahnhof, sowie etwas südlich davon Spar, Stasjonsvegen 14

täglich stündlich Verbindungen mit Lokalzug von Go Ahead nach Stavanger und Egersund, Radticket im Zug, www.go-aheadnordic.no

Varhaug war von 1894 bis 1964 eine eigenständige Gemeinde, die danach mit Nærbø und Ogna zur neuen Gemeinde Ha zusammengelegt wurde, mit Varhaug als Verwaltungszentrum.

Radbrücke bei Obrestad Fyr

Obrestad Fyr

20. Etappe: Varhaug – Stavanger

➲ 72 km, ↑ 365 m, ⇧ 2-57 m

Sie radeln weiter nördlich parallel zur Küste, teilweise wieder auf einer Straße, dann auf Schotterweg. Nach 4 km stoßen Sie auf die Straße 44, der Sie 1,5 km nach links folgen, ehe Sie links in den 4370 Håvegen abzweigen.

Die Straße führt rechts am 1873 erbauten und 1991 automatisierten Leuchtturm **Obrestad fyr** vorbei zum **Hå gamle prestegard ❶** (km 9), einem Hof mit Museum, Café sowie Unterkünften – Letztere werden aber nur wochenweise (oder für ein ganzes Wochenende) vermietet.

Schöner Blick vom Obrestad Fyr, Mai bis September So 12:00-17:00, in den Sommerferien Di-So 12:00-17:00, NOK 50

⌘ Hå gamle prestegard, Museum und Kulturzentrum in alten Wirtschaftsgebäuden am Leuchtturm

♦ www.hagamleprestegard.no, Juni bis August Di-Fr 11:00-15:00 (Sommerferien bis 17:00), Sa und So 12:00-17:00, NOK 75

Museumscafé

Nach dem Hå gamle prestegard führt der NR über eine Hängebrücke und zweigt kurz hinter der Siedlung Nærland links auf einen Radweg neben der Straße 507 (Nordsjøvegen) ab, der vor dem Weiler Orre mit seiner mittelalterlichen Kirche rechts auf den Orrevegen verlassen wird – dieser verläuft zwischen zwei Seen: links Orrevatnet, rechts Ergavatnet und später Horpestadvatnet. Der NR zweigt beim folgenden Kreisverkehr ❷ (km 22) nach links ab.

Abstecher in die Stadt Bryne (2 x 5 km)

Wenn Sie beim Kreisverkehr rechts statt links radeln, am Straßenende bei der T-Kreuzung links und zuletzt die Straße 44 queren, erreichen Sie Bryne.

Bryne 12.000 Ew.

Jæren Hotel, Solhøgda 3, ☎ 51 77 11 00, www.jarenhotel.no, Buchung über Portale wie www.booking.com, DZ ab etwa NOK 1.500, Design-Stadthotel mit 52 Zimmern im Zentrum von Byrne

♦ Bryne Kro & Hotell, Morènefaret 3, ☎ 51 77 75 00, www.bryne-kro.no, DZ ab NOK 1.200, Hotel mit 34 Zimmern 1 km nordwestlich vom Ortszentrum

Spar, Arne Garborgs veg 15-17, 100 m östlich vom Bahnhof, sowie Coop, Morenefaret 1, nördlich vom Ort nahe dem Kro

Spinn Sykkelshop Bryne, Meierigata 21, ☎ 51 48 77 30, www.spinn.no → våre-butikker → Bryne, Mo-Mi 10:00-16:30, Do und Fr 10:00-18:00, Sa 10:00-14:00

täglich stündlich Verbindungen mit Lokalzug nach Stavanger und Egersund, Radticket im Zug, www.go-aheadnordic.no

Der NR nähert sich nordwärts wieder der Küste, die nach einem Linksschwenk vor einem Campingplatz erreicht wird.

Bore Strandcamping, Borestranda 199, 4352 Kleppe, 97 61 66 23, borestrandcamping@gmail.com, www.borestrand.no, Zeltplatz NOK 250 zzgl. NOK 100 p. P., Hütte ab NOK 650, ganzjährig, direkt am NR

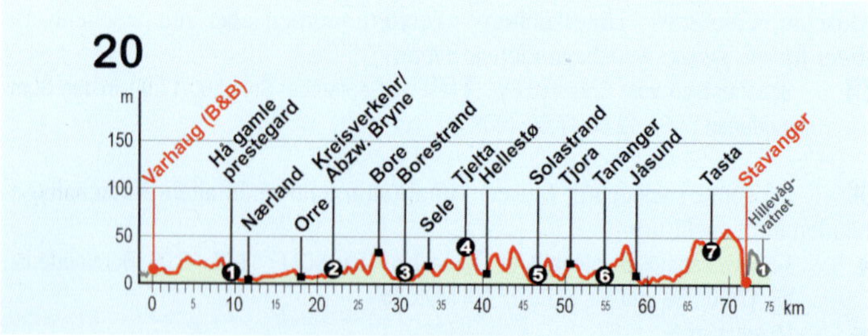

Der NR führt an dem bei Surferinnen und Surfern beliebten 🏊 Sandstrand von **Bore** ❸ (km 30) mit einigen Dünen vorbei und strebt danach wieder ins Landesinnere; über Sele radeln Sie zur Straße 510 und folgen ihr bzw. stellenweise der parallel verlaufenden Nebenstraßen links nordwärts.

In Tjelta ❹ (km 38) zweigen Sie links von der Straße 510 Richtung Hellestøstrand ab und folgen dem Radweg neben der 4518 (Vigdelsvegen) zur Küste und an dieser entlang.

Nach 5 km, kurz vor **Ølbergstrand**, halten Sie sich rechts Richtung Stavanger. ↳ Geradeaus geht es nach 200 m zu einem Campingplatz.

⛺ Ølberg Camping, Ølberg Havneveg 93, 4053 Ræge, ☎ 90 78 48 49, 💻 www.jarenfri.no/olberg-camping, Zelt ab NOK 200, Hütte ab NOK 650, 🚪 Mitte Mai bis Ende August, Platz direkt an der Küste, 200 m vom NR und 3 km vom Flughafen Stavanger entfernt, bei gutem Wetter recht voll

Nach 2 km, vor dem Flugplatz von Stavanger, nehmen Sie links die nordwärts verlaufende Straße nach Tananger. Rechts liegt der Flughafen von Stavanger, links die Küste mit dem **Sola-Strand** – genau in der Einflugschneise.

Beim Sola-Strand ❺ (km 46), 1,5 km nach der linken Abzweigung, macht die Straße eine Rechtskurve landeinwärts. Hier nehmen Sie den links bzw. geradeaus weiter nordwärts führenden Weg, rechts vorbei am Sola Strand Hotel.

Sola Strand Hotel, Axel Lundsv. 27, 4055 Sola, ☏ 51 94 30 00, www.solastrandhotel.no, DZ ab etwa NOK 1.600. Das Konferenz- und Wellnesshotel mit seinen 139 Zimmern, direkt an der Küste und dem NR sowie 200 m vom Ende der Startbahn entfernt

Abstecher nach Sola (➲ 1 km bis Hotel, 4 km bis Sola)

Wenn Sie der Straße beim Sola-Strand durch die Rechtskurve folgen, passieren Sie nach 1 km den Flughafen mit kurz nacheinander zwei Hotels.

Clarion Hotel Air, Utsolaarmen 16, ☏ 51 71 85 00, www.nordicchoicehotels.no → Sola flyplass, DZ ab etwa NOK 1.550

♦ Quality Airport Hotel, Sømmeveien 1, ☏ 51 94 20 00, www.nordicchoicehotels.no → Sola flyplass, DZ ab etwa NOK 1.400, typisches Flughafenhotel von 1988, direkt am Flughafen

Rechts um die nördliche Landebahn herum erreichen Sie auf dem Radweg neben der Hauptstraße Sola mit Versorgungsmöglichkeiten:

Supermärkte (Coop, Rema 1000, Kiwi, Extra) südlich vom Ortszentrum

Sykkelcenteret, Solakrossen 11, 45 29 10 00, www.sykkelcenteret.no. Mo-Fr 10:00-17:00, Sa 10:00-15:00

Der nordwärts führende Weg stößt nach 2 km auf die Straße 509, der Sie links auf dem begleitenden Radweg folgen, vorbei an einem Gewerbegebiet mit dem Fähranleger der Fjordline-Fähre:

Fjordline-Fähre von Stavanger in das dänische Hirtshals, ☞ Anreise, www.fjordline.no

Nach 4,2 km entlang der 509 radeln Sie bei einer Kreuzung links nach Tananger mit seinem Jachthafen ❻ (km 55), einer eher unschönen Industrie- und Hafenstadt, die auf Offshore-Technik (v. a. Ölförderung) spezialisiert ist.

Tananger

6.400 Ew.

Hummeren Hotel, Havnevegen, ☏ 51 69 40 00, www.hummeren.no, DZ ab NOK 1.200, Hotel am Hafen mit 30 renovierten Zimmern

mehrere Supermärkte in Zentrum (Rema 1000, Kiwi)

Sie radeln im Uhrzeigersinn südlich und westlich um Tananger mit seinen Industrieflächen herum, um den Ort schließlich auf einer kleinen Straße Richtung Jåsund zu verlassen. 2,5 km nach Tananger queren Sie den Hafrsfjord und radeln nach der Brücke links über den Parkplatz des Kiwi-Supermarktes. Danach geht es kurz entlang der Ringstraße, ehe Sie diese links verlassen und auf einem schönen, kurvenreichen Radweg entlang der Küste radeln. Schließlich mündet dieser herrliche Radweg in den Kvernevikveien ein und folgt dieser Straße über Håland und Tasta Richtung Stavanger. Von Tasta ❼ (km 67) führt der NR meist entlang der Tastaruta (Nr. 4) in das Zentrum – eine von 11 Hauptradrouten Stavangers. Der NR selbst führt rechts am Zentrum vorbei, daher müssen Sie für einen Stopp in Stavanger auf Höhe des Zentrums – idealerweise bei der Kreuzung mit dem Eiganesveien – nach links abbiegen und links vorbei am Breiavatnet und durch den Park in das Zentrum von Stavanger radeln.

Stavanger 145.000 Ew., B&B

Stavanger Touristinformation, Strandkaien 61, 51 85 92 00, www.regionstavanger.com, Mo-Fr 9:00-16:00, im Sommer länger

Markt in Stavanger

Stavanger bietet mit rund 50 Hotels und B&Bs eine große Auswahl an Übernachtungsmöglichkeiten; eine kleine Auswahl:

- Stavanger Forum Hotel, Gunnar Warebergsgt. 17, ☏ 51 93 00 00, www.thonhotels.no → Stavanger, DZ ab NOK 1.400, auffälliger, hoher, moderner Glaszylinder mit 182 Zimmern, von außen Geschmackssache, aber tolle Aussicht aus den Zimmern. Das Hotel gehört zur Rica-Kette. Das Frühstück (oder Dinner) gibt es in luftiger Höhe (21. Etage). 2 km vom Zentrum nahe dem Mosvatnet
- Radisson Blu Atlantic Hotel, Stavanger, Olav V s gate 3, ☏ 51 76 10 00, www.radissonhotels.com → Stavanger, DZ ab NOK 1.400, Hochbau am Breiavatnet in günstiger Lage zur Altstadt
- St. Svithun, Gerd-Ragna Bloch Thorsens gate 8, ☏ 51 51 26 00, www.st-svithun-hotell.no, DZ ab NOK 1.000, Stadthotel mit 135 Zimmern, etwa 1 km vom Zentrum, direkt neben der Uniklinik

B&B Bed, Books & Breakfast, Janken Robberstad & Otto Bjelland, Byfoged Christensensgate 12, ☏ 51 52 50 50, 90 82 35 26, bioaroma@hotmail.com, DZ ab NOK 750, B&B 700 m südlich vom Zentrum mit kleiner Bücherei (400 Bücher)

- The Thompsons' B&B, Sissel & Roger Thompson, Musègaten 79, ☏ 51 52 13 29, 97 15 05 20, sthompso@online.no, DZ ab NOK 500, B&B in alter Villa von 1910 mit 4 Zimmern, 600 m südlich vom Zentrum
- Stavanger Bed & Breakfast, Vikedalsgata 1A, 45 41 31 60, www.stavangerbedandbreakfast.no, DZ ab NOK 750 zzgl. F NOK 80 p. P., günstige Unterkunft am Südrand vom Zentrum

Stavanger Camping Mosvangen, Mosvangen 15, ☏ 51 53 29 71, www.stavangercamping.no, Zeltplatz ab NOK 300, Hütten ab etwa NOK 500, Anfang April bis Ende September, Campingplatz am Mosvatnet 2 km vom Zentrum entfernt

zahlreiche Supermärkte, im Zentrum etwa Extra, Klubbgata 4. Bioprodukte bietet Ullandhaug gårdsbutikk am Fiskepirterminal.

zahlreiche Rad- und Sportläden. Eine kleine Auswahl:

- Bikes Point AS, Løkkeveien 32, 96 99 62 49, www.bikespoint.no, Mo-Fr 11:30-19:00
- Paahjul Stavanger, Jernbaneveien 3, 47 97 59 94, www.kirkensbymisjon.no/paahjul, Mo-Fr 7:30-15:00, Radwerkstatt am Bahnhof
- Sykkelpikene Stavanger, Breigata 25, 99 22 34 89, www.sykkelpikene.no → Butikker → Stavanger, Mo-Fr 10:00-18:18:00, Sa 10:00-16:00, am Hafen zwischen Oljemuseum und Fiskepirterminalen

Bahnhof in Stadtmitte mit Verbindungen nach Oslo (8 Std.) via Kristiansand (3 Std.) – 6 x täglich mit einer Verbindung nachts. Rad online mit Fahrkarte buchbar. Außerdem viertelstündliche Bahnverbindungen von/nach Sandnes entlang der morgigen Etappe (Radkarte im Zug), www.go-aheadnordic.no

Fjordline-Fähre von Stavanger in das dänische Hirtshals,
☞ Anreise, www.fjordline.no

Die viertgrößte und reichste Stadt Norwegens, im Jahr 2008 Europas Kulturhauptstadt, boomt seit den ersten Erdölfunden in der Nordsee 1969. Tatsächlich ist die Ölhauptstadt Europas aber seit 1.300 Jahren organisch gewachsen – heute dominiert der Kontrast aus Alt und Neu das Stadtbild.

Blick auf Stavanger

Stavanger, Hauptstadt der Provinz Rogaland, wirbt mit mehreren Superlativen:

- ▷ die meisten Holzhäuser Europas
- ▷ das höchste Pro-Kopf-Einkommen Norwegens (aber auch die größte Wohnungsnot)
- ▷ der höchste Ausländeranteil Norwegens (13 %)
- ▷ die größte Kneipendichte Norwegens
- ▷ die teuerste Stadt im teuren Norwegen
- ▷ die größte Wachstumszone in Skandinavien
- ▷ die radfreundlichste Großstadt Norwegens (viele Radwege und -schilder!)

Gamle Stavanger ist die Altstadt mit 173 Holzhäusern aus dem 18./19. Jh. – bei der Øvre und Nedre Strandgata. Sie gilt als besterhaltene, noch bewohnte Holzhaussiedlung Skandinaviens. Die Moderne zeigt sich am Hafen mit vielen Anlagen/Industrie für Schiffbau und Montage von Bohrinseln. Von 1125 bis 1682 war Stavanger Bischofssitz, aber nach einem Stadtbrand übernahm Kristiansand diese Funktion.

✝ Der St. Svithun gewidmete **Dom** von 1125 gilt als bedeutendster Sakralbau Norwegens. Besucherinnen und Besucher erwartet unter dem Holzdach ein buntes Stilgemisch: romanisch (Schiffe), gotisch (Kreuzgewölbe im Chor, Fenster) und barock (Interieur).

🚪 täglich 10:00-19:00

⌘ Das **Stavanger Kunstmuseum** in der Henrik Ibsensgate 55 ist eines der bedeutendsten Kunstmuseen des Landes. Unter Glaskuppeln sind mehr als 1.500 Gemälde norwegischer Künstlerinnen und Künstler ausgestellt (18. Jh. bis heute).

♦ www.stavangerkunstmuseum.no, täglich 11:00-16:00, NOK 140

⌘ Das **Norsk Oljemuseum** am Kjeringholmen wurde 1999 als interaktive Ausstellung über die Erdöl- und Gasförderung in Norwegen eröffnet. Das Gebäude erinnert an eine Bohrinsel.

♦ www.norskolje.museum.no, Mo-Sa 10:00-16:00, So 10:00-18:00, im Sommer täglich 10:00-19:00, NOK 150

⌘ Stavanger **Maritime Museum** in der Nedre Strandgate 17-19 informiert über die Seefahrt rund um Stavanger.

♦ www.stavangermaritimemuseum.no, täglich 11:00-16:00, NOK 140

⌘ Das **Norsk grafisk museum og Norsk hermetikkmuseum** in der Øvre Strandgata 88 informiert in einer alten Fabrikhalle über die Konservenindustrie und den Etikettendruck, die im ausgehenden 19. Jh. mehr als die Hälfte der Einwohnerinnen und Einwohner beschäftigten.

♦ www.iddis.no, täglich 11:00-16:00, NOK 140

⌘ Das **Stavanger Museum** in der Muségata 16 dokumentiert die Entwicklung der Stadt.

♦ www.museumstavanger.no, täglich 11:00-16:00, NOK 140

21. Etappe: Stavanger – Jørpeland

➲ *58 km (via Oanes und Sykkelruter 3 66 km),* ↑ *475 m,* ⇧ *1-175 m*

Ab Stavanger macht der NR einen weiten Schlenker in das Landesinnere. Früher führte er nordwärts entlang der Küste und mithilfe einer Fähre von Mekjarvik nach Skudeneshavn, die aber ihren Betrieb eingestellt hat.

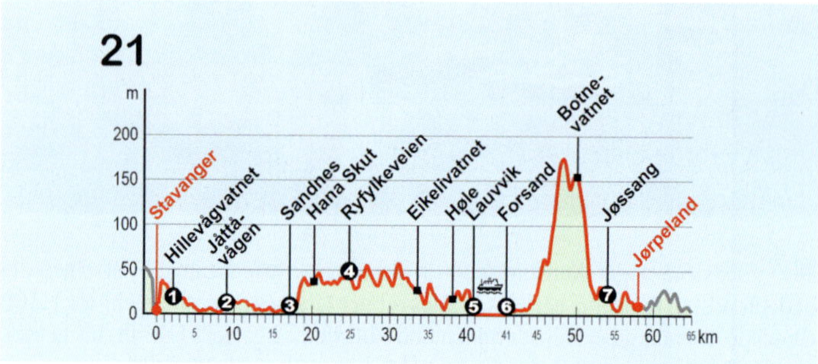

Küstennähere Alternativen sind nicht möglich, weil Straßentunnel wie der 6 km lange Byfjordtunnel für Radfahrerinnen und Radfahrer verboten sind! Die jetzige offizielle – hier beschriebene – Route ist stellenweise wenig radfreundlich: Einige Abschnitte führen entlang stärker befahrener Straßen mit kleinen Tunneln, v. a. das letzte Drittel.

Weichen Sie ggf. auf die vorgeschlagenen Alternativen im Infokasten „Radfahrabenteuer Rogaland" aus!

Behalten Sie bei dieser Etappe die Zeit im Auge, denn die Fähre ab Lauvvik ❺ (km 41) verkehrt sehr selten (täglich außer Sa 13:55 sowie Fr und So 16:50)!

Radfahrabenteuer Rogaland

Die fjord- und inselreiche Region Rogaland ist eine tolle Landschaft, erfordert aber eine genaue Planung wegen der vielen zu querenden Fjorde. Die Zahl der einst zahlreichen Fähren ging in den letzten Jahren erheblich zurück, weil der Autoverkehr stattdessen durch Tunnel geleitet wird, die aber großteils für Fahrräder gesperrt sind.

☺ Folgende Website gibt die Radfahreignung aller norwegischen Tunnel an: 💻 www.cycletourer.co.uk/maps/tunnelmaplrge.shtml.

Wegen eingestellter Fähren musste der NR mehrfach erheblich umgelegt werden. Anfangs (bis etwa 2013) ging es nördlich von Stavanger mit einer Fähre von Mekjarvik nach Skudeneshavn und von dort über die Insel Karmøy nach Haugesund. Nach Einstellung dieser Fähre wurde die Strecke auf die (großteils) jetzige küsten- und inselreiche Strecke durch die Fjordlandschaft Rogalands via Sandnes, Jørpeland am bekannten Preikestolen und Nedstrand umgeleitet. Nachteil: Diese Strecke ist (war) auf drei Fähren angewiesen, von denen eine (Lauvvik – Oanes) 2022 ihren Dienst eingestellt hat. Eine daraus folgende offizielle Umleitung des NR bzw. der Kystryta war bei Redaktionsschluss auch auf Nachfragen nicht bekannt, aber auf der Hand liegt die Umleitung über Forsand mit der Fähre Lauvvik – Forsand (Kolumbus-Linie 580) und kurz darauf die Querung des Lysefjord. Nach Auskunft der regionalen Touristinfo sei man allerdings auf der Suche nach einem neuen Betreiber für die Fährlinie Lauvvik – Oanes, dann bliebe alles beim Alten.

Der Abschnitt zwischen Stavanger und Haugesund lässt sich durch folgende Optionen abkürzen bzw. meiden, wobei Busse Strecken benutzen, die wegen ihrer Tunnel für Radfahrerinnen und Radfahrer gesperrt sind:

Mit dem Schiff (ab Stavanger Fiskepirterminal):

▷ von Stavanger nach Nedstrand (23. Etappe) in 1 bis 2 Std. mit Schnellboot-Linien 510 oder 522 (hurtigbåt) – nettes Inselhopping durch die Ryfylke-Inseln (2 bis 3 x täglich, teilweise mit Umsteigen, einfache Fahrkarte: ca. NOK 215 inkl. Rad) – wohl die unkomplizierteste Art der Weiterreise gen Norden

▷ von Stavanger nach Tau nahe Jørpeland (22. Etappe) in 1 Std. mit Schnellboot (etwa 5 x täglich, einfache Fahrkarte: ca. NOK 85 inkl. Rad)

Räder können auf den Schnellbooten gratis mitgenommen werden, aber nur bis zu 10 pro Schiff!

☺ Tickets gibt es am Schalter oder online in der App „kolumbus billet“. Auf der Website können Karten nicht gekauft werden, aber es gibt dort neben weiteren Infos einen guten Reiseplaner: www.kolumbus.no.

Mit dem Bus (ab Stavanger Busterminal neben dem Bahnhof):

▷ von Stavanger mit Buslinie 100 nach Solbakk (22. Etappe) nordwestlich von Jørpeland. Der Bus fährt weiter nach Jørpeland, aber die im Radanhänger transportierten Räder können nur an den Busterminals in Stavanger und Solbakk ein- und ausgeladen werden. Der Bus verkehrt werktags halb- und sonntags stündlich (NOK 80 p. P. zzgl. NOK 40 für das Rad, Fahrtdauer: ca. 30 Min.) und fährt durch den für Radfahrerinnen und Radfahrer gesperrten Straßentunnel zwischen Stavanger und Tau, den längsten und tiefsten Unterwassertunnel weltweit. www.kolumbus.no

▷ von Stavanger nach Haugesund (Ziel 23. Etappe) (und weiter nach Bergen) mit Fernbuslinie 400 von Nor-Way (Kystbussen): mehrmals täglich in etwa 2 Stunden Fahrzeit (ab etwa NOK 200 zzgl. NOK 270 für das Rad). Bis auf die direkt verkehrenden (schnelleren und oft günstigeren) Busse nehmen fast alle Busse Räder mit, die bei Online-Buchung im zweiten Schritt dazugebucht werden können. Bei fehlender Wahloption für Räder ist der Radtransport in der Regel nicht möglich. www.nor-way.no

♦ Tickets gibt es am Busterminal oder online in der App „kolumbus billet“, wo Räder als Option gleich mit angegeben werden können. www.kolumbus.no

Der NR verlässt Stavanger südwärts auf der als Radroute Gansfjordruta (7) ausgewiesenen Strecke, die vom großen Friedhof südlich vom Zentrum entlang des Paradisveien zum **Hillevågvatnet** ❶ (km 2) mit großem Jachthafen führt und dessen Uferlinie südwärts folgt, vorbei am Ortsteil Hillevåg mit landeinwärts einem Radladen.

Spinn Sykkelshop Hillevåg, Torgveien 15, ☏ 51 58 55 01, www.spinn.no → Hillevåg, Mo, Di, Mi 10:00-17:00, Do bis 19:00 und Sa bis 15:00

Sie folgen dem Radweg entlang der Küste links neben den Bahngleisen und passieren dabei Stavangers Stadteile Hinna (🛒) und Jåttåvågen (🚆 Info ☞ Sandnes) ❷ (km 9) mit weiter links dem Hafen – bis in die 1990er-Jahre ein Zentrum der Offshore-Industrie, in dem in 20 Jahren 17 große Betonplattformen entstanden, heute ein beliebtes Wohngebiet. Der NR führt weiter südwärts entlang der Küste nach **Sandnes** ❸ (km 17).

Sandnes 11.500 Ew.

Touristinformation Sandnes, Vågsgata 22, ☏ 51 85 92 00, www.fjordnorway.com → Sandnes, Mo-Fr 9:00-16:00

Hotel Sverre & Sandnes Vandrerhjem, Storgata 45, ☏ 51 97 30 00, www.hotel-sverre.no, DZ ab NOK 1.000, Low Budget-Hotel/Herberge ohne Rezeption

Hotel GamlaVærket, St. Olavs gate 38, ☏ 51 68 51 70, www.kronenhotels.no/gamlavaerket, DZ ab NOK 1.500, 4 Sterne-Hotel am Bahnhof

♦ Quality Hotel Residence, Julie Eges Gate 5, ☏ 51 60 57 00, www.nordicchoicehotels.no → Sandnes, DZ ab NOK 1.600, Kettenhotel nahe am Bahnhof

mehrere Supermärkte im Ortszentrum, etwa Extra am Bahnhof, Vågsgata 18/20

Paahjul sykkelverksted, Langgata 2A, 96 00 55 12, www.rogaland.paahjul.no, Mo-Fr 7:30-15:00, Sa 10:00-15:00

♦ Spinn Sykkelshop, Ivar Aasens Gate 5, 90 25 66 44, www.spinn.no → våre-butikker → Sandnes, Mo-Fr 10:00-19:00, Sa 10:00-15:00

viertelstündliche Bahnverbindungen von/nach Stavanger (Radkarte im Zug), www.go-aheadnordic.no

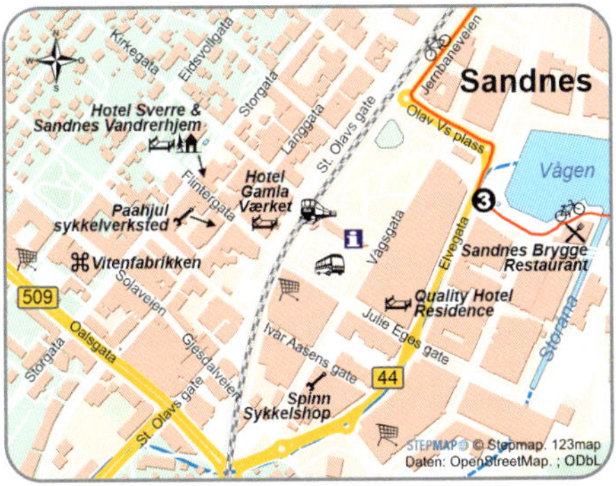

Das 1860 gegründete Sandnes (81.300 Ew.) ist bekannt für seine Töpferei und hat einen Ruf als Fahrradstadt – wegen der vielen Radwege und vor allem der früheren Fabrikation von Fahrrädern: Die norwegische Firma DBS produzierte hier von 1892 bis 2000 Räder, nach dem Namen der

Firma (Kurzform von Den Beste Sykkel) die angeblich besten des Landes. Heute fabriziert DBS als Tochter des schwedischen Radkonzerns die Räder außerhalb Norwegens.

⌘ Die **Vitenfabrikken** („Wissensfabrik“) in der Storgata 28 wurde 2008 eröffnet, als Sandnes zusammen mit Stavanger den Titel „Europas Kulturhauptstadt“ trug. Gezeigt werden interaktive Ausstellungen zu u. a. Mathematik, Astronomie, Chemie, Physik und Technik.

♦ www.jaermuseet.no/vitenfabrikken/en, im Sommer Di-So 11:00-17:00, ansonsten wenige Stunden kürzere Öffnungszeiten, NOK 145

In Sandnes geht es kurz am Jachthafen entlang, ehe der NR nach rechts abzweigt und gleich darauf links der Havnegata zum Kreisverkehr folgt. Dort radeln Sie nach links und beim übernächsten Kreisverkehr nach rechts. Die Skippergata mit benachbartem Radweg schlängelt sich durch den Ort Hana Skut (🛒) mit Einkaufsgelegenheit zur Nationalstraße 516. Sich links haltend umfahren Sie den Kreisverkehr und begleiten die 516 auf dem linksseitigen Radweg, vorbei an einer Übernachtungsgelegenheit.

Hotel Kronen Gaard, Lutsiveien 70, 4309 Sandnes, ☏ 51 60 83 00, www.kronenhotels.no/kronen-gaard, DZ ab NOK 1.700, traditionelles Hotel mit Hauptgebäude von 1898

Nach 5 km verlassen Sie die 516 nach rechts auf den **Ryfylkeveien** ❹ (km 25) Richtung Hogstadvika, nachdem diese sich bei einer Bushaltestelle auf vier Spuren verbreitert. Die nächstgrößere Ortschaft ist Høle (🛒). Kurz darauf erreichen Sie den Fähranleger von **Lauvvik** ❺ (km 41), wo Sie übersetzen müssen:

Die frühere Fähre nach Oanes stellte nach der Coronapandemie ihren Betrieb ein; bei Redaktionsschluss wurde nach einem neuen Betreiber gesucht. Stattdessen setzen Sie mit der Autofähre 560 in 5 Min. nach Forsand über. Diese verkehrt täglich außer Sa um 13:55, Mo-Fr um 5:55 sowie Fr und So um 16:50. Tickets (NOK 20) gibt es am Hafen bzw. an Bord oder mit der App von Kolumbus, www.kolumbus.no.

Café Bakerens Paradis, Café südlich vom Fähranleger, ☏ 51 60 83 00, www.kronenhotels.no/bakernes-paradis, variabel

Variante ab Oanes
(nach Jørpeland via Sykkelruter 3 ➲ 25 statt 17 km)

Sollte die Fähre von Oanes nach Lauvvik wieder fahren, setzen Sie am besten nach Oanes über und folgen dort rechts der Hauptstraße, zweigen nach 1 km beim Kreisverkehr nach links und folgen der Sykkelruter 3 entlang der Küste (➲ 8 km länger) statt der Hauptstraße.

In **Forsand** (🏁) ❻ (km 41 – Fährenkilometer nicht mitgezählt) halten Sie sich links und folgen der Straße zunächst an der Küste entlang, dann nach 1,5 km dem Fossanvegen nach links und nordwärts oberhalb der Küste. Nach einem Tunnel überqueren Sie auf einer Straßenbrücke den Lysefjord, nach dem Sie der Ryfylkevegen (Straße 523) rechts mit stetigem Anstieg auf ⇧ 150 m, der ohne die zwei Tunnel noch größer wäre, nordwärts führt. Die Straße leitet an den Idsefjord heran. Nach knapp 1 km entlang dieses Fjords verlassen Sie die Hauptstraße sich links haltend auf den Jøssangvegen, der parallel zur Hauptstraße küstennäher durch **Jøssang** ❼ (km 54) nach Jørpeland führt.

Abstecher zum Preikestolen (➲ 2 x 5 km sowie ⇧ 350 Hm)

Das Gebirgsmassiv rechts oberhalb von Jøssang ist für eine der landschaftlichen Top-Attraktionen von Norwegen bekannt: den Preikestolen („Predigerstuhl"), der zum Lysefjord hin 600 m steil abfällt. Auf halber Strecke dorthin liegt der Besucherparkplatz mit Übernachtungs- und Einkehrgelegenheit.

Preikestolen, © Peter Bartel

Von Jøssang hinter dem Gotteshaus rechts abzweigend, unter der Hauptstraße hindurch und aufwärts auf der meistens stark frequentierten Zufahrtsstraße sind es rund 5 km (und 350 Hm). Unterwegs passieren Sie einen Campingplatz (⇧ 110 m).

Preikestolen camping, Preikestolvegen 97, 4105 Jørpeland, 48 19 39 50, www.preikestolencamping.com, Rad mit Zelt NOK 180, keine Hütten, Reservierung nicht möglich!, Anfang Mai bis Ende Oktober

Preikestolhytta & Fjellstue, Preikestolvegen 521, 4105 Jørpeland, 51 74 20 74, www.preikestolenbasecamp.com, DZ ab NOK 1.400, minihüttenartiges Hikers' Camp ab NOK 950, April bis November, verschiedene Unterkunftsarten von traditioneller Hütte hin zu moderner Lodge

Vom Parkplatz mit der Hütte startet der mit rotem „T" markierte Klassiker-Wanderweg vorbei an Urskar zum bekannten Plateauberg Preikestolen. Hin und zurück sind es rund 8 km, insgesamt ⇧ 500 Hm und 4 Gehstunden.

♦ Ausführliche Infos zur Tour und Vorbereitung bietet die offizielle Website (u. a. auf Deutsch): www.preikestolen365.com.

In den Sommermonaten ist es am Preikestolen sehr voll. Die meisten sind aber Tagestouristinnen und Tagestouristen, die um 16:00 Uhr verschwunden sind. Mit der Tour am Preikestolen sollten Sie auf jeden Fall ein bis zwei Tage extra einplanen!

Wichtig: angemessene Ausrüstung mit festem Schuhwerk.

Am Anfang von Jørpeland geht es sich wieder rechts haltend zur Hauptstraße und auf dieser nordwärts Richtung Ortsmitte, ehe Sie nach der Querung eines Flusses die Straße Obstfeldervegen scharf links abwärts zum Hafen mit Einkaufs-, Einkehr- und Übernachtungsgelegenheit führt.

Jørpeland

7.200 Ew.

Verkshotellet Jørpeland, Direktør Poulsonsgate 2, 40 72 12 33, verkshotellet.no, DZ NOK 1.500, in Ortsmitte

mehrere Supermärkte am Hafen (Rema 1000) und weiter oberhalb (Spar, Extra, Kiwi)

Das 1998 als Stadt anerkannte Jørpeland liegt an der Mündung des Jørpelandsåna in den Idsefjord. Bekannt ist der Ort neben seiner Lage nahe dem Preikestolen durch die 4 km nordwestlich liegenden bronze- bis eisenzeitlichen Felsritzungen Solbakk helleristninger, die vor allem Bootsmotive zeigen.

22. Etappe: Jørpeland – Hjelmeland

➲ 59 km, ↑ 670 m, ⇧ 1-197 m

Der NR verlässt Jørpeland entlang der Hauptstraße westwärts Richtung Solbakk und zweigt nach dem Ort links in die ruhigere Küstenstraße Nagaveg ab. In Solbakk geht es wieder zur Hauptstraße und auf dieser vorbei am **Solbakk-Busterminal** ❶ (km 7). Dahinter radeln Sie am Kreisverkehr geradeaus, während der Hauptverkehr auf dem Weg in den 14 km langen **Ryfylketunnel** Richtung Stavanger nach links abzweigt, mit 292 m unter dem Meeresspiegel der tiefste Unterwassertunnel weltweit bis voraussichtlich 2030. Dann wird wenige Kilometer nördlich der **Boknafjordtunnel** zwischen Stavanger und Haugesund noch einmal rund 100 m tiefer und mit 27 km auch der längste Straßentunnel unter Wasser sein.

Bei einem Strandparkplatz ❷ (km 8) geht es rechts hinauf (Kyrkjebakken) und nach der Kirche bei der Gabelung rechts. Die Straße 520 führt an den See Bjørheimsvatnet heran und bei **Vaula** über diesen hinüber ❸ (km 15). Nach einer Schule erreichen Sie die Hauptstraße 13 (Ryfylkevegen) und folgen ihr rechts auf dem linksseitigen Radweg, nach einer Linkskurve vorbei an einem Campingplatz:

Wathne Camping, Ryfylkevegen 2831, 4121 Tau, 40 56 66 06, wathne-camping.com, Zelten NOK 30, Hütte ab NOK 1.100, ganzjährig, Platz direkt am See

Moltebeeren am Wegesrand

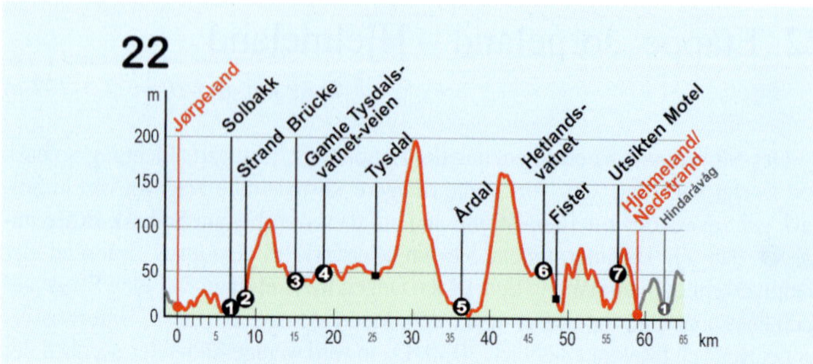

500 m nach dem Campingplatz zweigt der NR rechts von der in einen Tunnel führenden Hauptstraße in den **Gamle Tysdalsvatnet-veien** ab ❹ (km 19) und folgt einem herrlichen Radweg am Tysdalsvatnet entlang, an dessen Ende der NR wieder auf die Straße trifft. Kurz darauf passieren Sie einen weiteren Campingplatz:

Tysdal Camping, RyfylkeVeien 4251, 4137 Årdal, 90 80 35 65, www.tysdalcamping.no, Zeltplatz ab NOK 200, Hütte ab NOK 600, erfragen, Platz am See mit Gratis-Bootsverleih, direkt am NR

Nach Querung des Flusses Storåna passieren Sie **Årdal** ❺ (km 37). Nach der Rechtskurve halten Sie sich rechts und folgen der Straße 13 nordwärts, zunächst entlang des Riskedalsvatnet. Nach dem See schlängelt sich die Straße um einen Berg herum, nach dessen rechtsseitigem Steilhang Sie die 13 verlassen und links dem Fisterveg 634 vorbei an der Bushaltestelle folgen. In einem langen Linksbogen nähert sich die Straße dem Hetlandsvatnet und verlässt diesen kurz nach einem Rast- und Badeplatz ❻ (km 47) mit einem Rechtsknick.

Hinter Fister erreichen Sie das Meer und folgen dem NR geradeaus entlang des Hjelmelandsfjord. Kurz vor Kleppa erreichen Sie nahe dem Utsikten Motel (Info ☞ Hjelmeland) ❼ (km 57) wieder die Straße 13 und folgen ihr nach Hjelmeland.

Hjelmeland

2.800 Ew.

Utsikten Motel, Ryfylkevegen 6816, 93 99 29 45, DZ ab NOK 850, Restaurant nur im Sommerhalbjahr, Buchung über Portale wie www.booking.com, Motel 2 km südwestlich direkt am NR

Hjelmeland Hostel & Camping, Vågavegen 28, 46 55 92 01, Zelt mit 1 Pers. NOK 200, DZ ab NOK 1.000, ganzjährig, kleiner Platz, Zimmer buchbar über www.booking.com

Smaken av Ryfylke, Vågavegen 44, www.smakenavryfylke.no, nur am Wochenende, regionale Küche

✕ Siranee's Thaimat, thailändische Küche, am Hafen

🛒 Coop am Hafen (📯) und Spar etwas weiter östlich

Hjelmeland ist Teil der gleichnamigen ländlichen Kommune mit den größten Ortschaften Fister und Årdal. Wirtschaftlich dominieren in der Region Fisch- und Obstproduktion. Auch die Produktion von Holzmöbeln hat Tradition, darunter der norwegische Holzstuhlklassiker Jærstol. Ein solcher 4,5 m Jærstol erinnert in der Nähe des Gemeindehauses am Fährhafen an diesen mehr als 100 Jahre alten Wirtschaftszweig.

23. Etappe: Hjelmeland – Haugesund

52 km, 545 m, 1-86 m

Sie setzen mit dem Schnellschiff über nach Nedstrand.

Schnellschiff Hjelmeland – Nedstrand, sehr wenige tägliche Verbindungen mit dem hurtigbåt und teilweise mehrmaligem Umsteigen, u. a. in Judaberg (Reisezeit etwa 3 Std., davon reine Fahrtdauer etwa 1,5 Std., NOK 210 inkl. Rad), 51 19 99 00, www.kolumbus.no. Tickets gibt es am Schalter oder online in der App „kolumbus billet". Auf der Website können Karten nicht gekauft werden, aber es gibt dort neben weiteren Infos einen guten Reiseplaner.

Nedstrand

250 Ew.

Nedstrand feriesenter, Dalvavegen 10, 90 83 05 65, rasmus.skorpe@hotmail.com, nedstrand.no/feriesenter. Der Platz richtet sich vornehmlich an Wohnmobile, hat aber auch Zeltstellplätze sowie Holzzelte, Preise auf Anfrage, erfragen. Das feriesenter betreibt eine Bäckerei, spezialisiert auf Kranzkuchen. 300 m vom NR

Cafenais, Do und Fr 18:00-0:00, Sa 16:00-0:00, So 13:00-17:00, Bistro am Hafen

Joker am Hafen

Ab Nedstrand folgen Sie vom Hafen kommend links der Hauptstraße 515 – leider ohne Radweg – in westliche Richtung über Hindaråvåg () ❶ (km 4), Muslandsvåg und Espevik ❷ (km 13). Später radeln Sie entlang des Skjoldafjord und passieren dort in einigem Abstand zwei Campingplätze:

Sandvig Camping, Nedstrandsveien 1035, 5560 Nedstrand, 99 26 26 20, aasmsand@frisurf.no, www.sandvikcamping.no, Zelt ab NOK 200, 24-Stunden-Gäste nur in Sommersaison, 200 m vom NR

Skjoldastraumen Camping & Marina, Nedstrandsveien 79, 5567 Skjoldastraumen, 94 17 26 01, sandra.bdsvik@haugnett.no, www.s-camping.no, Zelt ab NOK 300, Hütte ab NOK 1.200, April bis Oktober, 50 m vom NR

Die Straße 515 leitet links über den Skjoldafjord, durch das Dorf Skjoldastraumen () ❸ (km 26) und nach einer kurzen Passage am Fjord sowie einer Linkskurve westwärts. Bei Fußballplätzen in **Grinde** ❹ (km 37) zweigt der Radweg nach links, quert einen Bach und erreicht nach Querung der 515 die E39. Etwas rechts (nördlich) von den Fußballplätzen stehen die Bautasteine von **Grinde**. Der NR quert die E39 und begleitet Sie nach links auf dem rechtsseitigen Weg.

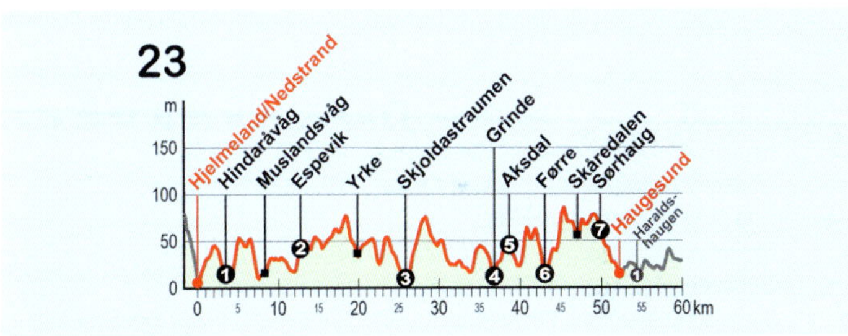

⌘ Die Bautasteine von Grinde sind zwei vorgeschichtliche Steinreihen, die beide (seit der Restaurierung 1952) rechtwinklig zueinander angeordnet sind. Bei ihrem Fund 1919 stand nur ein Stein aufrecht, während die anderen als Bauteile von Brücken dienten.

Sie queren die E39 bei der Bushaltestelle und folgen links dem Radweg, der die E39 kurz begleitet, und dann rechts der kleinen Straße Aksdalsvegen nach und durch **Aksdal** ❺ (km 39) folgt.

🛏 Aksdal Inn Motell, Tysværvegen 15, 5570 Aksdal, 📱 98 63 50 27, 💻 www.aksdal-inn.no, DZ ab NOK 1.200, Motel mit 30 Zimmern am Südrand von Aksdal jenseits der E134

✗ Biografen Cafe, Tysværveien 1, am Südrand von Aksdal jenseits der E134 neben der Tankstelle

Supermarkt Meny in Aksdal, 100 m links (südlich) vom NR

Hinter Aksdal nähert sich der NR der E134 und begleitet sie kurvenreich, erst auf der rechten, später auch linken Seite. Bei Førre wird die E134 wieder gequert.

⌘ Førre ist bekannt für das Arquebus krigshistorisk museum ❻ (km 43), das als größtes Militärmuseum außerhalb Oslos die Zeit der deutschen Besatzung (1940-45) dokumentiert.

♦ www.haugalandmuseet.no/museum/arquebus-krigshistorisk-museum, nur in Sommerferien Di-So 11:00-16:00, NOK 70

Der NR begleitet die E134 zunächst auf der rechten Seite und verlässt die Straße vor dem Toskatjørn, an dessen Nordufer eine Niederung gequert wird. Sie passieren Skåredalen (), folgen dem Radweg rechts neben dem Skjoldaveg hinaus aus dem Ort und vorbei am Gåsavatnet. Nach einer lang geschwungenen Linkskurve folgt der NR bei einer Abzweigung vor einem Spar ❼ (km 50) dem (kurz darauf endenden) Radweg links und nach der folgenden Rechtskurve dem Djuparskarvegen rechts Richtung Zentrum, das nach dem Kreisverkehr erreicht wird.

Haugesund 37.400 Ew., ✗ ⌘

Haugesund Turistinformasjon, Haraldsgata 131, ☏ 52 01 08 30, www.visithaugesund.no, Mo-Fr 10:00-17:00, Sa 10:00-15:00

Eine Auswahl der rund 10 Hotels:

♦ Banken Hotel, Strandgata 161, ☏ 52 70 00 30, www.banken-hotel.no, DZ ab NOK 1.470, zentrales Hotel

♦ Strangaten Gjestgiveri, Strandgaten 81, ☏ 52 71 52 55, www.gjestgiveri.net, DZ ab NOK 900, zentral

♦ Clarion Hotel Amanda, Smedasundet 93, ☏ 52 80 82 00, www.choicehotels.com → Haugesund, DZ ab etwa NOK 1.050, am Ufer

♦ Best Western Hotel Neptun, Haraldsgaten 207, ☏ 52 86 59 00, www.hotelhaugesund.no, DZ ab NOK 950, zentrales 3-Sterne-Hotel mit 48 Zimmern

Haraldshaugen Camping, Krossvegen 5, ☏ 52 72 80 77, www.hhcamping.com, Zelt ab NOK 200, Hütte ab NOK 1.300, ganzjährig, 3-Sterne-Platz 1 km nördlich vom Zentrum bei Haraldshaugen am NR (☞ 24. Etappe)

mehrere Supermärkte, u. a. im Zentrum Extra (Sørhauggata 115), Joker (Sørhauggata 152) sowie Bioladen Økokrambua (Haraldsgaten 183)

- Haugaland Sykkelverksted, Sørhauggata 133, 📱 94 42 10 78,
  Mo-Fr 10:00-17:00, im Zentrum
- ♦ Spinn Sykkelshop, Karmsundgata 178, ☏ 52 72 21 44,
  💻 www.spinn.no → våre-butikker → Haugesund, etwas außerhalb vom Zentrum,
  Mo-Fr 10:00-18:00, Sa 10:00-15:00

Norwegischer Troll

Der frühere Heringshafen Haugesund besitzt seit 1854 Stadtrechte. Der Name setzt sich aus *Haugen* („Hügel") und *Sund* („Meerenge") zusammen. Im Sommer blüht die junge Hafenstadt Haugesund mit vielen Veranstaltungen auf, darunter dem Nordsee-Festival im Juni und dem Norwegischen Filmfestival im August. Während dieser Veranstaltungen ist die Unterkunftslage natürlich sehr angespannt!

⌘ Das **Karmsund Folkemuseum** in der Skåregate 142 zeigt in ehemaligen Meiereigebäuden eine Sammlung zur Seefahrtsgeschichte. Zum Museum gehört die (Freiluft-)Abteilung Dokken in der Brogate am Hafen.

♦ 💻 www.haugalandmuseet.no/museum/karmsund-folkemuseum, 🚪 Di-So 11:00-15:00, im Sommer bis 16:00, NOK 70

⌘ Das **Dokken Museum** in der Brugata auf der Insel Hasseløy dokumentiert in alten Gebäuden am Hafen die Wohnkultur und Arbeitswelt zur Zeit der Heringsfischerei im 19. Jh. Diese Freilichtanlage ist eine Abteilung des Karmsund Folkemuseum mit eigenen Öffnungszeiten.

♦ 💻 www.haugalandmuseet.no/museum/dokken-museum, 🚪 in den Sommerferien, NOK 70

24. Etappe: Haugesund – Fitjar

➲ *94 km,* ↑ *770 m,* ⇧ *1-75 m*

In Haugesund radeln Sie zunächst auf küstennahen Straßen: Strandgata, Haugevegen, dann links Asalvikvegen, rechts Kong Sigurds Gate und an deren Ende links Kong Sverres Gate. Weiter geht es nordwärts über verschiedene kleinere Straßen ostwärts vorbei am Campingplatz Haraldshaugen und dem Begräbnisplatz Haraldshaugen (➲ etwa 300 m) ❶ (km 2).

⌘ **Haraldshaugen** ist der Begräbnisplatz des ersten norwegischen Königs Harald Hårfagre („Harald Schönhaar") mit einem auffälligen, 17 m hohen Obelisken aus Granit. 29 kleine Steine umgeben den 1872 anlässlich der 1.000-Jahr-Feier Norwegens errichteten Obelisken und symbolisieren die geeinten Einheiten Norwegens. 100 m südlich von dem Obelisken liegt Krosshaugen – ein alter Thingplatz mit Steinkreuz aus dem Mittelalter (etwa aus dem Jahr 1000).

Über mehrere kleinere Straßen geht es nordwärts und nach 2 km zur Straße 47, der Sie nordwärts folgen. Nach einem Kreisverkehr verengt sich die stark befahrene 47 zu einer zweispurigen Straße ohne Radweg, auf der Sie die Grenze zwischen den Provinzen Vestland und Rogaland passieren.

8 km nach dem Ortsende von Haugesund, hinter Ekrene ❷ (km 12), zweigen Sie links ab und folgen der Straße 541 nordwärts über Eltravåg nach **Buavåg** ❸ (km 27).

In Buavåg nehmen Sie die Fähre nach Langevåg.

Fähre Buavåg – Langevåg, die Autofähre M/F Utstein verkehrt täglich mindestens zwischen 8:00 und 21:00 Uhr im Stundentakt: von Buavåg nach Langevåg immer um halb, also z. B. 9:30, von Langevåg nach Buavåg immer um voll, also z. B. 9:00, Überfahrtsdauer: 20 Min., Preis: ca. NOK 50,
www.fjord1.no/eng → Langevåg – Buavåg.

Vom Fähranleger **Langevåg** ❹ (km 27 – Fährenkilometer nicht mitgezählt) folgen Sie der Straße 541 mit einigen kurzen Abweichungen des Radwegs über Langevåg, Vika, Grutle, Lykling, Våge, Finnås nach Sakseid (23 km ab Langevåg).

Kurz hinter **Sakseid** gabelt sich die Straße ❺ (km 51); Sie halten sich rechts und folgen dem kurvenreichen Finnåsvegen ostwärts Richtung Leirvik – eine schöne Etappe entlang der Küste.

Nach mehreren Brücken mündet der NR auf der Insel Føyno in die E39 ein, der Sie auf dem linksseitigen Radweg links über die Brücke zur Insel Stord folgen. Rund 4 km nach dieser langen Brücke zweigt der NR in Heiane hinter einem McDonalds nach links ab ❻ (km 71).

mehrere Supermärkte im Gewerbegebiet rechts von der E39

Abstecher nach Leirvik (2 x 5 km)

Für einen Abstecher nach Leirvik, Hauptort der Insel und Kommune Stord, queren Sie vor der linken Abzweigung rechts die E39, halten sich rechts, nach 200 m links und nach 150 m rechts. Auf dem Homelandsveien nähern Sie sich kurvenreich Leirvik und folgen der Radwegbeschilderung in nordöstliche Richtung – kurzzeitig wieder neben der E39 – in die Stadt.

Leirvik

14.400 Ew., ⌘

Stord Hotel, Kjøtteinsvegen 67, 53 40 25 00, www.stord-hotel.no, DZ ab NOK 1.600, großes Konferenzhotel mit 161 Zimmern in zentraler Lage

♦ Almås Hotel, Kjøtteinsveien 60, 53 40 99 99, www.almas-hotell.no, DZ ab NOK 1.500, kleineres Hotel in Familienbesitz mit 35 Zimmern

Sponavik Camping, 40 07 17 44, www.sponavik.no., Zelt ab NOK 135, Hütte ab NOK 500, Mai bis September, laut Lesermeinung nicht mehr in bestem Zustand, 1 km östlich von Leirvik an einer Bucht

Extra, Hamnegata 11, im Ortszentrum, Rema 1000, Kjøtteinsvegen 71, südlich vom Zentrum bei den oben genannten Hotels

⌘ Das **Stord Maritim Museum** am Hafen zeigt die Entwicklung der Schifffahrt.

Di, Mi, Do und Fr 11:00-16:00, Eintritt NOK 75

Nach der linken Abzweigung führt der Radweg links an einem Gewässer und dem Sagvågvegen entlang. Der NR entfernt sich kurzzeitig links von dieser Straße, aber begleitet sie kurz darauf wieder auf dem linksseitigen Radweg.

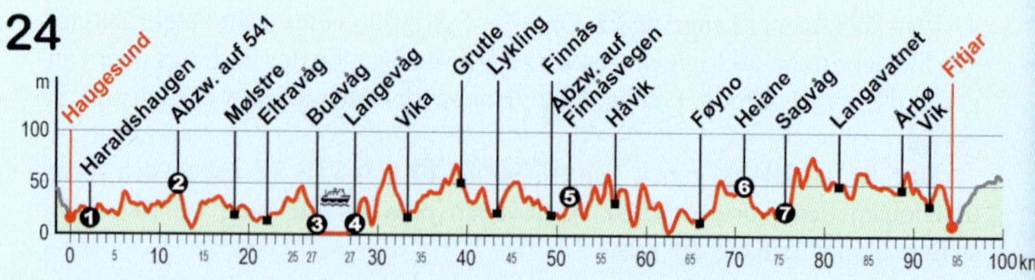

24

Fitjar
Fitjarsåto 403
Vik
Mehammarsåto 749
Langenuen
Salsborg 409
Kattnakken 724
Arbø
Small Basement Apartment
Stovegolvet 724
E39
Huglo
Sætra-fjellet 187
545
Stord
Langa-vatnet
Rubbestad-neset
Rommetveit
Urangsvågen
Innvær
Folderøy
Svortland
542
Bømlo
Utslette-fjellet 252
Leirvik
Sagvåg 7
6
Heiane
Halsnøy-fjorden
Fylkesnes
5 Abzw. auf Finnåsvegen
Sakseid
Håvik
Nautøyo
Føyno
Finnås
Spissøy
Våge
Bømlafjorden-tunnel
Lykling
Skimme-land
Moster-hamn
Trollvassnipen 432
Utbjoa
Bjoa
Grutle
Nordsee
Hopsfjellet 333
Laklinuten 391
541
E39
Bømlafjorden
Alfjorden
Auklandshamn
Vika
Trollafjellet 638
Førde
Langevåg 4
3 Buavåg
Vestland
Vikebygd
Hovda
Eltravåg
47
Rogaland
Sveio
Erve
Våge
Mølstre
E39
Skjold
E134
513
Rophus
2 Abzw. auf 541
Ekrene
Valhest 313
Hodnafjellet 325
Røvær-fjorden
47
Skjolda-fjorden
Haraldshaugen
Dyrsfjellet 234
Grinda-fjorden
1
Grinde
Brattestø
Skjolda-straumen
Haugesund
Førre
515
Gåsa-vatnet
Aksdal
Vik
Skåredalen
Sørhaug
Lindanger
N
W
O
S
15 km
10 km
5 km
0 km
Røvær
STEPMAP © Stepmap. 123map Daten: OpenStreetMap. ; ODbL

Radlogo auf norwegischen Radwegweisern

In **Sagvåg** (🛒) ❼ (km 76) folgen Sie der 545 nach links und queren die Straße mehrmals, ehe der Radweg die 545 wieder auf der linken Seite begleitet. 2 km nach Sagvåg endet der Radweg auf Höhe des Flughafens (links). Sie radeln auf der 545 nordwärts, nach 11 km vorbei an einer Übernachtungsgelegenheit in einem Apartment:

🛏 Small Basement Apartment, 1291 Fitjarvegen, 5419 Fitjar, ⛵, Boot am See, Kellerapartment nahe Straße 545, ab NOK 900 für eine Nacht, Buchung über Portale wie 💻 www.booking.com und www.airnbnb.com

Die Straße 545 erreicht an der Küste das Etappenziel Fitjar.

Fitjar

3.100 Ew., 🛏 ⛺ ✕ 🛒 📯

🛏 Fitjar Fjordhotell & Sportell, Fitjarsjøen 42, ☎ 53 45 77 00, ✉ post@fitjar-fjordhotell.no, 💻 www.fitjar-fjordhotell.no, DZ ab NOK 1.700, Hotel im Ortszentrum, das neben dem kleinen Hotel mit 24 Zimmern in 200 m Entfernung noch ein günstigeres Sportell mit rund 40 Zimmern anbietet

⛺🛏 Fitjar Camping/Kråko Gjestetun, Kjerelvvegen 29, ☎ 53 22 26 20, 📱 41 42 80 38, ✉ post@krakogjestetun.no, 💻 www.krakogjestetun.no, ⛵, Zelt ab NOK 200, Platz im Apartment ab NOK 550, 🚪 ganzjährig, kleiner Platz am Ufer 3 km südwestlich von Fitjar bei Kråko. Hier sollten Sie besser nicht bei Südwind übernachten, da 200 m südlich vom Platz eine Kläranlage liegt.

✕ Fitjar Thai Takeaway, Fitjarsjøen 28, am Hafen – abgesehen vom Hotel einziger gastronomischer Betrieb im Ort

🛒 Spar (📯), Fitjarsjøen 16, und etwas weiter östlich Rema 1000, Fitjarsjøen 73

Fitjar hat zwar nur 3.100 Ew., aber dies über eine Fläche von 142 km^2, die sich über 350 Inseln und Schären erstreckt.

25. Etappe: Fitjar – Bergen

➲ 49 km (zzgl. 21 km mit der Fähre), ↑ 720 m, ⇧ 1-231 m

Sie verlassen Fitjar nordwärts auf der bekannten Straße 545 und folgen dieser am Westufer entlang über Årskog zur Nordspitze der Insel nach **Sandvikvåg ❶** (km 7).

☺ Die Straße mündet kurz vor dem Hafen in die E39 mit einem rechtsseitigen Radweg, aber man kann auch kurz vor der E39 links auf dem Sandvikveien zum Fährhafen fahren.

Von Hafen geht es mit der Fähre über den inselreichen Bjørnafjord nach Halhjem.

Fähre Sandvikvåg – Halhjem, Abfahrten der Autofähren in beide Richtungen täglich etwa zwischen 6:00 und 22:00 Uhr im 20-Minuten-Takt, nächtliche Überfahrten alle 2 Std., Dauer der Überfahrt: 45 Min., Preis: ca. NOK 100. Die Betreiberfirmen wechselten zuletzt häufiger; für 2023 hatte die Firma Toghattan Nord die Lizenz, auch wenn auf deren Website (www.torghatten-nord.no) keine Information zu der Fährlinie erscheint. Den aktuellen Fahrplan gibt es bei: http://ruteinfo.thn.no → Halhjem – Sandvikvåg

Sie verlassen den Fähranleger **Halhjem ❷** (km 7 – Fährenkilometer nicht mitgezählt) nordwärts auf Radwegen und kleinen Straßen parallel zur E39 Richtung Osøyro und folgen bei der Ausfahrt der Zufahrtstraße in den an der Oselva gelegenen Ort **Osøyro ❸** (km 14).

Osøyro

14.000 Ew.

- Solstrand Fjord Hotel, Solstrandvegen 200, ☏ 56 57 11 00, www.solstrand.com, DZ ab NOK 3.300, hochpreisiges Wellnesshotel mit 135 Zimmern, 1 km östlich von Osøyro
- ♦ Bjørnefjorden Gjestetun, Hatvikvegen 25, ☏ 56 30 40 00, www.bjornafjordenhotell.no, Preis auf Anfrage, Hotel mit 30 Zimmern, 1 km östlich von Osøyro
- Supermärkte am Ortseingang (Kiwi) und in der Ortsmitte (Extra)

Von Osøyro nähert sich der NR links abzweigend über kleine Straßen wieder der E39 in nordwestliche Richtung an, quert diese links über die Straße Kolskogheiane und zweigt kurz darauf links in den Ulvenveg und nach einer Linkskurve rechts in den Lyseklosterveg ab. Nach 7 km beginnt der letzte längere Anstieg

(⇧ 200 m), ehe der Abwärtsschwung Sie nach Fana führt. Dort geht es nordwärts auf dem Radweg neben der Straße 546 weiter, kurz vor der E39-Zufahrt (bis kurz vor Bergen) begleitet vom Radweg Grønne Sykkelruter ❹ (km 32) entlang ehemaliger Bahntrassen (Gamle Osbanen/Vossebanen). Bei den Lagunen radeln Sie rechts um den See **Apeltunvatnet** ❺ (km 35) und nordwärts durch Skjold (🛒). Von **Skjold** geht es links neben der 582 Richtung Bergen und vorbei an **Nesttun** ❻ (km 38).

Nesttun

36.000 Ew.,

Grimen Camping, Hardangerv. 265, ☏ 55 10 25 90, 💻 www.grimencamping.no, Zelt ab NOK 250, Hütte ab NOK 900, ganzjährig, Platz mit 35 Stellplätzen und Hütten zwischen der Straße 580 (Hardangervegen) und dem See Grimevatnet, 4 km östlich vom NR

Midttun Motell & Camping, Midtunheia 3, ☏ 55 10 39 00, ✉ midtmot@online.no, 💻 www.mmcamp.no, Zelt NOK 170 zzgl. NOK 190 p. P., Hütte ab NOK 550, DZ ab NOK 730, ganzjährig, Campingplatz mit Hütten sowie 32 Zimmern im Motel, 1 km nordöstlich von Nesttun und dem NR nahe der Straße 580 (Hardangervegen). Kein anderer Campingplatz liegt so nahe an Bergen; daher ein guter Ausgangspunkt für einen Bergenbesuch!

🛒 Extra, Sædalssvingene 3, am Bahnhof

Bahnhof Nesttun mit Leichtbahnverbindungen nach Bergen (Linie 1; etwa alle 10 Min.); Radmitname zum Preis eines Kindertickets, 💻 www.skyss.no/en

Ab Nesttun folgen Sie dem NR auf dem Bahntrassenweg in einem Rechtsbogen Richtung E39 und parallel zu dieser nordwärts, zunächst mit einigem

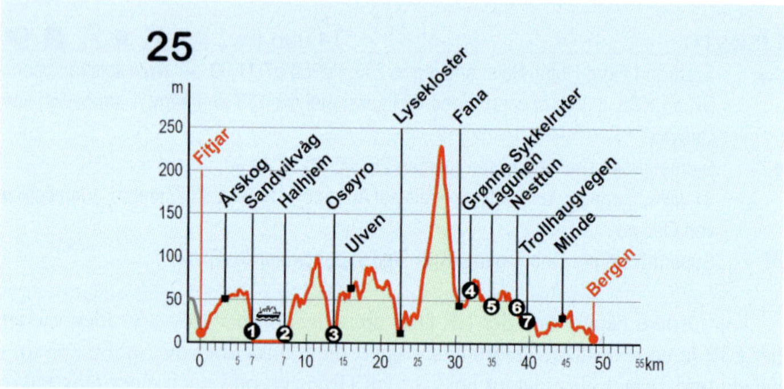

25
Breiviken
E39
Grønetua 642
Indre Arna
Skåldalsfjellet 719
Gullfjelltoppen 987
Agotnes
Kleppestø
577
Bergen
Strusshamn
561
Kjøkkelvik
Ulriken 643
555
587
Gyldenpris
Straume
540
477
585
Austefjellet 808
Haukeland
Bildøyna
Minde
49
574
Sælen
Hilleren
Kråkenes
Sveningen 842
Sotra
Bjorøyna
Nordåsvatnet
7 Abzw. zum Edvard Grieg Museum
Nesttun
6
341
Søreide
Solbakkefjellet 458
Sauskolten 729
Ulriksfjellet 435
Skjold
Apeltunvatnet
5 Lagunen
Gråfjellet 486
Blomsterdalen
557
Grønne Sykkelruter
4
Kaland
Skogsskiftet
Raunefjorden
Fana
Samnangerfjorden
Skogsvåg
Hjellestad
Hordnes
Rødsfjellet 526
173
546
313
Lyskornet 405
Møsnuken 639
Sytteland
560
Nordvik
E39
583
552
Krokeide
Klokkarvik
Lysekloster
Storehorga 665
284
Søvik
Ulven
Lysefjorden
316
Osøyro
3
Osøyro
259
Nore Neset
Krossfjorden
Hjortåsen 208
250
2 Halhjem
Bjørnaåsen 119
N
W
O
S
Stavanger - Hirtshals
Bjørnafjorden
Austevoll
546
305
243
Reksteren
Kolbeinsvik
334
Våge
267
Tysnessåto 752
Huftarøy
486
15 km
49
725
Langenuen
Bekkjarvik
Tysnesøy
10 km
Selbjørn 183
1 Sandvikvåg
Selbjørnsfjorden
E39
5 km
Langenuen
Onarheim
Årskog
Fitjarsåto 403
Salsborg 409
Fitjar
Stord
0 km
STEPMAP © Stepmap. 123map Daten: OpenStreetMap : ODbL

Abstand Richtung Bergen. Nach 1 km zweigt links ein Weg ab zum Troldhaugenvegen ❼ (km 40) Richtung Edvard-Grieg-Museum.

Abstecher zum Edvard-Grieg-Museum Troldhaugen (2 x 0,7 km)

Der Weg führt links zum Troldhaugenveien, dem Sie links auf die Halbinsel am Nordås-See zum Edvard-Grieg-Museum folgen.

⌘ Das **Edvard-Grieg-Museum Troldhaugen** erinnert an Norwegens bekanntesten Komponisten. In diesem Haus aus dem 19. Jh. lebte und komponierte Edvard Grieg 22 Jahre, im Garten ist er begraben. Das Museum informiert mit Ausstellungen über Leben und Werk von Grieg; im Sommer gibt es im Kammermusiksaal So, Mi und Sa Konzerte.

♦ www.kodebergen.no/museene/troldhaugen, Di-So 10:00-17:00, im Winterhalbjahr eingeschränkt, NOK 130

In Minde wird die E39 links gequert, ehe der linksseitige Radweg neben der E39 in das Zentrum von Bergen leitet.

- Trek Bergen – BoA Sykler, Fjøsangerv. 207, 55 27 14 50, www.trekbergen.no, Mo-Fr 10:00-17:00, Sa 10:00-16:00, 1 km südlich der E39-Querung, jenseits (westlich) der E39
- ♦ Sykkelbutikken, Kanalveien 87, 55 36 18 80, www.sykkelbutikken.no, Mo-Fr 10:00-18:00, Sa 10:00-16:00, zwischen Radweg und E39 nahe Extra-Supermarkt

Der gut beschilderte NR bzw. die Sykkelruter 1 führt im Zentrum am Bahnhof vorbei zum Fisketorget am Hafen mit der Touristinfo.

Bergen

288.000 Ew., B&B

- Tourist-Information Bergen, Strandkaien 3, 55 55 20 00, www.visitbergen.com, täglich 9:00-16:00, in der Torghallen am Fischmarkt mit Hafenpanorama im zweiten Geschoss
- In Bergen stehen mehr als 50 Hotels zur Wahl. Eine kleine Auswahl:
- ♦ Scandic Byparken, Christiesgate 5-7, 55 36 29 00, rica.hotel.bergen@rica.no, www.scandichotels.no → Scandic Byparken, DZ ab NOK 1.300, großes, zentrales Kettenhotel
- ♦ Hotel Park Bergen, Harald Hårfagresgt. 35, 55 54 44 00, www.hotelpark.no, DZ ab NOK 1.600, kleineres Hotel (33 Zimmer), das der Kette De Historiske Hotels angeschlossen ist

Bergen
N
W
O
S
1 VilVite
2 Schifffahrtsmuseum
3 Universitätsmuseum
4 Bergen Kunstmuseum
5 Akvariet
6 Hanseatisk Museum
7 Bryggens Museum
8 Mariakirken
9 Festung Bergenhus
10 Fløyen
11 Ulriken
Vågen
Puddefjorden
Hirtshals - Stavanger - Bergen
Små-lungeren
Store Lungegårds-vannet
Damsgårdssundet
Fløibanen
Pedalen sykkel-verksted
577
E39
585
555
540
584
Sjøgaten
Bontelabo
Festningskaien
Slottsgaten
Bryggen
Strandkaien
Torget
Strandgaten
C. Sundts gate
Haugeveien
Georgernes Verft
Valkendorfsgaten
Klostergaten
Skottegaten
Nøstegaten
Teatergaten
Chr. Michelsens gate
Torggaten
Olav Kyrres gate
Christies gate
Vaskerelven
Hakonsgaten
Sydnesgaten
Rosenbergsgaten
Torborg Nedreaas gate
Dokkeveien
Nygårdsgaten
Langes gate
Fosswinckels gate
Strømgaten
Lars Hilles gate
Allégaten
Welhavens gate
Prof. Hansteens gate
Thormøhlens gate
O.J. Brochs gate
Nygårdstunnelen
Puddefjordsbroen
Carl Konows gate
Damsgårdstunnel
Damsgårdsveien
Gyldenprisveien
Michael Krohns gate
Lien
Nordre Skogveien
Solheimslien
Solheimsgaten
Søndre Skogveien
Løbergsveien
Fjøsangerveien
Jonas Lies vei
Møllendalsveien
Nygårdsgaten
Lungegårdskaien
Kaigaten
Markeveien
Allehelgens gate
Kong Oscars gate
Lille Øvregaten
Øvregaten
Sandbrog.
H. Wergelands gate
Skanseliten
Repslagergaten
Nye Sandviksveien
Øvre Sandviksveien
Persenbakken
Fløyfjelltunnelen
Fjellveien
Brattlien
Leiter
Ole Irgens' vei
Kalfarveien
Kalfarlien
A Moxy Bergen
B Hotel Park Bergen
C Gullaksen Gjestehus
D Scandic Byparken
E Klosteret 5 Gjestehus
F Det Hanseatiske Hotel
G Bergen Vandrerhjem Montana
0 m
300 m
STEPMAP © Stepmap. 123map Daten: OpenStreetMap. ; ODbL

- Moxy Bergen, Solheimsgaten 3, 90 71 75 23, www.marriott.com → Moxy Bergen, DZ ab NOK 1.100, modernes Hotel am Ufer bei Solheimsviken südlich vom Zentrum auf einem früheren Industriegelände, direkt am NR
- ♦ Det Hanseatiske Hotel, Finnegaardsgaten 2, 55 30 48 00, www.dethanseatiskehotel.no, DZ ab NOK 1.500, historisches Hotel in einem hölzernen Speicherhaus der Hanse, Teil der UNESCO-geschützten Altstadt

B&B Hier eine kleine Auswahl von Pensionen:

- ♦ Klosteret 5 Gjestehus, Klosteret 5, 95 05 14 30, ekaltenb@icloud.com, www.klosteret5.com, DZ ab NOK 700 ohne F, zentral gelegenes Apartment mit 5 Betten, wo auch DZ/EZ einzeln vermietet werden
- ♦ Gullaksen Gjestehus, Olav Kyrresgate 32, 47 87 77 77, www.gullaksen-gjestehus.no, DZ ab NOK 600 ohne F, zentral gelegenes Gästehaus mit 9 Zimmern
- Bergen Vandrerhjem Montana, Johan Blyttsvei 30, 55 20 80 70, bergen.montana@hihostels.no, www.montana.no, 78 Zimmer mit 1-5 Betten, Bett ab NOK 340, DZ ab NOK 870, ganzjährig, offizielle JH 3 km südöstlich vom Zentrum in 170 m Höhe; vom Stadtzentrum der Kong Oskarsgate folgen, die auf die Straße 585 führt, vorbei an Haukeland zur Landås-Kurve mit dem Schild Montana
- Supermärkte gibt es zahlreich in und um Bergen. Bioläden sind in Norwegen eher eine Seltenheit. Erfreulich sind mehrere Filialen einer Biobäckerei in Bergen: Godt Brød, etwa Nedre Korskirkeallmenningen 12 oder Vetrlidsallmenningen 19, www.godtbrod.no.
- Pedalen sykkelverksted, Daniel Hansens gate 7, 92 68 67 42, www.kirkensbymisjon.no/pedalen-sykkelverksted-bergen, Di-Fr 8:30-17:00, Radwerkstatt in Bahnhofsnähe
- Bahnhof in der Innenstadt, Zugverbindungen nach/von Oslo mit Radtransport (Dauer: ca. 7 Std.), online mit Radoption buchbar: www.vy.no, von Bergen nach Oslo: täglich 8:14, 11:43, 15:41, 16:45 sowie außer Sa 23:00, von Oslo nach Bergen: täglich 6:25, 8:25, 12:03, 16:25 sowie außer Sa 23:03
- Von Bergen verkehrt täglich eine Fähre von Fjordline von/nach Hirtshals in Dänemark, ☞ Anreise, www.fjordline.com.

Hanse, Hafen, Handel, Holzhäuser, Hurtigruten

Norwegens zweitgrößte Stadt Bergen war schon zu Hansezeiten eine bedeutende Handelsstadt. Gegründet wurde Bergen 1070 von König Olav Kyrre. Dank ihrer Lage mit dem geschützten Naturhafen entwickelte sich die Stadt bald zu einem bedeutenden Handelsplatz für Stockfisch. Im 13. Jh. war Bergen nicht nur die reichste Stadt Norwegens, sondern gleichzeitig Hauptstadt, Königsresidenz und Bischofssitz. Um 1350 eröffnete die Hanse ihre Handelsstation an der Hafenbucht Vågen – Tyskebryggen genannt („die Deutsche Brücke"). Jedes Jahr importierten hier rund 50 Hansekoggen v. a. Getreide, Mehl, Hopfen, Salz, Leinen und exportierten Fischprodukte wie Stockfisch. Heute ist Bergen eine lebendige Hafen-, Industrie- und Universitätsstadt. Bergen ist Endpunkt der Bahnlinie über die Hardangervidda nach Oslo sowie Ausgangspunkt der Hurtigruten-Schiffe. Viele gut erhaltene Holzhäuser aus dem 18. und 19. Jh. erheben sich in den Stadtteilen Nordnes, Nøstet und Fjellsiden zwischen kopfsteingepflasterten Gässchen.

Die meisten Sehenswürdigkeiten wie Bryggen mit den alten Kontorhäusern, Håkonhallen oder das Bergenhaus liegen am Vågenufer. Das ehemalige Hanseviertel Tyskebryggen wurde nach einem verheerenden Stadtbrand 1702 wieder aufgebaut und 1979 zum UNESCO-Weltkulturerbe erklärt. Die Holzhäuser sind mit ihren spitzen Giebeln zum Hafen hin ausgerichtet.

✞ Die **Mariakirken** war die wichtigste Kirche in Tyskebruggen und gilt heute als ältestes noch in Gebrauch befindliches Gebäude von Bergen. Im Inneren der romanischen Kirche aus dem 12. Jh. stechen die barocke Kanzel und das Triptychon von Bernd Notke aus Lübeck hervor.

Mo-Fr 10:00-16:00

Bryggen, der ehemalige Hansehafen in Bergen, © Peter Bartel

⌘ Die **Festung Bergenhus** wird von der **Håkonshalle** und dem Rosenkrantzturm beherrscht: Die Håkonshalle wurde im 13. Jh. von König Håkon Håkonsson als größtes Gebäude der damaligen Königsresidenz Bergen erbaut. Neben der Halle erhebt sich der Rosenkrantzturm, der im 16. Jh. vom Schlosshauptmann zu Bergenhus, Erik Rosenkrantz, als kombinierter Wohn- und Wehrturm errichtet wurde:

♦ www.bymuseet.no, Festung täglich 7:00-23:00, Eintritt frei, Håkonshalle Mitte Mai bis Ende August täglich 10:00-16:00, sonst täglich 12:00-14:00, NOK 120

⌘ Bergen, die Europäische Kulturhauptstadt des Jahres 2000, bietet viele Museen und Kunstausstellungen, von denen im Folgenden nur eine Auswahl der bekanntesten genannt werden kann:

⌘ Das **Hanseatisk Museum** im Finnegårdsgaten 1a zeigt in einem der ältesten erhaltenen Holzhäuser der Stadt, wie das (kaufmännische) Leben zur Hansezeit in Bergen ausgesehen hat. Zum Museum gehört Schøtstuene in der Øvregatan 50, ein altes Versammlungshaus der Hanse.

♦ www.museumvest.no → Det Hanseatiske Museum, Mitte Mai bis Mitte September täglich 11:00-17:00, sonst 11:00-15:00, NOK 120

⌘ **Bryggens Museum** am Dreggsallm. 3 dokumentiert Handel, Schifffahrt, Handwerk und Alltag von Bryggen an der Stelle, wo 1955 umfangreiche Ausgrabungen das Leben im Mittelalter erhellten.

♦ www.bymuseet.no, Juni bis August täglich 10:00-17:00, sonst 11:00-15:00, NOK 160

⌘ Das **Bergen Kunstmuseum** in der Rasmus Meyers allé 3, 7 und 9 ist auf drei Gebäude am Lille Lungegårdsvann verteilt und zeigt als eine der größten Kunstsammlungen Skandinaviens Kunstwerke aus dem 14. bis 21. Jh.

♦ www.kodebergen.no/museene, Di-Fr 11:00-16:00, Sa und Sa 11:00-17:00, NOK 150

⌘ **VilVite** (auf Deutsch: „wissen wollen") heißt das moderne Bergen Science Center in der Thormøhlensgate 51. Auf einer Fläche von 1.700 m² informiert das Museum mit 75 Stationen über Klima, Meer, Energie, Wissenschaft und Technik.

♦ www.vilvite.no, Di-Fr 9:00-15:00, Sa und So 10:00-17:00, in Ferien auch länger, NOK 215

⌘ Das **Schifffahrtsmuseum** am Håkon Sheteligs plass 15 zeigt die Entwicklung der Schifffahrt bis in die Gegenwart.

♦ https://sjofartsmuseum.museumvest.no, täglich 11:00-15:00, NOK 150

Blick auf die Häuser von Bryggen, © Peter Bartel

⌘ Das **Universitätsmuseum** am Botanischen Garten südöstlich des Zentrums hat zwei Bereiche: kulturhistorisches Museum u. a. über Wikinger und norwegische Volkskunst sowie naturhistorisches Museum u. a. mit Nordeuropas größter Walsammlung sowie allgemeinen biologischen und geologischen Themen.

♦ www.universitetsmuseet.no, Di-Sa 10:00-16:00, So 11:00-17:00, NOK 150, Eintritt im Museumsgarten frei

Im **Akvariet** am Nordnesbakken 4 sind nicht nur Meeresfische in 60 Becken, sondern auch Pinguine, Seehunde und andere Tiere in einer Tropenabteilung zu sehen.

♦ www.akvariet.no, täglich 10:00-18:00, Mai bis August 9:00-19:00, NOK 150, im Sommer NOK 200

Bergen rühmt sich – wie viele Städte nach dem Vorbild Roms – auf bzw. an sieben Bergen zu liegen. Einen schönen Blick genießen Sie von folgenden Bergen, die auch per Standseilbahn erreichbar sind:

▷ Fløyen (320 m) mit Spazierwegen, www.floyen.no, Standseilbahn täglich 8:00-23:00, rauf und runter NOK 120,

▷ Ulriken (642 m), der höchste von den 7 Bergen Bergens, mit schönen Wanderwegen, www.ulriken643.no, die Seilbahn fährt im Sommer zwischen 9:00 und 21:00 alle 7 Min., rauf und runter NOK 365.

Kultureller Höhepunkt ist das seit 1953 stattfindende Bergen International Festival im Mai/Juni mit mehr als 50.000 Besucherinnen und Besuchern.

💻 www.fib.no (u. a. auf Englisch)

Streetart „Troll" von 2016 in Bergen, © Peter Bartel

Bergen ist bekannt für seine Streetart; mehr als 250 Giebel- und Graffitigemälde bietet die Stadt, darunter mit landestypischem wie dem Troll von 2016 auf einem Giebel in der Kong Oscars Gate 60.

☺ Die BergenCard bietet freien oder ermäßigten Eintritt in zahlreiche Museen von Bergen, freie Fahrt mit Bussen und 50 % Ermäßigung bei der Standseilbahn zum Fløyen sowie viele weitere Ermäßigungen. Erhältlich bei der Touristinformation sowie online als digitale Variante zwischen 24 (NOK 340) und 96 Stunden (NOK 580).

💻 www.visitbergen.com/BergenCard

Kleiner Sprachführer

Sonnenuntergang bei Tylösand, 1. Etappe

Aussprecheregeln und besondere Schreibweisen (vereinfacht)

Neben den grundlegenden Ausspracheregeln sind hier einige wichtige Wörter und Phrasen zu Radtouren zu finden: Dabei sind radspezifische Wörter sowie Small Talk vom Deutschen ins Schwedische und Norwegische angegeben und Begriffe aus den Bereichen Geografie, Verkehr und Architektur – die in Karten und auf Schildern auftauchen – ins Deutsche.

Um dieses Kapitel nicht unnötig zu verlängern, stehen bei den Redewendungen die schwedischen und norwegischen Übersetzungen nebeneinander – auf diese Weise lässt sich auch gut die enge Verwandtschaft beider Sprachen erkennen.

Im Gegensatz zum Deutschen wird der bestimmte Artikel bei Substantiven im Schwedischen und Norwegischen an das Substantiv angehängt, auch wenn es für unsere Ohren wie ein Plural klingt.

Ein Beispiel: *Dalen* sind im Norwegischen nicht mehrere Täler, sondern das Wort steht für ein bestimmtes (das) Tal.

Im Schwedischen hängt man für den bestimmten Artikel *en* oder *et* an die Wörter, z. B. *mannen* (der Mann) oder *huset* (das Haus).

Diese vom Deutschen abweichende Grammatik führt dazu, dass in diesem Buch manche skandinavische Namen in ihrer Originalschreibweise mit skandinavischem Artikel – etwa Seen oder Täler – **zusätzlich** zum deutschen Artikel aufgeführt sind, z. B. der *Rundtvatnet* (wörtlich „der der Rundsee"). Der Grund für diese grammatikalisch nicht korrekte Dopplung: Im Buch sollten die Namen nach Meinung des Verlags und des Autors genauso wie auf Schildern vor Ort sowie in Karten und GPS geschrieben sein, und das schließt den norwegischen bzw. schwedischen Artikel mit ein.

Häufige Laute:

Schwedisch

å wie offenes „o" in „roh", z. B. *gå* (gehen) oder *tåg* (Zug)

o wie langes deutsches „u" in „Hut", z. B. *stor* (groß) oder wie langes deutsches „o" in „Brot", z. B. *son* (Sohn)

u wie langes deutsches „ü", z. B. *hus* (Haus) oder *fru* (Frau), oder wie kurzes deutsches „ü" in „Hülle", z. B. *rum* (Zimmer), *pump* (Pumpe)

y wie langes deutsches „ü" in „über", z. B. *tysk* (Deutsch)

c vor hellen Vokalen (e, i, y) stimmloses „s", z. B. *centrum* (Zentrum) oder *cykel* (Rad), vor dunklen Vokalen (a, o, u) wie „k", z. B. *camping* („k")

g vor hellen Vokalen (e, i, y, ä und ö) sowie nach den Konsonanten l und r wie ein deutsches „j" in „Juni", z. B. Göteborg
-rs, -sj, -sk, -tjwie deutsches „sch" in „schon", z. B. *först* (zuerst), *sjö* (See), *skepp* (Schiff), *tjäna* (verdienen)

v wie ein deutsches „w" in „Wein", z. B. *vin* (Wein)

z wie ein scharfes deutsches „s" in „Haus", z. B. *zoo*

Norwegisch

Großteils ähnlich wie im Schwedischen, mit zusätzlichen häufigen Lauten:

æ wie deutsches „ä", z. B. *værelse* (Zimmer)

ø wie deutsches „ö", z. B. *mjøl* (Mehl)

Wichtige Wörter für unterwegs (Deutsch – Schwedisch – Norwegisch)

Vokabular für die Radtour

Deutsch	Schwedisch	Norwegisch
Achse	axel	aksel
Bremse	broms	bremse
Bremsklotz	bremssko	bremseklods
Brems-/Bowdenzug	bromskabel	owdentræk
E-Bike	elcykel	e sykkel
Fahrrad	cykel	sykkel
Fahrrad-... ☞ Rad-...		
Felge	fälg	fælg
Felgenbremse	fälgbroms	fælgbremse
Flickzeug	reparationsmaterial för cykeldäck	lappesaker
Gabel	gaffel	gaffel
Gang (Schaltung)	växel	gir
Gaskocher	gasolkök	gassapparat
Gepäckträger	pakethållare	bagasjebrett
Glühbirne	glödlampa	lyspære
Hammer	hammare	hammer
Helm	hjelm	hjelm
Hinterrad	bakhjul	bakhjul
Kabel	sladd	kabel
Kette	kedje	kæde
Kilometerzähler	kilometertæller	speedometer
Klebeband	tejp	tape

Deutsch	Schwedisch	Norwegisch
Klingel	ringklocka	klokke
Kugellager	kullager	kulelager
Ladegerät	laddare	lader
Leihrad	udlejningscykel	leiesykkel
Lenker	styre	styr
Luftpumpe	pump	pumpe
Mantel	däck	dæk
Mutter	mutter	møtrik
Nabe	nav	nav
Oberrohr	överrör	øvrerør
Öl (Schmieröl)	olja	smøreolja
(Rad-)Panne	uheld	uhell
Packtasche	packfiska	cykeltaske
Pedale	pedal	pedal
Platten	punktering	punktering
Radschloss	lås	cykellås
Radständer	ställe	cykelstativ
Radstellplatz/-garage	cykelskur	sykkelskur
Radtasche	cykeltaske	sykkelveske
Radtour	cykeltur	sykkeltur
Radweg	cykelsti	sykkelsti
Rahmen	ram	cykelstel
Reflektor	reflektor	reflektor
Regencape	regncappa	regnslag
Reifen (Mantel)	däck	dekk
Reifenheber	däckavtagare	dekkhevert
Reparaturwerkzeug	verktyg	værktøj, redskab
Rücklicht	baklykta	baklys
Rücktrittbremse	frihjulsbroms	fotbrems
Sattel	sadel	sal
Sattelrohr	sadelrör	salrør
Schaden	skade	skade
Schalthebel	växelspak	girstrang
Schaltung	växel	gir
Schaltzug	växelkabel	girkabel
Schlauch	slang	slange
Schlüssel	nyckel	nøgle
Schraube	skruv	skrue
Schraubenmutter	mutter	mutter

Schärenküste vor Göteborg

Schraubenschlüssel	skruvnyckel	skrunøkkel
Schraubenzieher/-dreher	skruvmejsel	skruetrækker
Schutzblech	stänkskärm	skærm
Speiche	eker	eike
Ständer	cykelstöd	stativ
Steckdose	eluttag	(stikk-)kontakt
Tasche	ficka	taske
Tretlager	vevlager	kranlager
Unterrohr	underrör	underrør
Ventil	ventil	ventil
Vordergabel	framgaffel	forgaffel
Vorderlicht	framlykta	forlys
(Vorder)rad	hjul	(for)hjul
wasserdicht	vandtæt	vanntett
Werkzeug	verktyg	verktøy
Zahnkranz/-rad	kedjekrans	tandhjul
Zange	tång	tang
Zelt	tält	telt
zelten	tälta	campe
Zimmer	rum	værelse, rom

Verkehr & Karten

Deutsch	Schwedisch	Norwegisch
Straße	gata	gate
Brücke	bro	bru
(Feld-)Weg	(mark)vej	vei
Piste	bane	rullebane
Landstraße	landevej	landevei
(un)geteert	(inte) asfalteret	(ikke) asfalteret
Schotter	grus	grus
Kreuzung	kryds	kryss
Ampel	trafikljus	trafikklys
Kurve	vägkurva	kurve
(nicht) weit	(inte) långt	(ikke) langt
nah	nära	nær
rechts/links	höger/vänster	til venstre/høyre
geradeaus	lige ud	rett fram
Eisenbahn	järnväg	jernbane
Bahnhof	bangård	stasjon
Fähre	färja	ferge
Straßenkarte	vägkarta	veikart

Small Talk

Deutsch	Schwedisch	Norwegisch
guten Tag	goddag	god dag
guten Morgen	god morgon	god morgen
hallo	hej	hallo
Ich komme aus …	Jag kommer från …	Jeg kommer fra …
Ich verstehe kein Schwedisch/Norwegisch.	Jag förstår inte svenska.	Jeg forstår ikke norsk.
Ich habe nicht verstanden.	Jag förstår inte.	Jeg kunne ikke forstå det.
Können Sie bitte etwas langsamer sprechen?	Kan du tala lite långsammere?	Kan du tale lidt langsommere?
Ich möchte …	Jag skulle gärna …	Jeg ville gjerne ha …
ja/nein	ja/nej	ja/nei
danke	tack	takk
bitte sehr	varsågod	værsgo
Entschuldigung	förlåt	unnskyld
Prost!	Skål!	Skål!
auf Wiedersehen	adjö	adjø

Wichtige Wörter für unterwegs (Schwedisch – Norwegisch – Deutsch)

Geografie/Landschaft

Schwedisch	Norwegisch	Deutsch
kulle	bakke	Hügel
älv	elv	Fluss
bäck	bekk	Bach
stad	by	Stadt
by	bygd	Dorf
berg	bjerg	Berg
bukt	bugt	Bucht
dal	dal	Tal
drivsand	drivsand	Treibsand
dyn	klit	Düne
eng	eng	Wiese
fjäll	fjell	Gebirge/Berg
fjord	fjord	Förde
vattenfall	foss	Wasserfall
naturskyddsumråde	fredet umråde	Naturschutzgebiet
grus	grus	Kies
hav	hav	Meer
klippa	klippe	Felsen
lagun	lagune	Lagune
landskap	landskap	Landschaft
mynning	munning	Mündung
säter	seter	Alm
skär	kjær	Schäre
skog	skov	Wald
sjö	sø	See
ström	strøm	Strom
sund	sund	Meerenge
udsigtspunkt	utsiktspunkt	Aussichtspunkt
vade	fjære	Watt
vatten	vand	Wasser
vej	vei	Weg
vesterhavet	Nordsjøen	Nordsee
vik	vik	Bucht
ö	ø	Insel

Tage/Zeiten

Schwedisch	Norwegisch	Deutsch
måndag	mandag	Montag
tirsdag	tirsdag	Dienstag
onsdag	onsdag	Mittwoch
torsdag	torsdag	Donnerstag
fredag	fredag	Freitag
lördag	lørdag	Samstag
söndag	søndag	Sonntag
vardagar	hverdager	Werktage (Mo-Fr)
helg-dagar	helligdager	Feiertage

Oh, dieses Schwedisch! von Rüdiger Lohf, Fremdsprech Band 2, Conrad Stein Verlag, ISBN 978-3-86686-921-9, € 5,90

♦ **Oh, dieses Norwegisch!** von Martin Schmidt, Fremdsprech Band 7, Conrad Stein Verlag, ISBN 978-3-86686-922-6, € 5,90

Index

Strand am Lista Fyr, 17. Etappe

I/J

K

L

M/N

O/P

R

S

T

U

V/W